JN033571

習近平の覇権戦略

中国共産党がめざす「人類運命共同体」計画

イアン・イーストン【著】 信田智人【訳】
Ian Easton Shinoda Tomohito

The Final Struggle: Inside China's Global Strategy

PHP

推薦文

「イアン・イーストンの『The Final Struggle: Inside China's Global Strategy』は、自由の将来を心配する者なら誰もが読むべきものである。それは、中国共産党がもつ世界支配への抑えきれない野望に関する説得力のある詳細な研究である」 ――マイク・ポンペオ元CIA長官、米国国務長官

「イアン・イーストンは、中国の内部資料を分析する新鋭の学者の主要メンバーであり、中国政府の戦略計画ははっきりしていないという考えを否定している。この本は、中国の体制が使った言葉を使って示している。中国政府の野望は地域的なものにとどまらず、グローバルである。また民主主義だけでなく、何世紀にもわたる国家主権の原則に重大な影響を及ぼすものである」

――マット・ポッティンジャー元国家安全保障副補佐官、Foundation for Defense of Democracies 中国プログラム委員長

「中国共産党の目標と、それをどのように達成しようとしているのか。イアン・イーストンの新しい本は、公式声明やまだ翻訳されていない門外不出の内部資料など、さまざまな中国語の資料

を調べて、これらの重要な質問に答えようとしている。イーストンの結論は激しく物議をかもすだろうが、考慮され、議論されるに値する」

――アーロン・L・フリードバーグ プリンストン大学政治・国際問題教授、『Getting China Wrong』著者

「この緻密でありながらとっつきやすい研究で、イアン・イーストンは、既存の国際秩序を変えようとする中国の野望について、明確でしばしば背筋が凍るような説明を提供している。彼は、権威ある中国語の資料を広く活用し、中国共産党自身の言葉で覇権の追求について語らせており、それらの言葉をつなげることによりイーストンは読者を惹きつけ続ける。本書は、世界秩序に対する中国の挑戦に関する、政策当局と市民への警鐘である」

――トシ・ヨシハラ戦略予算評価研究センター上席研究員、『太平洋の赤い星』共著者

「イーストンの本は、米国と世界中の民主的な同盟国に対する中国の脅威の中心にあるイデオロギーと野望に関する、驚異的で重要な分析である。公表資料と漏洩した中国共産党と人民解放軍の内部資料を使用した研究は、米国がこの種の研究にもっと投資する必要性を明らかにしている。本書は中国戦略に関する新たな重要研究であり、我々が何に立ち向かい、どうやって勝つかを理解したい者には必読書である」

――ケリー・カリー国際人権弁護士、元米国世界女性問題担当大使

「イアンの本は、いかに中国が世界の舞台でもはや米国に服従するふりさえしなくなったこと、それに対して何をすべきかを見事に説明している」

――アイザック・ストーン・フィッシュ『アメリカ・セカンド』著者

「中国共産党の世界的な野望と戦略に関するイアン・イーストンの分析は、アメリカの自由を評価する人、そしてそうすべき人にとって不可欠な読み物である。イーストンは、習近平の思想を平易な英語に翻訳し、アメリカ全土のインフラストラクチャーと社会に浸透する一党独裁国家の影響を追跡し私たちに伝えてくれている。習近平のマルクスへの宗教に近い信奉、中国共産党による世界秩序を変えるという二〇一九年の決定を見よ。本書は、私たちが予見しなければならない未来を描写し、私たちに警鐘を鳴らしている」

――ジャクリーン・ニュームヤー・ディィール長期戦略グループ理事長兼会長

「イアン・イーストンほど、増大する中国共産党の脅威について警鐘を鳴らしたものは少ない。彼の新書は同党がどのように機能しどんな世界を思い描いているかを、わかりやすく説得力のある説明をしている。本書は、自由な世界を守ることに関心のあるすべての人にとって必読書である」

――マイク・ギャラガー下院議員

ミア、ケリー・グレイス、ケイティに捧げる

習近平の覇権戦略　目次

第十一章 中国の世界戦略における情報 …… 215

第十二章 中国による世界支配の方法 …… 239

装丁　斉藤よしのぶ

表現に関して

中国共産党には多くの政策とアイデアがあり、普通の人たちにとってそれらが醜く、時には恐ろしいと捉えられることを知っている。そのため、明確な表現の代わりに中国や世界の人々に対して婉曲表現を使用している。婉曲表現とは、あまりにも攻撃的または恥ずかしい響きをもつ表現に代わる、人当たり良く、官僚的または心地よい響きのものである。たとえば、中国の当局者は、史上最大の強制中絶、不妊手術、および乳児殺害のキャンペーンを「一人っ子政策」と呼んでいる。

アメリカの中国専門家は、中国政府当局が使う婉曲表現を好んで使う。世界で最も著名なジャーナリストや学者、政治家の多くもそうしている。史上最悪の人為的飢饉を中国共産党の用語である「大躍進」と表現し、毛沢東を「偉大な指導者」または単に「毛主席」と呼び、彼がアドルフ・ヒトラーよりも多くの人を殺したという事実には触れないだろう。

非常に多くの中国専門家が、より正直な言葉ではなく、婉曲表現を使用していることは重要な何かを物語っている。彼らは高度な教育を受け、批判的思考ができるよう、また話し言葉と書き言葉の専門家になるよう訓練された博士号をもっている男性と女性である。専門家たちはホロコーストを説明するために体裁を繕ったナチス用語を使用することは決してないが、中国に関しては奇妙な言葉遊びが横行している。

おそらく中国の専門家は、進歩的な立場と政治的意識を見せようと自己検閲を行っているのであろう。知的な人々が同僚と同じような言葉づかいをし、集団思考や集団トークをするのはプロのコミュニティではよくあることである。あるいは、彼らは欲に支配されているのかもしれない。中国市場にアクセスできる、中国に受け入れられたインサイダーであることから得られる収入を欲しているのかもしれない。

あるいは、中国が曖昧にしている境界線を越えて、敵視されるのを単に恐れているのかもしれない。どのような理由であれ、言語の腐敗は邪悪であることを認めなければならない。それは人間の思考の破壊につながる。この点に関するジョージ・オーウェルの警告は、彼が執筆した一九四〇年代と同じくらい今日でも重要である。[1]

優秀な言語学者は、中国政府または軍関係の文書が一言一句何を言っているのかを正確に伝えることができる。しかし、より優れた言語学者は直訳がしばしば混乱を招き、言語を無意味にしてしまうことを知っていて、誤解を避けるために文書が実際に何を意味するのかを伝えようとする。分析し、解釈し、説明する。奇妙なフレーズを解読して解きほぐす。用語や概念の解釈が複数ある場合はよくあることだが、厳しい選択をする。

本書では、中国共産党の資料で使用されている専門用語を平易な英語に翻訳すると同時に、それらが一般的にどのように翻訳されているかを紹介する。婉曲表現を引用するときは、それらが実際に意味していると私が考えることを伝える。

著者から

本書は、中国共産党の世界戦略、より正確には世界支配の計画について書いている。しかし中国の場合、感情的な「世界支配」という言葉は、あなたが思っているような意味ではない。世界支配と聞くと、崩壊した首都に大軍が進軍するシーンを思い描く傾向がある。一連の軍事侵略、戦車の大群、ファシストの突撃歩兵があちこち群がっているさまを思い描く。または、（一九八四年の映画）『若き勇者たち』で描かれたように、共産主義の空挺部隊がまだ眠りから覚めやらぬアメリカの町に降りてくることを想像する。

たしかに中国は、大胆な奇襲攻撃と昔ながらの残忍な軍事力で、島国台湾を征服する準備をしている。しかし、それは中国共産党が世界を支配しようとする方法ではない。それは決して成功することがないのを、中国の支配者は知っている。陰謀がどれほど慎重かつ静かに立てられたとしても、軍事侵略の広範なキャンペーンのように明白なものは、間違いなく暴露される。そうすれば、世界中の軍隊がそれに対抗するために団結する時間を得ることができる。中国人民解放軍がどれだけ早く攻撃しても、米国とその同盟国は結集して反撃し、勝利することができるだろう。

北京の計画は、第二次世界大戦のドキュメンタリーやハリウッド映画に見られるものよりもはるかに洗練されている。中国共産党はこれを「最終闘争」と呼び、自らが優れたシステムと考えるものを世界レベルで確立するための静かな侵略の長期にわたるキャンペーンを展開している。理論的には、実現する可能性はある。本書を読み終える頃には、習近平と彼の同志たちが優秀で悪魔的でさえあると確信するかもしれない。大きな変化がなければ、中国が実際に勝利への道を歩んでいると信じるかもしれない。我々が無知で無関心であり続ければ、我々（もしくは我々の子供たち）は、ある日気が付けば世界がひっくり返っていて、暴君の支配から逃れられない世界になっているかもしれない。

私が本書を書き始めたのは、米国との長期的な競争に向けた中国の戦略、とくに中国政府と軍の公式文書がどう書いているかを理解したかったからである。学術的な関心、単なる知的好奇心として始まったものが、時間の経過とともにまったく異なるものへと変化していった。研究が進み、個々の情報がつながると、まったく新しいシーンが出現し、拭うことのできない不安な印象が残った。

中国の戦略についての私の理解はまだ完成されたとはいえないが、この研究は全体主義的な世界秩序が地平線のすぐ向こうに迫っているという、悲惨な将来の可能性に目を向けさせてくれた。これは怖い話である。書き始めたときの予想よりもはるかに暗い。今日、窓からワシントンDCの緑豊かな郊外を眺めていると、民主主義を広めようとしたアメリカの実験が壊滅的に失敗し、影の中に消え去るなどとは考えられない。それにもかかわらず、中国の支配者は異なる見解をもっている。

序文

私たちの時代で一番の戦略的課題は今や明らかである。米国と同盟国および友好国にとって、中華人民共和国は他に類を見ない脅威である。近代史において、全体主義的な一党独裁国が世界の舞台でこれほど大きな力と影響力を行使したことはかつてなかった。西側諸国との有利な貿易関係と、国家主導のスパイ活動の大規模な展開のおかげで、中国は経済力と科学力で旧ソ連をはるかに上回っている。

残念なことに、中国共産党は中国国民が築いてきた富を利用して、市民権を守り多様性を大切にする、より公正で繁栄した社会を作ることにほとんど関心を示していない。代わりに、私たちは、異民族であるだけで何百万人もの人々が無慈悲に虐待され、迫害されている様子を苦痛とショックを感じながら読んでいる。そして私たちは、中国の支配者が、世界が過去一世紀で最大の平時の軍事力増強に取り組んでいるのを見ている。

中国共産党が意図的な隠蔽と偽情報でCOVID‒19パンデミックをどのように悪化させたかを知ったとき、「中国モデル」を他の国が導入しないように願うしかなかった。間違いなく、私たちは中国共産党との思想の戦いをしている。本書が示すように、中国共産党は自由で開かれた国際秩序を破壊し、それを自分たちが考える中央集権体制に置き換えるというイデオロギーの探求をしている。

米国の力と潜在的な優位性はあるが、権威主義の蔓延(まんえん)との戦いに勝利しているとは限らない。真の勝利というのは、現時点でほとんどの米国人の心にさえ存在しない。

本書の出版時点で、中国政府は驚異的な金額を核兵器に投資し、グローバル・コモンズを軍事化し、虐殺を実行している。中国政府はモスクワのウクライナ侵攻を支持し、中国軍は台湾を脅迫している。一方、習近平主席は、インターネットの未来を支配しようとしながら、狂信的な個人崇拝を進めている。だというのに、我々の目的や手段に関して、まだワシントンにおいてコンセンサスはない。中国との戦略的競争に対する全体的なテーマでさえ、まだ決まらない。

健全なリベラルな社会では、リスクが高まるにつれて、批判的思考や知識への欲求が高まることが予想される。中国に関しては、まさに逆のことが起こった。ハリウッドからアイビーリーグの大学まで、シリコンバレーからウォール街まで、米国人は同調主義や検閲、巧妙な思考支配に向かって圧力が高まっている。本書は中国共産党の計画と意図、活動を緻密に調査する必要があることを明らかにしている。対処しないと致命的になる可能性のある膨大な情報のギャップが存在する。

自由と民主主義の侵食に対する最良の対策はそれを白日の下にさらすことである。その意味で、本書は人々を教育し政策議論を促し、社会主義を抑制し普遍的な価値と個人の自由が繁栄できる未来へ政策決定者を導くことに役立つだろう。

ランドール・G・シュライバー　Project 2049 Institute 理事長

第一章

退役軍人パレードを監視するのは

「ここに、戦争と世界の偉大な秘密の一つがあった……しかし、誰もそれを信じようとせず、ほとんどすべての偉大な責任ある当局者は、虚ろな目でそれを見つめていた」[2]

——ウィンストン・S・チャーチル

それは米国人による愛国心の究極の表現だった。二〇一九年十二月七日、米国最大の退役軍人のパレードが始まった。その日は真珠湾奇襲攻撃から七八周年という、記念すべき日であった。米国本土最東端にある自治体、メイン州ルベク市という風の強い小さな町で夜明けとともに祈禱祭が行われた。やがて、米国旗で飾られた力強いシボレーのトラックと何千もの記念の花輪を積んだ長い車列が、ワシントンに向けた一週間の長旅を始めた。[3]

パレードは六つの州を巡り、高校や退役軍人関連施設、戦争記念碑、消防署、在郷軍人会、ショッピングモールなどに立ち寄った。パレードに参加した人々にとって、その使命は三つあった。第一に、戦死した過去の世代のアメリカの英雄たちの勇気を思い起こすこと。第二に、国家を守り、奉仕する現在のアメリカ人世代を称えること。そして第三は、次世代の若いアメリカ人に自由の価値を教えることである。

パレードが停まる場所では、どこでも儀式が行われた。物語が語られ、祈りが捧げられた。思い出は思い起こされ、誇りが共有された。[4] ゴールド・スター・マザーズ（米軍に仕えた子供を戦争で亡くした母親の団体）のモナ・ガン理事長は、団長として車列を先導した。彼女にとって、これからの日々は深い意味をもつことになる。彼女は、息子が埋葬されているアーリントン国立墓地に向かっていた。

彼女の息子、シェローン・ルイス・ガンはバレンタインデーに生まれ、バージニア・ビーチで育った。暖かく愛すべき性格で知られたシェローンは父や祖父に倣って、海軍に入隊した。訓練が終わると、シェローンは信号手として、艦隊で最も優れた船の一つで重要な仕事をしていた。[5]

最初はメキシコ湾、次にノースカロライナ沖で一連の演習を行った後、多くの友人がうらやむような海外への航海に船員とともに配属された。夏の終わりのきらめく地中海をクルーズするという、話を聞いているだけでは船乗りの夢をかなえるような船旅であり、ある時点まではその通りのものだった。しかし、それは突然、まったく別のものに変わってしまった。

最後の航海

二〇〇〇年十月十二日、現地時間午前十一時十七分、シェローンの乗った艦は外国の港に停泊し給油した。鋼鉄製要塞のような艦は無敵に思えた。誘導弾搭載の駆逐艦である。トマホーク巡航ミサイルを千海里以上離れた米国の敵に撃ち込み、神がかった精度で破壊することができた。

もしこの艦のミサイル発射担当者に地図を取り出して特定の敵の建物を攻撃するように頼んだら、ミサイルをどの窓から入れて、どれだけ破壊したいのかと聞かれただろう。

もちろん、トマホークの発射は、この艦がもつ能力のほんの一部に過ぎない。対空ミサイルや対艦ミサイル、対潜ロケット、魚雷、機関砲、そして堂々たる大砲を装備していた。もし、これらの装備で敵を破壊することができない場合は、二〇ミリ多銃身機銃を備えた全自動迎撃のロボット殺人システムが二セット搭載されていた（このシステムには『スター・ウォーズ』のロボットにちなんだR2-D2というニックネームがある）。

この艦の装備は、殺傷能力が高いだけでなく、知能も高い。CIC（コマンド・インフォメーション・センター）内にあるデータバンクから、膨大な量のデータが回路を伝って流れてくる。CICは核や生物化学兵器による攻撃にも耐える秘密の戦闘室である。衛星、レーダー、ソナー受波器、通信傍受局などから送られてくる最新情報をリアルタイムで調査できる。

この船には、他の防御機能もあった。CICの電子戦ターミナルから発射される粒子で、攻撃者を粉砕することができる。またチャフ（電波欺瞞金属片）やデコイ（囮）、魚雷対策など、敵からの攻撃を攪乱する機能も備えている。そして、必要なときには敵前逃亡することもできる。ほかの大型艦とは違い、ジェット燃料を使い時速三〇ノット以上の速度を出すことができた。[6]

しかしこの日、この時間、この船の驚くべきスピードも、ハイテク防御システムも攻撃を防ぐことはできなかった。同艦は停泊中で、敵は高度な武器で攻撃するには近すぎた。もし何らかの警告があったなら、甲板にいる水兵の機関銃が最大の防御になっただろう。

腹をすかせた米国人水兵は、厨房で昼食のために列をなし、おしゃべりをしながら、何を食べようか考えていた。朝から船上で作業していた水兵は、のどが渇いていたことだろう。空気は乾いて重く、どこの港にもあるような海水と死んだ魚、ディーゼル燃料の臭いが漂っていた。米海軍の艦船では、氷で冷やした「バグ・ジュース」（共同の水差しに入った軍用クールエイド）が定番だ。それは休憩中の水兵たちにとって、よくある光景だった。

その鉄の要塞に、グラスファイバーの小さなボートが近づいてきた。地元の男二人が舵をとっている。上から見ている米国の船員たちに、笑顔で手を振って安心させた。その一瞬後、二人は閃光の中に消えていった。そして、そのまた一瞬後には駆逐艦の厨房が爆破で消えた。[7]

二人の男たちは自爆テロリストで、シェローンの乗っていた艦はコール号であった。

アーリントンへの道

テロ事件から一週間後、シェローンは国旗に包まれた棺の中に横たえられた。その隣には、リチャード・コステロウという三児の父が埋葬された。化学物質の噴出が艦の鋼鉄の外壁を切り裂き、一七人の明るく前途有望な命を奪ったのだ。秋の暖かな空気の中で、ライフル銃の銃声が響いた。海軍を出た後バージニア州警察に入るのを夢見たシェローンだったが、それもかなわぬ夢となった。[8]

十九年後、母が率いる車列の両脇に、洒落た服装の州警察官たちが並んでいた。彼らは、秩序と規律を重んじる世界を象徴していた。その傍らには、大型バイクに乗った、一見不似合いの集団がいた。パトリオット・ガード・ライダーズ、パトリオット・ライダーズ・オブ・アメリカ、そしてローリング・サンダーといったライダー集団である。これらのタフで頑丈なライダーは、参加者全員とその貴重な荷物の安全な輸送を守るために、警察を助けていたのだった。

ライダーの多くは戦争を経験しており、戦いの傷跡をもつ者もいた。彼らが身に着けていたのはブルージーンズにTシャツ、米国旗がある黒のレザージャケットに、米軍のワッペン、「守ってくれる人たちとともに」などの言葉が刺繍された衣服だった。誰もが関係したくないと思うような人たちだが、パレードに迷惑をかけたという報告は一切なかった。

「全米に花輪を」(Wreaths Across America)は、フロリダ州ケープ・カナベラルからカリフォルニア州ミラマーまで、全米の数千の墓地や記念地で花輪を捧げる儀式を主催する非営利団体である。一九九二年、メイン州の花輪職人であるモリル・ウースターが、感謝の気持ちを込めて五〇〇〇基の花輪をトラックに積んでアーリントンに向かったのが始まりだった。

その後、ウースターの巡礼は全国的な運動に発展した。毎年同じ土曜日に、全米五〇州の墓地と海外の数カ所でセレモニーが行われる。アーリントン墓地に向かうパレードがメインイベントである。青色の軍服に身を包む海兵隊員に守られながら、無名戦士の墓に花輪を捧げるクライマックスを迎える。[9]

しかし、その年は何かが違っていた。参加者の誰も知らないうちに、キャラバンの一挙手一投足が、敵対する外国勢力とつながりのあるハイテク企業によって追跡されていたのだ。その会社が主催者の非営利団体に寄贈した四五台の無線のおかげで、それぞれがクラウドベースのサーバーに接続され、トラックのドライバーや警察官、ライダー、そしてスタッフが互いに会話し、パレード中の調整を行うことができるようになっていた。プレスリリースによると、同社のクラウドベースのサーバーには、メイン州からワシントンDCまでの護衛隊の移動中に、各GPS対応無線機をリアルタイムで追跡するソフトウェアが搭載されていたとのことである。[10]

一見すると、同社の寄贈はパレードにうってつけだった。バイク集団の誰かが同社のホームページを見たら、気に入っていたろう。夕暮れ時のシカゴの高層ビルを象徴する写真が、黄色いスクールバスに乗り込む小学生の写真に映り替わり、「学校のよりよい安全のために」という文字が重なっていく。また、別の画像では、デジタル無線機のネットワークが花のように米国地図の上に描かれていた。[11]

ハイテラ社はウェブサイトを凝らしていて、同業他社と同様に見せていた。世界的な販売網や研究所、地域事務所を誇っている。「ハイテラ社は、世界で最も急速に成長している無線通信会社です。リオ・オリンピックやUSオープン・テニス、アメリカズカップなどの主要イベントから、石油掘削や電力会社、フットボール・スタジアム、学校、病院、ホテルまで、ハイテラ社の業務用無線通信システムは、現代の労働者の期待以上の成果を上げています」とホームページは喧伝していた。[12]

パレードの主催団体がこの会社からの支援を歓迎した理由は簡単である。ハイテラ社の製品は、トップクラスの人たちから信頼を得ていた。ハイテラ社は、全米中の顧客に対してさまざまなハイテク通信機器を供給していた。ハイテラ社の製品は、地方自治体や州政府にも採用され、刑務所では囚人の移動や施錠、周辺セキュリティの維持に無線通信やリモートアクセスをコントロールするのに使用されている。[13]

ハイテラ社の子会社であるノルサット社とセプラ社の二社は、米国防総省や英国のような緊密な同盟国に、潜入部隊が使用する衛星通信機器や秘密監視装置を供給している。[14]もう一つのハイテラ社所有のパワー・トランク社はジョージア州の電力会社やミネソタ州の石油精製企業、テキサスの化学企業、ニューヨークの地下鉄、ニュージャージー州の鉄道会社などにサービスを提供している。[15]

テルトロニックSAU社は英国企業に買収された後倒産して、ハイテラ社に売却された会社だが、現在はトロントやメキシコシティ、バルセロナ、ノッティンガム（そしてマレーシア政府全体といっていいぐらい）の公共交通網の通信ニーズに応えている。[16]民主主義社会の全域で、生死を分ける重要な通信サービスがハイテラ社で行われていたのである。しかし、多くの政府が信頼を寄せるこの巨大なハイテク企業は、実際にはどのような企業なのだろうか。

2つのウェブサイト

私は長年、アーリントン墓地の近くに住んでいて、毎年クリスマスに誰が花輪を置いているのか疑問に思っていた。そして二〇二〇年初頭のある日、退役軍人のパレード「全米に花輪を」への参加を告知するハイテラ社のプレスリリースを目にした。パレードのことを読み、勉強し始めた。ようやく謎が解けた。

しかし、それだけではない。ハイテラ社のウェブサイトにある、普通の米国人には必要も興味もない、ドロップダウンで開ける小さな言語メニューを発見した。ハイテラ社には中国語のサイトもあった。ハイテラ社は中国企業だから当然のことだ。そこには中国語の企業名、「海能达」があった。少しクリックすると、そこにはハイテラ社の別の側面が映し出された。ウェブサイトはクリックですぐに変わるので、何度も見直して気のせいでないことを確認し、スクリーンショットを保存した。そして数カ月後、再びそのサイトを訪れたが、同じように怖くなるデジタルの詳細が説明されていた。

ハイテラ社の中国語サイトは、英語サイトとは違っていた。ハイテラ社は、世界最大かつ最も強力な反米政治組織といえる中国共産党と結びついていたのだ。同社は中国の軍や国内治安にサービスを提供していた。[17]中国の大衆監視システムの重要な部分を構築・運用するために中国公安部が同社を選んだほど、中国政府から深く信頼されていた。[18]

私がハイテラ社の中国語版ウェブサイトで見たときには、制服を着た警備員が指令センターに座り、同社のビッグデータ分析装置によって録画・処理・分析された、コンピュータ端末に流入する監視映像を眺めている様子だった。[19]私が見ていたのは、国家の敵と目された男女を見つける最新技術のシステムだったのである。中国で政権の政治警察に逮捕された人たちの多くは、犯罪あるいは少なくとも米国人が犯罪と考えることは犯していない。

中国人民共和国では、日曜日に教会に行くという単純なことでも、とくに教会が登録されていない場合、無宗教国の政府にとっては「犯罪」になり得る。法輪功のような間違った太極拳を練習することや、地元の計画生育委員会の許可なく子供を作ること、ダライ・ラマの教えに従うこと、法の支配や言論の自由の権利を擁護することでも犯罪になり得る。中国政府の敵と目される者のリストは長い。本書のような本を中国で書き、出版し、販売すれば、おそらくあなたもそのリストに載ることになるだろう。

残忍なシステム

中国共産党とは一体何なのだろうか。これから見ていくように、中国共産党は九〇〇〇万人以上の党員をもつ全体主義的な政治組織であり、ほとんどがその党籍を明らかにしていない。近年、中国共産党は数百万人のウイグル人（および数え切れないほどのチベット人、キリスト教徒、その他の人々）を秘密裏に集め、猛烈な規模で建設された広大な強制収容所に送り込んだ。[20] 町全体が空っぽになり、母親から幼い子供たちが連れ去られ、国営の孤児院に入れられ親たちの民族伝統を軽蔑するように学習させられる。[21]

米国務省によると、中国政府は強制労働や洗脳、組織的レイプ、不妊手術、強制的な出産制限、その他の残酷で異常な刑罰を通じて、システム的に抑圧している。[22] 中国政府が国連の一九四八年ジェノサイド条約のすべての条項に違反する大量虐殺を行っていることが、ある法的調査によって明らかになった。[23]

恐ろしいことであるが、中国政府の人道に対する罪は、多くの中国人にとって過去に経験済みのことである。共産党はその歴史を通じて、広範囲な社会統制の手段として、一見無差別に見える殺人的な粛清や集団運動をしばしば行ってきた。今回のキャンペーンは、より大規模な国家テロ組織の一部であり、中国全土および世界中で進行中の広範囲なトランスフォーメーションの一角である点で異なっている。毛沢東が夢見ることしかできなかった技術によって可能になった、新しいタイプの社会を構築しようと中国当局は考えている。[24]

一党独裁の現在の支配者である習近平は、彼の前任者ができなかったこと、つまりＡＩ技術を使って人々を生きたロボットに変える可能性のあるシステムを構築している。理論的には、個人の自由と思考の自由はどんなに些細なことでも、中国のますます洗練されたコントロール複合体によって事実上不可能になる日が来るだろう。[25]

このジョージ・オーウェルが予言したようなシステムの要素は、婉曲的に「社会信用システム」「スマート・シティ」「シティ・ブレイン」と呼ばれている。中国政府は人民のプライバシーを侵害し、ビッグデータ分析を駆使して、マルクス・レーニン主義思想への適合性と共産党政権への忠誠心を測る。中国人だけではなく、（米国も含めた）世界中にいる中国政府が監視の対象とする者について、ビデオカメラと人気があるアプリやソーシャルメディア、コンピュータ、テレビ、そしてレストランのテーブルにまで忍ばせている最先端のアルゴリズムを使ってモニターしている。[26] それらのデータは中国共産党が支配するサーバーに記憶され、スーパーコンピュータによって分析される。[27]

ハイテラ社の中国語版ウェブサイトは、自社がこの厳しい抑圧体制における主要なプレーヤーであり、中国の国家安全保障機構にとって貴重な資産であると誇らしげに宣言していた。そのため二〇一九年にハイテラ社は、中国共産党によって支配された通信・映像監視企業のファーウェイやZTE、ハイクビジョンズ、ダーファとともに米国政府の要注意「企業リスト」に掲載された。[28] 連邦政府は、ハイテラ社とその子会社を国家安全保障上の脅威として指定し、「公共の安全、政府施設のセキュリティ、重要インフラの物理的セキュリティ監視、その他の国家安全保障目的のため」同社の製品の使用を禁止した。[29]

さらなる検討後、米国連邦通信委員会は、米国の通信事業者に対して通信ネットワークに使用されているファーウェイとZTEの機器の「撤去と交換」を命じ、税金を使って弁償を提供した。同委員会は、ハイテラ社が「米国の国家安全保障に許容できないリスクをもたらす」ことが判明したとし、同社の製品に対する使用許可を取り消すことを発表した。[30]

ハイテラ社は連邦政府との新たな契約を禁じられたが、それでも米国の民間市場へのアクセスは可能であり、カリフォルニアやイリノイ、フロリダに事務所と研究所を維持できた。これらの施設の存在によって、ハイテラ社は中国人の就労ビザや永住権のスポンサーとなり、また米国人技術専門家を雇用した。そのうちの何人に関して、米国の競争相手であるモトローラ・ソリューションズ社が、ハイテラ社の企業スパイ活動の一環として引き抜かれたと訴えた。[31]

二〇二〇年二月十四日、シカゴ連邦裁判所における長い裁判の結果、ハイテラ社は米国史最大級の技術盗用の罪で有罪判決を受けた。モトローラ・ソリューションズ社は要求通りの七億六四五〇万ドルの損害賠償が認められた。[32]同社の代理人を務めた訴訟担当者の一人であるブランドン・ブラウンは、次のように述べている。

「ハイテラ社は、競合製品の開発時に何万というモトローラの機密文書と何百万行ものソースコードを手に入れていた。その盗みの規模と範囲は前例のないものだった。ハイテラ社はそのコードの多くをそのまま使用したが、モトローラがハイテラ社の無線機をテストするときには気づかれないように、モトローラのコードとは『違って見える』ように変更し、盗用がわからないよう組織的にごまかした」[33]

在郷軍人のパレードをサーバーで監視

しかし、ハイテラ社は生き延びた。訴えられ要注意企業リストに掲載された後も、ハイテラ社は全米の学校や中小企業、工場に製品を売り続けた。そのなかの忠誠心の高い顧客は、有罪判決を無視し、連邦政府の決定を「馬鹿馬鹿しい」と断じ、同社を声高に支持している。[34]

ハイテラ社の一〇〇%子会社については、政府との契約を失ったとは言い切れない。たとえば英国では、全英にわたる非常時サービスに同社の「エアー・ウェーブ」ネットワークが使われている。[35] ハイテラ社の完全子会社であるセピュラ社のウェブサイトには、「当社のソリューションは、組織犯罪捜査チーム、テロ対策ユニット、軍事ユニット、麻薬捜査チーム、重大詐欺捜査チーム、対スパイユニットなどで世界的に使用されています」と記されている。[36] 二〇二一年にセピュラ社はブラジルの軍や警察、国境警備隊に通信システムを供給する大型契約を獲得した。[37]

ハイテラ社にとって、米国におけるつまずきは単に短期的なものであったのかもしれない。COVID-19の大流行が始まる前、ドナルド・トランプ大統領は、より広範な貿易取引の一環として、中国の巨大ハイテク企業の市場再参入を考えているようだった。その可能性はますます低下しているが、ジョー・バイデン大統領や将来の大統領がその選択をする可能性はある。[38] また、米国政府によるハイテラ社への捜査が続いたとしても、同社は広大な世界市場と米国以外の強力な顧客からの支援を受けることができる。

しかしそもそも、なぜ米政府はハイテラ社に規制をかけたのだろう。それは、外国嫌いの反競争的な市場を歪(ゆが)める行為ではなかったのか。米国が長い間提唱し、恩恵を受けてきたグローバリゼーションの流れに逆行するものではなかったのか。本書のために調査した中国政府と軍部の内部資料から、米国政府が憂慮すべき間違いを犯したことが明らかになった。驚くべき間違いは、国家安全保障上の誇大妄想から起こった誤りではなかった。

過剰反応ではなく、ハイテラ社のケースは、現状を疑おうともしない米国政府の姿勢の典型例と見ることができる。振り返ってみると、ハイテラ社のような中国のハイテク企業が、そもそもアメリカ国内で事業を立ち上げることを許されたこと自体が驚きである。さらに驚くべきことは、ハイテラ社やその他多数の中国企業が国家の重要なインフラに組み込まれていたことが判明した後も、彼らを受け入れる法的抜け道がまだ残されていたことである。[39] ハイテラ社のサーバーが米国の重要な在郷軍人のパレードをずっと追跡していたことに対して、米国政府が何も対応しなかったことが、中国の世界戦略の巧みさを物語っている。

中国のハイテク企業が米国市場に参入することについて、安全保障当局が注意しなければならない理由はいくつもある。まず初めに、中国政府のビジネスのやり方について問題点を見てみよう。

陰の企業

中華人民共和国の公表された法律と規制は、ハイテラ社のような企業に中国共産党と政権の秘密警察および諜報機関とデータを共有することを強要している。[40] たとえば、中国国家情報法は、すべての中国企業（そして現実的にはすべての国民）は、要請があればいつでも政府の情報活動に協力しなければならないと定めている。さらに同法は、活動の対象となる顧客や取引相手にスパイ活動に気づかれないように、中国企業がその活動を秘密裏に行うよう要求している。[41]

中国企業は、米国企業のように政府から独立していないし、これまでも独立してなかった。中国政府やその情報当局が情報収集やデータ共有を命じたとしても、それを拒否する法的手段はない。[42] 中国の企業や国民は中国共産党から与えられた権利以上のものはもたず、同党は超法規的な存在であり、自由自在に法律を適用する。[43]

中国政府と民間の法律上の分離は、名目上と想像の世界だけに存在する。中国企業（および中国で活動する外国企業）は共産党委員会によって管理され、同委員会は企業の取締役会の決定を覆す権限をもっている。実際、中国共産党が発行する本によれば、中国共産党は非常に強力であらゆるところに浸透しているため、中国において取締役会が企業の意思決定に対して実際に影響力を行使していると考えるのは間違いだとしている。これは欧米の価値観や慣習とはまったく異なるものである。

中国では、すべてのトップ経営者が共産党員で占められている。そのほとんどは秘密であり、党籍を明らかにしていない。実際、中国においてはどんな集団でも、党委員会を置かなくてはならない。その委員会を構成するのは、個人的な履歴を詳細に調べ尽くした身元調査を通り、中国国旗に右拳を上げ、永遠の忠誠を誓った者ばかりである。[44]

簡単にいえば、中国の民間企業というのは、決して民間の存在ではない。中国共産党の代理人が経営に携わり、企業と政権の利益の間に矛盾が生じないように管理する。中国企業のリーダーは、株主や資本主義的な利潤のためではなく、まず政府に仕えなければならない。[45]
中国共産党が市場を支配し、つねに商業活動に干渉することは、個々の企業にとって必ずしもよいことではない。しかし、それは問題にはならない。それは中国政府のためであり、中国共産党にとってよいことは、国家や国民、社会全体にとってもよいことだと信じられている。中国の企業は、たとえ利益を犠牲にしても、政府の商業部門としての役割を果たすことが期待されている。たとえ、国の介入の結果倒産しても、中国企業は政府当局の指示に従わなければならない。欲に駆られ、あるいはアダム・スミス的な信念に基づき政府に逆らうことは前代未聞であり、それは深刻な結果を招きかねない。

中国政府に逆らった企業が突然競合他社につぶされたり、完全に閉鎖されたりすることもある。（真の、または想像上の）容疑者が「姿を消し」、投獄や拷問、洗脳のための投薬、ときには処刑されることもある。共産党は、中国のあらゆる個人と企業に対して無限の強制力をもつのである。[46]だから、個人情報や機密情報を中国製電子機器に接続する米国人は、そのデータが中国の政治警察や諜報機関へ漏洩し、利用される危険性があることを考えなければならない。これは米国人ユーザーだけではなく、米国の経済競争力や安全保障を脅かしているのである。[47]

並外れた軍のアクセス

中国の法規制によると、中国の通信企業は人民解放軍がアクセス可能なハードウェアとソフトウェアを導入しなければならない。[48] 近年では、中国全土でこれまで軍とのつながりがなかった企業でも、自社製品が軍の仕様に合うようにチェックする社内組織を設立しなければならなくなった。[49] 実際には、これは表向きには民間企業でも、軍との連絡要員を採用し、その指示に従わなければならないことを意味する。

人民解放軍は普通の軍隊ではない。共産党の武装組織であり、人民解放軍がなければ政権は存立しない。軍の仕事はつねに政権に仕えることであり、憲法や中国国民に仕えることではない。中国国内はもとより世界各地で強大な権力を行使しているのは、その特別な地位からきており、そのため政治的および商業的影響力をもつ。二〇〇万人以上の兵力をもつ人民解放軍は世界最大の軍隊であり、人類史において最大かつ最も洗練された情報収集組織である。[50]

中国製の電子システムに接続する個人情報や機密情報は、中国共産党に漏洩し、利用される危険性があり、米国人ユーザーが恐喝や脅迫の対象となるだけでなく、米軍にも不利益をもたらす。米国防総省の議会報告書によると、中国は「社会と経済のすべての関連する要素を競争と戦争に利用する」能力があり、中国の軍民融合は「中国の民生経済と軍事経済の間に明確な線がない」ことを意味する。[51]

将来、国防総省は米本土のあちこちから、感染した電子機器からのサイバー攻撃に取り囲まれるかもしれない。もし、退役軍人のパレードに参加したライダーたちが、自分の携帯端末が中国軍の道具となり、かつて所属していた部隊の兵士への攻撃に加担していると知ったら、どう思うか想像してほしい。突飛な話に思えるかもしれないが、これこそまさに中国政府がめざしている外国の電子ネットワークに対する影響力であり、多くの場合おそらくすでにもっている能力である。[52]

勝者と敗者

中国政府が軍にとって必要なデータを入手することを許す法律や政策は、誰が成功しスポットライトを浴び、誰が失敗するか、中国共産党に決定権を与えている。[53] 内部文書によれば、中国共産党が優遇する国有企業や民間の「国家的優良」企業は、中央政府および地方政府の財政から多額の有利な契約とキャッシュフローを受け取っている。これらの企業は土地やオフィススペース、水道、電気、ガスなどに対して、国から多額の補助金を受け取る。税制上の優遇措置もある。またニューヨークやロンドン、香港市場などで株式上場することで何千億ドルもの利益を手に入れることもできる。[54]

金銭的な利益に加えて、中国共産党の商業部門は、シリコンバレーやボストン、ニューヨーク、オックスフォード、東京、台北などに人材獲得のための事務所を置く、中国のヘッドハンティング組織である共産党中央組織部が採用したトップクラスの国際的人材を獲得している。[55] 中国企業は政権の情報部門が賄賂や脅迫、スパイなどの不正な手段によって入手した先進技術を手に入れることもできる。[56]

北京の選ばれたエリートは、共産党中央宣伝部によって祭り上げられ、中国のメディアで賞賛される。中国企業のトップが英文の『チャイナタイムズ』紙や新華社通信、CGTN（China Global Television Network）のインタビューを受けたり、アリババCEOの馬雲がウェストポイント陸軍士官学校でリーダーシップについて講義をしたりするのを目にするかもしれない。[57] あなたの好きなメディアのオプエド欄は、中国人経営者を褒めたたえているかもしれない。アメリカの元上院議員がワシントンで中国企業のためにロビー活動をしているのを見かけるかもしれない。[58] また、『愛の不時着』などの韓国ドラマや『トランスフォーマー』などのハリウッド映画で、中国企業の製品が紹介されているのを目にすることもあるだろう。[59]

これらの中国企業の名前は、インターネットや道路脇のビルボード、フットボール・スタジアムの壁などで宣伝されている。ブラックフライデーにはウォルマートやターゲット、ベストバイなど大型小売チェーンの棚に、サイバーマンデーにはアマゾンのウェブ上に、中国企業の製品が並んでいるのを見かけるだろう。[60] そして、どうして素敵なブランド電子機器をこんなに安く買えるのか、疑問に思うかもしれない。

もちろん、その会社が海外市場に低価格で高品質な製品を供給できる産業界の巨人になるために舞台裏でやってきたこと、そのすべてを知ることはできない。その背後にある国家補助金を得るための秘密委員会や、軍との取引、国家安全局のスパイとの連絡、工場労働者への残酷な扱い、企業秘密への不正アクセス、強制収容所労働者の搾取、環境保護規則の違反などを見ることはできない。

中国共産党に支配された企業が米国や他の国際的な競争相手より有利である、というのは、ハリケーンが突風をもたらすというのと同様、当たり前のことである。中国の商業界の覇者は、どんな競争相手にも対抗し、劣勢に立たせることができる不法な超法規的権力をもっていることは間違いない。彼らは、中国政府が世界貿易機関（ＷＴＯ）に加盟した際の公約を破り、処罰や罰則を免れてきたという見事な実績をもっている。

中国が二〇〇一年にＷＴＯに加盟したとき、ＷＴＯは巨大な共産主義経済を改革し、西側の貿易規範に適合させるという使命を担っていた。しかし逆に、ＷＴＯは中国の国家主導の略奪的な貿易慣行を可能にした。中国政府が中国国内市場を厳しく管理する一方で、中国企業は多額の補助金を受けた輸出品で世界中を溢れさせた。中国に進出する外国企業は自社の核心的技術を引き渡し、生産ラインを中国に移転し、中国共産党が共産党委員会を通して内部から監視することに同意しなければならない。これらの取り決めは、中国企業を強化し、競争相手を弱体化させるように設計されている。中国企業はアメリカのライバル企業に入り込み、破壊し、取って代わって市場シェアを奪うことができるのである。[61]

元は米国の巨大通信企業だったモトローラ社は、数十億ドルもの損失の結果、二つの会社に分割しなければならなくなった。中国の軍事機関の卒業生と元政府高官が設立、経営する中国企業のレノボ社は、モトローラのモバイル機器事業を買収し、レノボを世界トップのスマートフォン供給業者の一つにした。[62] この取引により、レノボは米国の消費者に信頼されるモトローラのブランド名とロゴを使って電子機器を販売することができるようになった（中国系企業の正式名称はモトローラ・モビリティ。モトローラ・ソリューションズは引き続き米国企業である）。[63]

あるいは、ＩＢＭを見てみよう。二〇〇五年、レノボ社はＩＢＭの象徴的なブランドであるThinkPadとそのパソコン事業を買収し、世界一のパソコン販売企業となった。[64] レノボ社はThinkPadブランドを使用し続け、二〇一四年にはＩＢＭのサーバー部門も買収した。[65] あるいは、ゼネラル・エレクトリック（ＧＥ）を見てみよう。二〇一六年、ＧＥは百年の歴史をもつ家電部門を中国の競合企業である中国国有企業のハイアール社に売却した。[66] ハイアール社は、新しい所有者を反映して社名を変更する代わりに、完全子会社をＧＥアプライアンスとし、ＧＥブランドとロゴを使い続けている。[67]

米国企業が中国国内市場に参入しても、買収される結果に終わるのはどういうことだろうか。また、レノボ社やハイアール社のような企業も中国共産党の武器になる可能性はあるのだろうか。中国共産党が中国企業の軍事利用をどれほど意図しているかを知るには、中国共産党の軍民融合に関する公式訓練マニュアルを参照するとよいだろう。この内部文書では、中国軍の幹部に対して、「教育や宣伝、その他の方法を組み合わせて、軍民融合と国防思想に関する正しい概念を社会に浸透させる」よう促している。[68]

だから米国人が中国企業の電子システムを購入すれば、敵対する国の商業部門にお金を与えていることになる。普通の企業では考えられないことをする、政府や軍に支配された企業から買っている。多くの中国企業は、少なくとも当面は利益を上げる必要さえない。なぜなら、彼らは国家の一部門だからである。[69]ライバル企業を打倒し市場を占拠し、世界市場を独占、または他の中国企業との寡占にした後で利益を得る。そして中国政府はその利益を他の戦略的企業の増強や、スパイ活動、軍用ハードウェアなどに投資することができる。

中国政府（そして無意識による海外の顧客）の助けにより、中国の国家優良企業は、米国や世界中のライバル企業を凌駕（りょうが）している。次章以降に見られるように、中国共産党がコントロールする電子システムは、あなたの想像も及ばないものも含め、あらゆる場所で重要インフラに深く織り込まれている。冒頭で述べた退役軍人のパレードにおける無線機ネットワークもその一例である。これは非常に重要なことであるが、通信技術や商業的競争は氷山の一角に過ぎない。水面下には人々が気にも留めていないが、未来の世界を大きく左右する、もっと大きな問題が潜んでいるのである。

第二章

中国について知っておくべきこと

「資本主義が滅び、社会主義が勝利するのは必然である」[70]

――習近平

米国防情報局の『二〇一九年版中国軍事力報告書』の序文で、ロバート・アシュレイ二世将軍は次のように書いている。「国防情報局は、いや、より広い米国情報コミュニティは、絶えず『中国について何を知る必要があるか』と問われている。中国の世界観とその中での中国の役割は何か、北京の戦略的意図は何か、そして米国政府にどのような意味をもつか」[71]。

この言葉は示唆に富んでいる。二〇一九年米国政府はついに、中国共産党がもたらす国家安全保障上の脅威について、米国民が知る必要があると判断した。それ以上に、その脅威は非常に危険なものであり、その考えが根付くまで国民に繰り返し語り伝える必要があると政府は判断したのである。

アシュレイ将軍の問いかけに答えるため、当時の副大統領マイケル・ペンスと米国政府担当者は、冷戦時代の最後の十年間である一九八〇年代以来となる大規模な国民教育のためのキャンペーンを開始した。政府が婉曲的に「中国の挑戦」と呼んだものについて演説、証言、報道の嵐が国民を覆った。[72]

ランドール・シュライバー国防次官補（アジア太平洋担当）は記者会見で、「中国は米国の軍事的優位性を損なおうとしている。そして、影響力を獲得し、維持しようとする。これらの野心を多大な資金でバックアップし、実力と能力を付けている」。シュライバーは続けて、「中国で進行中の弾圧に対する、私たちの懸念は重大である。共産党は治安部隊を使って中国のイスラム教徒を強制収容所に大量に投獄している」と語った。[73]

その後、国家安全保障担当補佐官やＦＢＩ長官、司法長官、国務長官、国土安全保障長官がそれぞれ中国に関して歴史に残る演説を行った。[74]マシュー・ポッティンジャー国家安全保障副補佐官は、ホワイトハウスから中国系アメリカ人や世界各国にいる中国人に向けて、中国共産党との戦略的競争に関して中国語でスピーチを二度行った。[75]

数十年もの間、米国政府は中国が世界経済システムに参入できるよう協力を惜しまなかった。しかし今、米国政府の国家安全保障政策決定者は、中国共産党との協力というこれまでの政策が失敗したと、米国民に公式に警告している。国家を守るためには、中国政府を実際の姿である戦略的競争相手として扱わなければならない。これは生死をかけた戦いであり、戦争と平和の問題である。世界秩序全体、さらには西洋文明そのものが危機に瀕している。そして、米国が勝利を収めるという保証はどこにもない。

このような対中政策の著しい変化を受けて、米中間の戦略的競争を歴史的および構造的、理論的に検証するために相当な知的資源が費やされるようになった。しかし、中国政府がこの問題や世界戦略について、どう考えているかは明確ではない。[76]習近平と共産党のエリートは大国間競争をどのように見ているのか。中国の将来に対する彼らの願望は何なのか。自己採点しているのか、もしそうなら成功度をどう測っているのか。米中間の限りない戦略競争が二十一世紀における主要テーマとなる可能性が高まっている。[77]この物語がどのように展開するかは、少なくとも部分的には中国の支配者の野心、計画、認識によって決まるだろう。

米国の国益にとって、中国の権力中枢がどのように考えているかを深く理解することは重要である。米国が直面する最も知的な挑戦の一つは、心や行動の習慣が大きく異なる敵対国を自分たちの考え方でイメージしないということである。それができるまでは、我々は中国の行動に共感や対応するのに苦労するため、正しい戦略を立てることはできない。米国がこれまで直面した中で最も困難で危険な外交政策の試練に打ち勝つためには、戦略的ライバルの心の中を覗き込み、彼らが自国や我々、そしてその他をどう見ているかを理解する必要がある。

私たちは、中国がどのように考え、どのように感じ、そして時間とともにどのように変わるかを理解しなければならない。どんな深い傷や欲望が彼らを支配しているのか。どのような点を利用することができるのか。中国の弱点や脆弱なのは何か。避けるべき強みはどこにあるか。もちろん、国家は一元的なアクターではない。政府を一人の合理的な（あるいは非合理的な）個人と見なして考えることはできない。官僚制と組織内の力学は非常に重要である。これは共産主義独裁国家では重要性が低いかもしれないが、それでもある程度は、我々が予想する以上に重要である。

未来はどのように展開するのだろうか。数え切れないほどの変数があるが、思想の領域が最も重要なことが証明されるかもしれない。思想は行動を支配する。敵対する大国がどのように考えているかを理解することは不可欠である。その知識があれば、競争相手の将来の行動やさまざまな状況への対応をより的確に予測することができる。政策とは、政府の指導者が目標とする世界における自国の位置づけを示すものである。政策は壮大な戦略に向けての論理や方向を授けるものであり、さまざまな力をまとめ上げ追求するものである。[78]

中国政府の計画文書を読み、指導者のスピーチを聞けば、中国が今後、米国やその同盟国とどのように対抗していくのか、多くのことがわかるはずである。[79]習近平のビジョンを語る権威ある情報源は、未来を見せるタイムマシンとなるかもしれない。少なくとも、我々が他で見ることのできない精神世界を覗く窓である。しかし、中国の世界戦略を分析するために読むべき中国語の重要な資料が大量にあるが、その多くは未検証のままである。[80]

緊張が高まれば、誤解や間違いは起こりやすくなる。政治的暴力は物理的と心理的の両面で、独自の展開を生む可能性がある。今、米国人はこれまで以上に中国共産党を理解する必要がある。中国共産党の行動には一貫したイデオロギーがあるのか。共産党の世界観や将来への抱負は、公式文書にどのように記されているのか。習近平が世界を変えたいと考えていることは、習近平の演説からわかっている。[81]しかし、習近平が中国の計画の目標をどのように定義し、中国共産党がどのように戦略を進めているのか、そして、それが米国や他の自由民主主義国家にとって何を意味するのかは、まだ十分に理解されていない。

地殻変動

米国の対中戦略は、現在、地殻変動とでも呼ぶべく大きく変化している。これは、米国の外交史上、世界を揺るがす出来事である。そのきっかけとなったのは、習近平の政治権力独占であったように思われる。二〇一八年三月の第一三回全国人民代表大会で、習近平は中国の準公式な任期制を撤廃した。中国共産党の党規約に自身の個人的なイデオロギー（習近平による新時代の中国の特色ある社会主義思想）を明記し、後継者の指名を拒否した。その一つ一つに驚かされたが、それらすべてが実行されたのは驚異的なことである。

習近平の権力掌握は、四十年にわたるエリートによる集団指導体制からの急転換であった。一九七六年の毛沢東の死後初めて、中国の最高権力がカリスマ的で野心的な独裁者によって掌握され、その正当性が徹底的な粛清とカルト的な個性によって確立された。[82] 東シナ海や台湾海峡、南シナ海における中国の攻撃的な軍事行動や、宇宙とサイバースペースにおける破壊的な行動によって、米国の指導者は中国が戦略的競争者になったと結論するようになった。[83]

米政府の受けた衝撃が最初に表されたのは、二〇一七年十二月に発表された国家安全保障戦略である。そこでは「中国は……我々の価値観や利益に反した世界を形成しようとしている。中国はインド太平洋地域で米国を排除し、国家主導経済モデルの範囲を拡大し、自国に有利なように地域を再編成しようとしている」と述べられている。[84] この評価は、数十年にわたる過去の政策からの根本的な転換を意味する。過去四十年にわたって、米国政府は共産党が自由主義的になり、最終的には米国の利益を促進するような政治改革を行うことを期待し、中国政府に協力してきた。中国が繁栄し国力をつければ平和的になり、米国主導のリベラルな国際秩序を喜んで受け入れるという考えが前提にあった。国家安全保障戦略は、そのような前提は「誤りであることが判明した」と冷静に結論づけている。[85]

米国政府が限りない戦略的競争を続ける用意があるかを判断するのは、まだ時期尚早であろう。中国専門家のピーター・マティスがいうように、「米国の対中政策の戦略的転換は、官僚レベルでも政治レベルでも確立されていない」からである。[86] マティスは、新しい対中政策が定着するまでは、包括的な戦略や一連の目標を議論するのは時期尚早だが、近い将来における中国との競争に備えた能力構築のために多くのことができると論じている。[87] そして「中国共産党や中国をどうすればよりよく理解し、競争力を高めるにはどうすればよいかについての具体的なアイデアを肉付けし議論する時期に来ている」と結論づけている。[88]

米国政府が中国による挑戦を研究し、競争するための新たな戦略についてコンセンサスを形成する必要がある。その際に米国の指導者が取り組むべき重要な問題は、中国共産党がその目的達成をどのように計画しているかを把握することである。習近平とそのアドバイザーは戦略的競争をどのように見ているのか、また、将来の目標を達成するために何をしているのか。

進化する領域

冷戦期においては、中国研究コミュニティではその研究が長年継続するような権威ある学者の数は少なかった。[89]一九九〇年代後半から中国の国力が増すにつれ、中国研究に対する関心は高まったが、中国の戦略に注目した米国の専門家は少なかった。[90]数少ない研究者は中国政府の主な目的は高い経済成長を続けることであり、そのために軍拡競争や戦略競争など、貿易に悪影響を与えるようなことは避けると考えた。

欧米の学者の多くは、米中両国の国益は重なる部分が多く、お互いに補完することができると主張した。中国の国力増加が米国の影響力を損なうことになっても、協力関係によって信頼が生まれ善意が交わされると多くは信じていた。[91]ある影響力のある米国の学者は、「米中関係の安全保障面を管理するうえで課題は二つあり、(1)協力できる分野を特定し開発すること、(2)台湾問題を管理すること」と述べている。[92]

二人の米国人専門家は「中国と対等な協力関係を築くのは望みすぎかもしれない。しかし競争を限定的にするのは可能である……そのような協力関係がもたらす恩恵を考えればその目的を追求する強力な理由が存在する」と書いた。[93]当時は両国の国力に大きな差があり、米中関係が一見前向きなものであったため、中国に世界的な野心が存在したとしても、その達成は不可能だとほとんどの米国人は考えていた。[94]

しかし、少数の米国人は異なる見解をもち、米中両国が国際社会における生態系の広範な範囲で互いに競争する宿命にあることを予見していた。彼らの意見では、中国の権威主義的な支配者は、一般に理解されているよりも野心的で辛抱強い。そして中国政府はその力の範囲で自国の利益を追求するために、他国を犠牲にするような行動をとると考えた。

一九九九年、アメリカ空軍のマーク・ストークス少佐は、中国が米軍に対抗して急速な軍拡を行っていると主張する本を出版し、多くの専門家に衝撃を与えた。「中国の軍産複合体は二十一世紀の戦争のニーズを満たすための集中戦略近代化プログラムを開始した」と書き、弾道ミサイルや巡航ミサイル、宇宙やサイバー戦、無人システム、核攻撃といった分野における中国の軍事研究について論じている。[95]中国での特殊任務でCIAから受賞したこともあるストークスは、「米国における人民解放軍を監視している専門家のほとんどは、中国の軍事的近代化能力に対して懐疑的である。中国軍が数多くもつ欠点ばかりに焦点を当てるのではなく、注意深く冷静に中国軍の現在と将来の能力を研究する必要がある」と書いている。[96]

国防総省にいた中国専門家のマイケル・ピルズベリーも、中国政府は一般に考えられている以上に戦略的競争力を有していると主張している。[97]中国の支配者は大国のステータスや国際的な順位に対する執着心が強く、ライバル国や友好国の潜在能力を測り、戦争に勝てるか負けるかを恒常的に予測している、とピルズベリーの研究は説く。[98]

二〇〇五年にロバート・カプランは次のように論じ、波紋を広げた。「中国海軍は太平洋に進出する態勢にある。中国の進出は、アジアの大陸棚における変化を受け入れない米海軍と空軍と対立する。その結果、数十年にわたる冷戦の再来となることは想像に難くない……消費力と武力に溢れる中国は、米国の自由主義的支配に対する最大の従来型脅威となる」[99]。

二〇〇七年のジェームズ・マンの著書『危険な幻想：中国が民主化しなかったら世界はどうなる？』は、米国政府の中国政策の前提は間違っているという議論を真っ先に展開した。中国政府は米国が協力や貿易をしたとしても政治改革はしないし、望ましい方向に向かうこともない。また中国共産党は脆弱ではないし、崩壊することもない。「中国の政治体制が永久に後退した一党独裁のままであれば、一九八九年以来の米国の対中政策は、中国との貿易と『関与』が中国の政治体制を変えるという誤った前提のもとに、米国民に説明され続けたことを意味するだろう」[100]。マンは、中国が世界経済システムに組み込まれても、非民主的であり続けると正確に予言していた。その権力の座にとどまる限り、中国政府は単に抑圧のレベルを上げることになる[101]。

二〇一一年に出版されたアーロン・フリードバーグの著書『支配への競争』では、中国が一党独裁のままでより豊かに、より強くなっていくことは、戦略的な挑戦であると同時に、違った展開を長く予想してきた米国人には知的な挑戦ともなると論じた。「リチャード・ニクソンやヘンリー・キッシンジャーの時代から、米国の政治家や外交官、中国専門家たちは『よい点だけを強調する』傾向が強く、根深い問題や永続的な相違を過小評価や無視してきた」と、フリードバーグは書いている[102]。「中国は同盟国でもなく、信頼できる友人でもない。ますます強力で重要な国であり、現在の指導者の下では、時には米国と直接対決するような利益と目標をもっている」[103]。近年の出来事によってストークスやピルズベリー、カプラン、マン、フリードバーグらの主張は立証されたが、彼らの著作は発表当時は物議をかもし、スキャンダラスだとさえ捉えられた。米中関係の専門家の多くは、中国の統治者が政治的な構造改革なしに国力を高め、国際的な競争力を維持できるとは考えてなかったからである。そしてもちろん、中国政府が収容所の建設や少数民族の家族や文化、宗教の破壊など、過激で大量虐殺的な行動をとることも考えられなかった。

歴史が教えてくれることは、中国は今後も米国の指導者と米国民を驚かせ続けるということだ。驚きの危険性を緩和し、米国の国益を促進する機会をつかむには、中国共産党の政策決定に対する洞察を継続的に深めなければならない。とくに我々の知識がまだ未熟で浅かったり、無知な分野では必要である。

新たな光明をもたらすもの

近年、中国の戦略に関する学術的な著作がいろいろ出版されており、米中間の戦略競争の議論の質を大幅に向上させている[104]。アナリストたちは、中国の経済や技術、軍事競争を含めた総合的な取り組みについて議会証言や報告書を提出している[105]。また、幾人かの研究者は中国政府の政治的な戦闘や外国での影響力の拡大を研究している[106]。習近平の代表的な外交政策である「一帯一路」戦略に関して、国民に情報を提供している学者もいる。[107] さらに、中国の高度なサイバー空間、航空宇宙、人工知能の開発に関する技術研究を行う者もいる。[108] 中国の異常な軍備拡大とそれを推進する要因は、米国の研究者の大きな関心事であり、中国の軍事戦略へのアプローチと将来の紛争の可能性に関する研究が発表された。[109]

マイケル・ピルズベリーがベストセラーとなった『China 2049』で主張したように、中国は二〇四九年までに米国に取って代わるという秘密の戦略をもっているのか。[110] それとも中国は自国の発展と安定を維持しながら、自国周辺で起こる事象を管理する能力を高めることを第一に考えているのだろうか。[111] 共産党に米国を超える計画があるかという疑問は、ラッシュ・ドッシが『ロング・ゲーム』を出版する二〇二一年まで完全に解明されることはなかった。同書は、中国の支配者が世界の権力闘争において米国に対抗する明確な戦略を構築していたことを明らかにしている。さらに、中国共産党は長い間、幅広い領域で中国の競争力を高めることを視野に入れた政策決定を行ってきた。[112]

今後、習近平と彼のアドバイザーたちが世界をどう考え、どう変えていくのかには疑問が残る。中国政府の高官が実際に何を考え、語り、どんな行動をしているのか、表には出てこない。中国共産党の内部計画を理解するのに役立つ公開情報はほとんどないが、中国語の資料は豊富にあり、それらを使いモザイクを作成するようにすれば、中国政府の考え方の全体像を探ることができる。

共産党の機関紙である『人民日報』は、習近平に特化した検索可能なデータベースを構築した。[113]このデータベースには、習近平の何百ものスピーチや著作、引用句が掲載されている。[114]習近平の著作には国際競争に関するものが多い。[115]習近平のトップレベルの発言は漠然と曖昧なことが多いが、それでも重要な知見を提供し主要政策を浮き彫りにしており、それらは官僚によって具体化される。中国共産党の主要な統治機関である国務院は、定期的に長期計画や戦略文書を発表している。[116]これらは、中国の国家や省、市、県レベルの人民政府によって実行される。[117]中央組織部や中央宣伝部などの共産党組織は、それぞれ独自の計画文書を発表している。[118]これらの文書が発表されると、政府役人や政府に近い学者の研究によって分析され、説明される。とくに専門用語を解読すると、これらの情報源には多くの洞察が得られる。

もちろん最も重要なのは、中国共産党が全体的にどんな意図をもち、それが私たちにどのような影響を与えるかである。しかし、中国政府の極秘の会議室で何が行われているのかを、どうやって知ることができるのだろうか。まず手始めに、中国共産党の物語と中国の統治者の言葉に耳を傾けよう。中国政府高官が何と書き、何を語っているのか、何を意味しているのか。

私たちが最も容易に入手できる情報源は、中国の宣伝機関である。この種の情報は、全体像の把握が難しいことで有名である。幸いなことに、中国共産党の多くの部門や機関が多くの記事を書き、多くの詳細なレポートをネットで公開している。忍耐力があれば、それらをつなぎ合わせることができる。習近平自身も多くのことを書き、語り、時には率直に語っている。習近平の未訳のスピーチや文章を本書で紹介する。

さらに喜ばしいことに、中国共産党の軍事内部文書など、新しい資料も入手できた。中国政府がどのようにその考えを広め、実行に移しているかについて、これらの初公開の文書によって、これまで語られることのなかったエピソードとともに、本書で初めて明らかにする。

第三章

国際共産主義を求めて

「習近平の思想は学ばれ、実行しなければならない。それは全党、全人民の最も重要な政治的使命である」[119]

——中国共産党中央宣伝部

一国の歴史には、その存在意義や願望、将来の方向性にとって、決定的な転換点となる瞬間がある。二〇一八年五月四日は、中国にとってそのような瞬間だった。国全体、とくに北京では非常に物々しく儀式的に行われた、二度と再現されないような転換点となった。

人民大会堂は、この日のために特別に装飾された。金色の房飾りが付いた赤い垂れ幕が、パネル張りの壁一面に吊るされた。大きな漢字がこのイベントのテーマを告げており、一文字ずつが十数平方メートルの垂れ幕に書かれていた。三〇〇〇人の中国上流社会の人々が通路を埋め尽くし、会場は期待と興奮に包まれていた。

その中には、さまざまな階層の人たちが含まれていた。劇場内の四角く区切られた場所には、軍隊の官僚たちが、まるでパレードに出かける小隊のような鋭い目つきで陣取っている。硬い顔をしている彼らは、機関銃ももたないため裸同然に感じられた。彼らはせっかちそうであるが、規律正しく待っていた。その心の奥に溜まった攻撃性は封じられ、非軍事社会に対する組織的な対抗意識も儀式のために抑えられていた。

そう遠くない昔に活躍した共産主義革命の英雄たちは疲れた涙目をし、防虫剤と薬用バームの臭いがする、シワのよったスーツを着て柔らかな椅子に座った。彼らにとって、これは口うるさい看護師や、テレビ、お茶、テーブルゲームといった退職後の日常から解放された、誇らしくも疲れる休息のひとときであった。その昔、今偉そうにしている兵士が泣き出すような恐ろしいものを見て、それを乗り越えてきた人たちである。人生とは闘いであることを誰よりも知っている。そして今、眠たくなるのやトイレに行きたくなるのを自分の尊厳を守るために我慢している。

こういった革命世代の次にいるのは、年配とはいえ、まだ現役でいるのに十分若く活力をもつ世代である。部長や局長、委員長など、中国の官僚制度の中で監督する立場にある。お決まりのように、磨き上げられた机の上に赤鉛筆を並べ、長時間メモをとる準備をしている、この上なく忙しい人たちである。一党独裁の車輪は回り続けるが、その回転を支えるのが彼らである。予算作りや人事を管理し、報告書を作成し、プロジェクトを実行し、電話をかけ、受信箱を整理し、会議に出席し、乾杯の音頭を整えるなど、いろいろな言葉が交わされシステムを支えている。

システムの忠実な番犬もそこにいて、見張りをしている。黒いネクタイの男たちが、会場の隅々にまで目を光らせて、侵入者に気を配っている。指令センターには監視カメラから送られる映像に目を配る職員がいて、重装備の戦術部隊がリラックスした様子で動き回っているが、妨害者がその場にいるリーダーたちを脅かそうとすれば、すぐにでも発砲できる状態になっている。

会場にはパワーが満ち溢れていた。それは、世界の隅にある国々を破滅させるかもしれない条約に署名した、裕福な外交官たちの輝きの中に現れていた。派閥抗争や社会的混乱を乗り越えて政権を導く政治家たちの雄弁さの中にも現れていた。また政府に従って巨大なエネルギー部門や工業部門、通信網を操った億万長者の手首にも光っている。そして、国家の敵である多くの人々を調査し、判決を下し、その運命を永遠に封印する検察官や裁判官の厳しい顔の表情にもそれはうかがえた。

この部屋の特別コーナーには、国家の頭脳集団が集められていた。そこには、くつろいだ教授、非現実的な理論家、聡明な作家といった知識人たちである。彼らを軽蔑する者もいたが、指導層からはその精神的側面が尊敬され、恐れられてさえいた。彼らだけが、中国共産党の未来に対する大きなアイデアの本質を捉え、明確に表現することができた。中国政府の難解なイデオロギー的矛盾を頭の中でひっくり返し、それを説明する革新的な思考方法をもっていた。彼らだけが英語で本を出版し、ソーシャルメディアを通じて英語での講演をネット配信し、中国の考えを広めることができたのである。

別のセクションにいるのは次世代の若者である。太縁眼鏡で興奮気味に瞬きをしている学生たちは、まるで北京大学のかび臭い図書館の片隅から、あるいは清華大学の肌寒いデータセンターから引っ張り出されたばかりのような顔をしている。今日、彼らは無名の存在である。しかしいつの日か、すべてを支配するようになる。集まった指導者たちは、いずれこの中の誰かが彼らを葬り去り、彼らの人生と仕事を継いでくれることを願った。若い世代は何ものにも代えられない。彼らは未来であり、永遠への架け橋であった。

最後に少ない数ではあったが（それでも必要ではあったが）、外国からの代表団も出席していた。年配の白人たちが会場の中心で脚光を浴び、党宣伝部の気配りに自尊心をくすぐられていた。中国共産党は、彼らのようなタイプの人間を管理し、誘惑する方法をよく知っていた。豪華な会場や練習の行き届いた演出、旺盛なサービス精神は人々を陶酔させた。どんなに気むずかしくて世俗的な訪問者でも、VIP待遇には必ず魅せられる。そして、中国への賞賛と賛辞を胸に、かつての自分の姿を思い出しながら家路についた。[120] 現実の世界に戻るとすべてを忘れる者もいれば、その経験で大きく人生が変わった者もいる。

そして、すべての部分が所定の位置に配置され、盛大なセレモニーが始まった。オーケストラは軽快な革命の歌を演奏し、観客は立ち上がった。カメラも視線も前方へ向けられ、その日の主役に注目した。[121]

独裁者

拍手喝采に包まれながら、習近平がステージに現れた。紺のスーツに白のシャツ、チェックのネクタイという地味な出で立ちの彼は、他の官僚たちの中に溶け込んでいた。しかし、彼らと彼との間には大きな隔たりがある。中国の最高指導者であり、中国共産党総書記、中国国家主席、中央軍事委員会主席である。しかし、これらの肩書きは習近平の巨大な権力の全体像を把握するのに十分ではない。習近平は六十四歳で、すでに歴代の中国指導者よりも大きな権力を手にしていた。彼は昔の中国における皇帝のような存在であった。

習近平は最高指導者であり、軍の最高司令官であり、複数の新しく設置された強力な委員会の委員長であった。習は、国家安全保障や経済、インターネットなど、中国のあらゆる政策を決定することができた。習近平は、四十年前に毛沢東が亡くなって以来、中国で見られなかった絶対的な独裁者になったのである。毛沢東のように習近平は冷酷になり、政敵を粛清し、大衆運動を展開することで、自らの力を新たな高みへと引き上げる術を心得ていた。

近年、習近平は個人崇拝を推進し、政敵や敵対すると考えられる者に対して永遠に続くかに思われた残忍な弾圧を指揮した。政治的エゴの塊である習は後継者を指名せず、彼の生きているうちに後継者となりそうな人物を追放した。習近平政権の特徴は、中国社会のあらゆる面で中国共産党の支配を強める一方で、あらゆる面で中国の世界的影響力を拡大したことであった。

彼は、党と人民との一体感を示すために、質素な服装をしていた。しかし、それは単なる幻想に過ぎない。習近平は一人ですべての上に聳(そび)え立っていた。

習近平の後ろには、おべっか使いや忠臣、ライバルとなりそうな政治局員たちが控えている。スピーカーから流れる国歌の音に、会場全体が起立した。習近平は、このような式典でよくやるように、声に出さないで歌を歌うふりをした。ヘビースモーカーである習は、無駄に声を使うことはない。彼は、これから行う長く激しいスピーチのためにエネルギーを蓄えていたのだ。[122] 習にとってこの瞬間は、不幸と苦しみ、そして過酷な労働の末に得た人生最大の成果であった。自分も努力する一方で、他者にも負担を負わせた（多くは生命も奪われた）。そして中国史上で最大の権力を手に入れたのである。子供の頃から青春時代、高官になってからも屈辱感を味わったが、彼は決してくじけなかった。彼の回復力と不屈の精神は、見事に報われたのだ。習は自分を喜ばせるのに必死な多くの顔を見つめながら、運命のいたずらに驚いていたかもしれない。彼はそれまでの人生で、いつも歓待を受けていたわけではなかった。

苦い人生

習近平はその多くの伝記を信じるならば、深く醜い傷をたくさん負っている人物である。ただ誰も、彼の配偶者や医師でさえもそれを見ることができない。なぜなら、その傷は内面にあり、彼の心と魂にあるからである。習主席にとって、人生は決して生易しくはなく、しばしば残酷で異常なものであった。

一九五三年六月十五日に生まれた習近平は、父、習仲勲（しゅうちゅうくん）に育てられた。かつて戦争の英雄であり、初期の中華人民共和国政府の高官であった仲勲は、猟奇的な毛政権の情報当局トップである康生によって失脚させられ、夫人を働かせ自分は専業主夫の座に追いやられた。父親が高官の座を下ろされたとき、習近平はまだ子供だった。[123] 父の失脚とともに、近平の将来も暗いものになった。成長期のあいだは斉橋橋（せいきょうきょう）と斉安安（あんあん）という、二人の姉のお下がりの服や靴を身に着けさせられた。[124]

母親の斉心は元革命家で、マルクス・レーニン主義研究所で常勤の仕事をする忠実な中国共産党員であり、習近平の幼少期には留守がちにしていた。しかし母親の仕事のおかげで、習は北京中心部にあるエリート幼稚園「北海幼稚園」、そして人民解放軍が創設された日にちなんで名付けられた「八一小学校」に入学した。同級生には、国家主席の劉少奇の子息をはじめ、中国で最も有力な家庭の出身者がいた。[125]

習の学校生活は幸福よりも不幸なものだった。家族が政治的汚名を着せられたため、未来の中国のリーダーを育てる学校では身を狭くしており、弱く脆弱な存在であった。どれだけの虐待を学校で受けたのかはわからないが、少なくとも体育の教師の一人は彼をいじめていた。他のクラスメートが体育教師と同様の扱いをしていたとしても不思議はない。[126]

習近平が十二歳のとき、またもや政治的な粛清が行われ、彼の父親がでっち上げの告発をされた。真冬の北京から追放された習仲勲は、息子の前から姿を消し、中国の農村にある労働キャンプで「思想改造」に励むことになる。[127] 習近平の家族にも影が差した。母や姉妹、弟とともに、習近平は育った政府高官の官舎から無情にも放り出されたのだ。居場所をなくした母親は、習近平と弟姉妹を北京のあちこちに移した。[128]

習近平は保護者とロールモデルを失った。また親の職業のおかげで得ていた特権をすべて失った。乳母や運転手付きのソ連製自動車、料理人、そして何より重要だったのは、中国全土で何千万人もが餓死していた幼少期には計り知れない贅沢品であった食料の供給である。[129] しかしその次に起こったことは、若い習を打ちのめすものであった。

毛沢東の「文化大革命」の混乱と恐怖の中、過激派が習近平の住んでいた家に押し入り、乱暴に家捜しをした。その際、異母姉の習和平（父の最初の結婚で生まれた）は「迫害死」した。この共産党の表現は、暴漢に犯され殺された、あるいはそのような残酷な運命から逃れるために自殺したことを意味していた。[130] このとき、習近平がどこにいたのか、姉を救おうとしたかどうかは不明である。

共産党幹部養成のための中央党校の研究所で働くことになった習近平の母親は、生き残った子供たちを同校の構内に居場所を見つけて連れて行ったといわれている。やがて、斉心は自分の身を守るために、長男である習近平に背を向けるようになる。毛沢東の共産主義思想では、家族の絆は人間の大罪の一つであり、それを消し去る必要があるとされている。ある集会で習近平は、母親を含む熱狂的な観衆が彼を非難できるように、寄せ集められステージを練り歩いた。習近平はステージから、母親が拳を振り上げ「習近平を倒せ」と他の聴衆と一緒に叫んでいるのを見た。[131] そのとき、彼は十五歳だった。

その後、習近平は北京を追われ、一九三〇年代から四〇年代にかけて中国共産党が革命の拠点とした延安の乾燥した丘陵地帯で、貧困と残酷な労働の生活を強いられることになった。炎天下で糞や石炭などの汚物をかき集め運ばされ、「黄土」の洞窟で眠らされた。バケツがトイレ代わりだった。[132] 夜には習は土の中で激しく寝返りを打ち、その体にはノミやその他の虫がたかってい た。[133] 彼は一度脱出を試み北京まで戻ったが、検挙され労働収容所に送られた。そこでは土掘りをやらされたが、頑強な若者にとってもそれは背中を痛める重労働であった。[134] その後延安に戻され、また肉体労働と不眠不休の洞窟生活を余儀なくされた。

習近平の公式の伝記は、彼の生い立ちの長い悪夢を次のように要約している。「文化大革命の時代、彼は公衆の面前での屈辱と飢えに苦しみ、ホームレスを経験し、拘留されたこともあった」。[135] この苦難の時代に、習近平は政治・宗教的な変化を遂げる。毛沢東の著作を読み返し、ひたすら共産党員をめざした。しかし、当局に何度も拒否された。十回入党を拒否されたといわれる。[136] その頃、食事といえば粟粥や生麦が一般的だったが、習は目玉焼きと蒸しパンを地方の共産党のトップに振る舞った。[137] この賄賂が功を奏し、習は悪い家系にもかかわらず、共産党への入党が許された。これによって、習は追放から救済され出世街道にのることになった。七年後、彼は北京に戻り、清華大学に通うことができるようになった。[138] しかし、苦難はまだ終わらない。

共産党が選んだ化学工学の学位を取得し、陸軍に士官として入隊した。状況は好転し始めた。毛沢東は亡くなり、習近平の父親は新しい最高指導者である鄧小平によって恩赦が与えられた。習仲勲は再び権力の上層部に返り咲いた。習は父のコネで裕福な妻と広いアパート、人民解放軍の重要ポストを得た。[139] 習近平の最初の上司は、国防部長だった耿飈（こうひょう）将軍という大物である。しかし、耿の個人秘書を三年務めた頃、災難が降りかかる。習近平は軍服を脱いで北京を離れろ、といわれたのだ。この老将は鄧小平と仲が悪く、これ以上付き合うと危険であった。[140] また追放が習を待ち受けていた。

さらに悪いことに結婚が破局した。一九八二年に華麗な妻だった柯玲玲（かれいれい）が彼を捨てたのである。離婚はどの国でも出世に響くものであるが、とくに保守的な中国では大きく響く。[141] 柯は父親が中国大使を務めていた霧の都ロンドンへ向かった。その先には、先進国において彼女の野望を叶える、羨望の的となる生活が待っていた。彼女が習近平を愛していたとしても、多くの若い女性が現実を放棄するほどまでの深い愛情ではなかった。習近平は問題の多い家柄の下級役人に過ぎなかった。不人気な税金を徴収し、「一人っ子政策」（人類史上最大の中絶・不妊・嬰児殺（えいじさつ）キャンペーン）を実施するようなキャリアを歩むだろうと思われたのである。この不誠実な離婚は、習近平にとって恥の上塗りとなった。[142]

二番目の上司となった河北省の共産党幹部、高揚は習を嫌い、彼の一挙手一投足を妨害した。[143] そのため習は北京から南へ数百キロ離れた寒村で、事務所で寝て共同台所で食事した。[144] そこからさらに台風や汚職、暴力団が多い中国南部の福建省の僻地でキャリアを積むことになった。これも洗練された北部出身の習にとっては大きなカルチャーショックだったであろう。[145]

最初の結婚が失敗に終わった五年後、習近平の恋愛運は驚くほど好転した。再婚相手は、モデル体型の人民解放軍兵士から歌手に転身した素晴らしい歌声をもつスター、彭麗媛（ほうれいえん）であった。しかし、この幸運にも欠点があった。その後二十年間、習近平は二番目の妻の絶大な名声の影に隠れて暮らすことになる。彼女は国民的人気者であり、みんながその歌を口ずさむようなテレビのスーパースターである。他方、習近平は無名の官僚であり、将来性もない。その妻に比べ、習近平は哀れな存在だった。[146]

妻がツアーに出ている間、習近平は長い間、未発展の南部に取り残されることになった。彼の伝記には、習が「どんなに遅くなっても」就寝時に長距離電話をかけたと書かれている。[147]中国中央テレビで放映された北京での公演の後、天安門事件の兵士のために歌った後、中国の文化大使として海外の華やかな芸術祭に出演した後、習は毎晩のように妻に電話をかけていた。[148]

この二十年間、二人は離れて暮らした。南部にある彼の職場から北京の彼女のアパートまでは列車で四十八時間かかった。[149]習が何を思ったたか、二人の将来を心配していたかは想像するしかない。彼の伝記には、そのような個人的な事柄は一切書かれていない。しかし、習近平は夜遅くまでスポーツを観戦するのが好きで、ときどき酒を嗜むと記されている。[150]おそらく、そうして習は孤独を紛らわしたのであろう。

一九九七年、習近平は中国共産党中央委員に立候補したが、必要な票数を得ることができなかった。[151]長時間働き、機会が訪れるのを待った。そして、再び大舞台に立つのは何年も後のことだった。二〇〇九年に中央軍事委員会の副主席に就任することが期待されたが、不明の理由で実現しなかった。[152]一連の拒否の後に続いた、もう一つの拒否だった。

そして二〇一二年、胡錦濤の後継者と目されていた習は、第一八回中国共産党全国代表大会の直前に十一時間も続いた権力闘争の会議の土壇場で国家指導者の座を奪われそうになる。党内では激しい抗争が繰り広げられた。中国の著名な政治家や人民解放軍のトップ、情報機関のトップまでもが習近平に反対し、習近平の代わりに自分たちに近い人物を据えようとしたのである。習が党総書記に就任した後も、数カ月に及んで陰謀が続いた。習が断固とした措置をとり、陰謀は終結した。その後、多くの逮捕者が生まれた。[153]

習近平はついにトップに立ったが、まだ安心はできなかった。逮捕者の中には、習近平とその家族を含む中国共産党の最高指導者たちの警備を担当する中央弁公庁警衛局の幹部がいたのだ。習近平は裏切り者と疑われる人物と、彼につながる人物をすべて入れ替えた。これによって、習は政敵がお茶に毒を入れるのを恐れているという噂が広まった。[154] 習が被害妄想だったとしても、そうなって当然の理由があった。

習は長い年月の間に、無力であることの意味、他人の軍門に下ることの意味、自分の顔を踏みつけにされることの意味を身にしみて味わった。なぜ権力を手に入れることが重要なのかを誰よりもよく知っていた。自分の無邪気さと理想主義が冷たい怒りに変わっていくのを経験した。権力の頂点を極めたのだから、そこに留まるために戦うのは彼にとって当然のことであった。

共産党は彼の力の源であり、彼を養い支える源泉であった。まるでレールを伝わる電気のように、今や党の権力が彼の体内を流れていた。共産党の権力が自分を支配し、自分を殺すこともできることを十分承知していたからこそ、習はより一層強くそれにしがみついた。権力がすべてである。彼は少したりともそれを手放さない。決して。

最高潮の時

その日、人民大会堂で行われた式典は、習近平自身に関するものではなかった。それは、習が誰よりも尊敬し崇め、崇拝した人物のための式典だった。習近平はこの人物の思想を研究して博士号を取得し、その思想について書き、実践し、広めることに職業人生のすべてを捧げてきた。この人物のおかげで、習近平は中国の歴史上最も強力な指導者となったのである。習は自分がこの人物から恩恵を受けており、他のみんなもそうだと信じていた。

習近平によれば、この人物は全世界の光であり、希望であった。この盛大なイベントは、彼の遺産を祝うための全面的な国民教育キャンペーンの最大イベントであった。習はその人物の思想がすでに中国全土に広まっていても、さらに深く浸透する必要があると考えた。そのため全国民、とくに共産党の支配階級の人々に彼の著作を読み込むように命じ、彼を「人類史上最高の思想家」であると絶賛したのである。[155]

人民に恐れられている、忠誠心を強化するための中央紀律検査委員会は、「人類社会と人類の思想の歴史において、これ以上貢献した者はいない」と中国では政治的に何が正しいかを明確に示す記事を流した。その記事は、すべての共産党員と政府関係者に、その人物の教えがもつ「広範囲な影響力を深く理解」し、彼の思想が人類社会の未来を導くためにどれほど重要であるかを

「正しく理解」するよう命じた。[156]

習近平はこのキャンペーンに政府から莫大な資金を投入し、中国全土と世界各国の中国大使館で歴史的な記念行事を開催させた。その式典の前週には、国営メディアは『彼は正しい』というタイトルの五部作のドキュメンタリーをプライムタイムに放送していた。[157] さらにこの後に続いたのは、彼の著作に関する二部作のドキュメンタリーであった。このドキュメンタリーの第一部は前日の夜、中国中央テレビで放映された。そして第二部は、その日の夜、人民大会堂での習近平の演説の後に放映されることになっていた。[158]

その次の日は土曜日で上海の繁華街、新天地地区にある博物館でのイベントには週末に集まった人々が詰めかけたが、そこでは政府がその人物の貴重な最も有名な本を公開した。[159] この機会を記念して、中国各地で同様の博物館展示や記念イベントが数多く企画されていた。[160]

中国で最も影響力のある省といえる広東省の宣伝部は政府関係者が彼の著作を読み上げる長い音声コンテンツを作成した。これは他の似たようなコンテンツ同様、安いスマホがあれば誰にでもモバイルのアプリで聴けるようになっていた。[161]

習近平は最近、「中国のハーバード」と呼ばれる北京大学を訪れ、「キャンパスや教室、学生の間で」彼の思想をさらに広めるよう中国の教育関係者に命じる演説を行った。[162] 中国の最高指導者に敬意を表して、北京大学は習近平思想の研究機関を新設したところだった。しかし同大学訪問時、習近平がより強い関心を示したのは、習の知的ヒーローの思想に関するプログラムであった。[163]習の偉人に対する熱情に「刺激」されて、北京大学は習と同じく博士論文のテーマに彼の思想を選んだ学者を世界三〇カ国から集め国際フォーラムを主催している。[164]

二〇一五年にも北京大学は同じテーマで世界フォーラムを開催し、五〇〇〇人以上の参加者を集めたらしい。[165]しかし今回はより多く、世界中の聴衆にいきわたるようにする必要があった。そのため、共産党中央宣伝部がこの世界フォーラムの企画運営に参画した。北京大学では、このイベントのために中国語と英語、独語、ロシア語のウェブサイトが用意された。[166]

その間、習にとっての救世主の巨大像が発注され、習の故郷に建てられた。二トンのブロンズ像の除幕式には、何百人もの群衆が旗を振って祝った。[167]印刷所では彼の著作が大量に生産され、工場では彼の胸像を模したものやゴム製の浴室用のおもちゃなど、プラスチック製の記念品が山のように作られた。[168]彼を称えたワインラベルも発表された。[169]式典のための交通をコントロールするために信号を操作するプログラムが作られ、彼の肖像画が載った記念紙幣も発行された。[170]

数百もの学術論文が発表された。人民日報や新華社などの中国共産党の報道機関では、彼の思想が中国の安定と発展のための永遠の鍵であると賞賛する社説が次々と掲載された。[171]彼の手書きのメモが外国の機関から入手され、バチカンが聖杯を展示するかのように、中国の国立博物館に展示された。[172]中国全土が最高潮の時を迎えていたのである。

中国における神格化

ついにその時が来た。習近平は壇上に上がり、聴衆に一礼して演説を始めた。彼の背後には、壁一面に神のように祀られた巨大な肖像画が掲げられていた。その絵はあまりに大きく、人間が隣に立っていれば、胸元に届く白い顎髭よりも小さく見えたことだろう。その絵では、その人物は黒い蝶ネクタイをつけて左を向いており、激しい顔つきで遠くを見つめている。肖像画の下には「一八一八―二〇一八」の数字が記されている。

習は特徴のある話し方と喫煙者らしい重くかすれた声で話し始めた。彼の人生の物語と近代中国の物語を織り交ぜながら、その人物の友人や弟子たちからの賛辞を引用しながら系統立てて演説した。長い前置きの後、習近平はついに本題に入り、こう叫んだ。

「同志諸君。本日、我々はカール・マルクスを追悼し、祝うためにここにいる。人類史上最も偉大な思想家であるカール・マルクスに敬意を表するためである。そして、マルクス主義の科学的真理に対する我々の揺るぎない信念を示すためにここにいるのだ」[173]

マルクスは、『共産党宣言』の著者である。同書は家族や宗教、民主主義、自由市場、そして国家という制度までも否定し、読者に暴力をもって政府を倒し、すべてのカネや財産、武器、政治権力が独裁体制に集中するような新しいシステムを作るよう呼び掛けている。[174]この本は一八四八年に国際的秘密結社「共産主義者同盟」の綱領としてイギリスで出版された。その後、翻訳、普及され、最終的には世界各地で共産主義政権を樹立する過激な運動を生んだ。

習近平は演説の中で社会主義について語るとき、北欧で実践されている自由民主主義的な社会主義のことではないことを明確にした。北朝鮮やキューバ、旧ソ連の政権が実践している共産主義的なイデオロギーのことを指していた。習は、膨大な数の自国民を殺害した政府のことを語った。一九九九年の推計では、マルクスの影響を受けた共産主義政権は控えめに見積もっても二十世紀に一億人を殺したが、その半数以上は中国政府によるものであった。[175]

カンボジアの共産主義革命家ポル・ポトは、同国の人口の少なくとも二〇％を殺害したと考えられており、その犠牲者の多くは死ぬ前に恐ろしいほどの拷問を受けた。そしてそれらを皮肉に感じることなく、この日、習近平は中国全土を率いて、マルクスの生誕二百周年を祝った。[176]生誕祝いはその日のテーマであったが、習の目的はそれよりも大胆であった。それは、革命に対する呼びかけであった。

習近平は「カール・マルクスは、旧世界を打破し、新世界を建設することに全生涯を捧げた。彼はそのために生涯戦い続けたのである」。そして、こう続けた。「マルクス主義は実践的な理論であり、人々が世界を変えるために行動する際の指針となるものである……マルクス主義は本の中に隠しておくものではない。人類史の運命を変えるために生まれたのだ」。[177]

習近平は、マルクスのライフワークは決して無駄ではなかったと聴衆に語りかけた。国家の枠組みを超えた集合体、世界共産主義文明とユートピアを創造するというマルクスの夢はまだその建設途上にあり、いつの日か実現する。世界社会主義は実現する。中国のおかげで、国際的な共産主義運動はまだ生きており、事実、かつてないほど強くなっている。

「世界社会主義が発展の過程で紆余曲折があったとしても、人類の社会発展の全体的な方向は変わっていないし、これからも変わらない……今やマルクス主義は、人類の文明の進歩を大きく向上させている……同志諸君。マルクス主義は世界を大きく変えただけでなく、中国を大きく変えた[178]」

習近平はマルクスの教えを基礎的なものである、と次のように述べた。「マルクス主義はわが党と国家の究極の指導思想であり、世界の仕組みを理解するための強力な思想的武器であり、基本法則を把握し、真実を追求し、世界を変えるための武器である」と述べた[179]。

そして習は、再び中国が世界を変えるのだと強調した。中国はその力と影響力を使って、国際社会が長期的な目標である国際共産主義に向かうよう導く。次の言葉が人民大会堂に響き渡った。

「共産主義の実現は、歴史的なプロセスの中で起こる目標であることを深く理解しなければならない。それは段階的に起こる。我々が共産主義の遠大な理想と中国の特色ある社会主義を一体化させ、我々が今行っているすべてのことと一体化させることによって実現する。我々が中国の特色ある社会主義の発展や我々の理論、我々のシステム、我々の文化に自信をもつことによって実現する。我々は共産主義者の理想を固く信じなければならない。マルクス同様、我々は生涯を通じて共産主義のために闘い続けなければならない」[180]

習近平は聴衆の中で同調しない者を少し脅すように、マルクス主義を否定する者は一体化に向かう世界の敵であると断言した。習近平は、「人類運命共同体の構築」を助けることはすべての人々にとってよいことである。このスローガンは美しい集団化した世界と同じ意味であるとし、それが遠くない未来に実現することを約束したのである。

「集団化された世界は、地平線の向こう側にある……その世界を拒否する者は、世界からも拒否されることになる……全世界の人々が一つの道を歩んで、全人類共通の運命共同体を建設するために努力しなければならない。より美しい世界を築かなければならない」[181]

そして、習近平は宗教に近い熱意で、集まった中国共産党員全員に、自分たちの魂はマルクス主義に属していることを思い出させた。「同志諸君。中国共産党はマルクス主義で武装した政党である。中国共産党員にとって、マルクス主義は我々の理想と信念の魂である」[182]。習近平の演説は次の台詞で最高潮に達した。

「マルクス主義の発展を絶えず推し進めることは、中国共産党員の神聖な責任である。我々はマルクス主義を断固として用いて、この時代を観察し、この時代を理解し、この時代を導いていく。我々は現代中国の活力と豊かな経験を利用して、マルクス主義の発展を推し進める……我々は現代中国のマルクス主義と二十一世紀のマルクス主義を絶え間なく広めていく」[183]

そして、マルクスの親友であり共著者でもあるフリードリヒ・エンゲルスの言葉を引用して、演説を締めくくった。式典の最後には、『共産党宣言』に触発され、ボルシェビキと初期のソ連の国歌となった「インターナショナル」が演奏された。この曲は、かつて中国内戦の初期に中国共産党の拠点であった中国ソビエト共和国の国歌でもあった。そして、今やこの曲は主要な中国の政治イベントの最後を飾る曲となった[184]。

習近平の盛大な式典の幕が下りると、中国版国歌の次のような歌詞が響き渡った。

「我々は世界の支配者になる。これは最終闘争だ。団結せよ。すぐに国際共産主義が実現する」[185]

第四章

「人類運命共同体」が意味するもの

「共産主義者は、その見解と目的を隠さない。自分たちの目的はすべての既存社会の強制的な転覆でしか達成されないことを公言する」[186]

——『共産党宣言』

二〇一九年十月三十一日、そのタイミングが注目される場面で、中国の独裁者とその最高幹部が、いつものように再び人民大会堂に集まり、ハロウィンの日に、暗い予兆のある文書に公式に捺印（なついん）した。数時間後、北京に夕闇が迫る中、宣伝部は「中国共産党中央委員会の年次会議が終了し、新たな統治政策が承認された」という淡々とした文書を発表した。中国全土のデジタル・スクリーンに映し出されたニュースキャスターは、二〇ページに及ぶ文書の退屈な部分を読み上げ、何とか興味深くしよう、少なくとも機械的に響かないように努めたが、失敗していた。この政策は、これまでの多くの政策とまったく同じように、形式的で、退屈で、重要でないものに思えた。

その夜、北京でニュースを聞いていた外国の外交官たちは、中国共産党の集団指導体制が優れており、中国国内の生活のあらゆる側面を支配しているという奇妙な文章の中に、中国の官僚や党員に向けた外交問題に関する奇妙なパラグラフが埋まっていることに気づいたことだろう。「世界の統治システムの改革と構築に積極的に参加する」。さらに、「人類運命共同体構築の旗を掲げよ」。そして最後に、「より公正で合理的な国際統治システムの構築を推し進めよ」[187]。

これらの不可解な表現は何を意味していたのか。中国共産党中央委員会は何を言っていたのか。これらは実質的に内容のあるメッセージなのか、それとも中南海の中央指導部や外交部の役人が作文した単なる穴埋めなのか。この言葉は、実際には空疎なスローガンばかりの報告書に彩りのために使われたのか。それとも、それ以上の意味があったのか。

じつはそれらの意味を説明するために、中国共産党の教義に関する内部研修マニュアルが作成され、配布されていた。他の誰にわからなくとも、そのマニュアルを読んだ者には文書の表現が理解できた。おそらく、それが中央委員会の狙いだったのだろう。退屈な文章というカモフラージュの下に衝撃的なメッセージを潜ませ、世界中の何百万人もの秘密工作員やエージェントと密かにコミュニケーションを図る。外国の外交官なら誰でも、これらの表現を何度も耳にしたはずだ。この暗号を解いた者はいるのだろうか。

最初の手がかりは、長ったらしく退屈なこの文書のタイトルだった。「中国の特色ある社会主義体制を堅持し改善し、国家統治体系と統治能力の現代化を推進する若干の重要問題に関する中共中央の決定」である。これは、秘密主義の上に築かれた全体主義体制ならではの、ジョージ・オーウェルの小説に出てくるようなタイトルであった。中国においてこの種のタイトルは、外部にわからないように、内部の人間にだけ公式に権力を伝えるために使われる。これは、何か重要な議論が行われたが、内部の人間がその詳細を外部に伝えたくないことを意味する。

しかし、その二カ月後、もう一つの手がかりが出てきた。政権がこの文書を本当に重要視していることはそれで明白になった。二〇二〇年一月一日、習近平は一〇ページに及ぶ年頭所感のすべてを、この政策に記された決定事項の賞賛と説明に充てたのだ。そのメッセージは、中国最高峰の政治誌『求是』（真実を求めて）に掲載された。その中で彼は、この文書で詳述されている問題を、あたかも中国政府が永遠に続く戦略的優位をもたらす新兵器の謎を解き明かしたかのような表現で、中国と西洋の戦いという観点から説明している。

そこではこう書かれている。「優れた（統治）システムは、国家がもちうる最大の利点である。システムにおける競争は、国家間に存在する最も基本的な競争である」[188]。習近平は中央委員会の文書を葬り去るのではなく、同誌の読者以外には見過ごされやすい専門用語を使いながらも、誇らしげにスポットライトを当てていた。

このメッセージの中で習近平は、正しく理解されれば、世界の首都でメディアを巻き込む大騒動になる表現を含めている。中国は独自の共産主義体制を世界に輸出し、米国主導の自由主義的な秩序と真っ向から対決する。その一環として、習近平は宣伝部に中国共産党の優位性を強調し、中国政府の優れたマルクス主義路線を促進するよう要求した。習はほとんど伝道的なニュアンスで「中国の体制について国内外に良い話を広めよ。中国の国家体制と統治体制の説得力と魅力を強めよ」と指示した[189]。

マルクス主義と共産主義が滅び、中国が独自の自由市場資本主義を受け入れたという虚構を排し、習近平は、中国政府は「根本的にマルクス主義の原則を基礎としている」と述べた。この点を強調するために、習近平は合計一〇回、一ページあたり平均一回、中国政府がマルクス主義であると述べた。また、中国のあらゆる生活領域で共産党が遍在していることを語り、一ページあたり平均六回共産党に言及した。自分が解明した思想を中国社会全体で大胆に推進することが肝要であると習はいう。これは「長期的な戦略的使命」であり、それは、「中国民族の偉大なる復興を実現するという中国の夢」であった[190]。

習近平のメッセージが発せられた後、宣伝のためのスピーチや解説の津波が中国の電波とデジタルネットワークに押し寄せた。最高指導者が話したのだ。習近平の考え、地球とそのすべての住民に関する彼の壮大なビジョンが、壊れたレコードのように何度も何度も繰り返された。武漢では新種のウイルスが宿主から宿主へと移動し、海外へも伝染しようとしていたまさにそのときに、一党独裁体制に仕えるすべての人々に、この考えを広めるよう命じたのである。中国が世界を新しく作り直す時が来たのだ。

流行に乗る

その日は四月十五日。米国人の多くが最も恐れる納税の日である。しかし、今年はいつもと一八〇度違った展開だった。アルフレッド・ヒッチコックも顔負けのトワイライトゾーンのような光景の中で、全米のオフィスは不気味なほど静まり返っていた。事務所にかかる電話もなく、パニックに陥(おちい)った電子メールがコンピュータ端末のスクリーンに光ることもない。徹夜もなければば、十一時になって収支の集計や報告をすることもない。全米の商業地区は閑散としていた。全国の郵便局は空っぽの状態である。どこにも誰もいない。この年は納税の日でさえなかったのである。国税庁は、どう考えても休業中であり、追って通知があるまで開庁することはなかった。全国民が反則金なしで納税猶予を受けることになったのだ。

二〇二〇年は異常な年だった。そして、ＣＯＶＩＤ-19の大流行がもたらす悲惨な人的被害と経済的荒廃の拡大を考えれば、税金など後回しでよかったのだ。他の国と同様、米国政府も緊急事態に陥っていた。大量殺戮ウイルスが出現したため、全員ができることは身を隠してそれが去るのを待つことだけだった。

地球の反対側では、中国は麻痺（まひ）状態にはほど遠かった。共産党の機構はフル回転し、指令が次々出された。同じ日の四月十五日、習近平と王毅外相がそれぞれ重大な政策声明を発表し、中国政府はこのパンデミックから隠れるのではなく、世界の舞台で指導的役割を果たす機会として利用することを宣言したのだ。[191]

武漢で始まった危機的状況を乗り切って、中国政府の指導者は、広報活動の大失敗から回復しプロパガンダで成功を収めようと決意していた。それどころか、世界の危機を利用して、中国の権力と威信の長征を進めようと考えていた。習近平国家主席は、華美な装飾のある無菌状態にされた安全な指導部にいながら、すべての行動を監視し参加していた。習のスケジュールはハイレベルの会議や中国の偉大さを伝える電話会議などで溢れていた。[192]

非常事態のピークだった三月、習主席は看板の黒いナイロン製人民服を着て、首都圏から離れた河北省の非公開の軍事基地を訪問した。水色の手術用マスク、茶系の迷彩服、磨き上げられた黒いブーツを身に着けた軍人が、パンデミックの震源地である霍山（かくざん）病院から送られてくる監視カメラの映像を見つめる、習近平の傍らで待機していたのである。

国営メディアは、習近平と軍幹部や共産党幹部などの少数の側近が、一見広大で空っぽに見える部屋の巨大スクリーンの前に立っているのを映し出した。ビデオ通話の向こう側には、約六〇〇キロ離れた武漢の病院関係者や患者たちが詰めかけ、懸命に笑顔を振りまいている。そのとき、多くの人が死期は間近と思っていたに違いない。宣伝部は相変わらず、習主席の賢明で慈悲深いリーダーシップを喧伝した。彼は人民を気遣う指導者である。また、科学を理解する人物でもあった。母校の清華大学の医学研究所や、ワクチン研究に携わる人民解放軍の生物防衛基地を視察する習近平の姿が同じ報道で紹介された。さらに、習近平が議長を務める多くの上級委員会の会合や外国の指導者と交わした電話でリーダーシップを発揮したことを強調した[193]。

たしかに習近平は、多くの電話をかけた。ホワイトハウスのドナルド・トランプ大統領やドイツのアンゲラ・メルケル首相、フランスのエマニュエル・マクロン大統領、イギリスのボリス・ジョンソン首相、その他数十人に電話をかけた。母国語である中国語でも意味がわからないような専門用語を多用し、ドイツ語、フランス語、英語に翻訳されると、さらに意味がわからなくなる。確かなことはいえないが、おそらく電話の相手は中国政府が何をしようとしているかわからないまま、漠然とした失望と大きな戸惑いを感じながら会話を終えたことだろう。ロンドンの首相官邸では、頭を悩ませていたことは想像できる。「人類運命共同体」って、何を意味するのだろう。それが殺人ウイルスの流行の阻止にいったい何の関係があるんだ。

もし電話の相手たちがお互いの記録を照らし合わせていれば、習主席が同じようなことを述べていたことに気づいただろう。「我々は人類運命共同体を推進している」と、どのときも習は伝えていた。[194] 習近平は三月下旬のG20サミットの緊急会合に集まった要人たちに対しても同じことを言った。[195] そして二〇二〇年五月十七日、同様のことを習はほとんどが予期していない場所で行った。それは世界保健機関（WHO）の第七三回総会という、WHOが抑え込みに失敗したために起きた大惨事のためオンラインで招集された会議のメインテーブルだった。

WHO年次総会の開会挨拶で習近平は、国際社会が何カ月もの貴重な時間を費やし、何人もの勇敢な医師が命を落としたこの大惨事を、中国が強引に隠蔽し初期対応を誤ったことに対する怒りの声にもまったく動じず、リラックスした様子で演説を行った。習近平は、この災害に対する自国の責任には触れず、カメラの前で「人類運命共同体を構築しよう」と世界各国に呼びかけた。[196]

二〇二〇年六月七日までに、習近平は五〇人近い世界の指導者、すなわち恐るべき効率性で数十万人の犠牲者を出している世界的なパンデミックに対応する責任を負っている政府や国際機関の責任者たちに電話をかけ、あるいは直接会った。中国政府が発表したCOVID-19への対応に関する公式文書によると、習近平には、この危機的な状況下で皆に伝えた最も重要なメッセージがあった。「人類運命共同体の信念を確立するよう各人に呼びかけた」[197]。何度も何度も、この考えを熱っぽく語った。

ＣＯＶＩＤ-19の大流行に対する中国の対応に関する中国政府の白書は、中国共産党がこの言葉をきわめて深刻に捉えていることを明らかにしている。「中国はすべての国が人類運命共同体を受け入れることによって、全人類の将来の運命と将来の子や孫の世代の幸福のために正しい選択をすべきであると主張する」[198]と書かれている。

共産党と中国政府の見解では、未来への正しい道は一つしかなく、地球上の誰もがその道を歩まなければならない。そうでなければ、彼らの子孫の運命を封じることになる。これは生死に関わる問題である。だから、全世界の人々が一丸となって、今の危機の時だけでなく、今後数十年にわたって中国の計画を支持することが不可欠であった。人類の未来がかかっているのだという。

習近平が人類の未来に対する壮大なビジョンへの参加を訴えたのは、ＣＯＶＩＤ-19の大流行が初めてではない。実際、習近平は、最高権力者に就任した二〇一二年以来、この言葉を絶え間なく口にしていた[199]。二〇二〇年までには、この言葉は中国政府内に広がって、中国の対外的発言や行動のすべてに関わってきた。中国の主要外交政策演説や国際プログラム、戦略計画文書のすべての要となっていた。習近平は国連での演説やビジネスサミット、海外訪問でこの言葉を口にした。[200] 外交部部長がそれが中国外交にとって、[201] 衛生部部長はそれが世界の衛生にとって、[202] インターネット担当相はそれがインターネットの将来にとって何を意味するのかを語った。[203] 中国政府の頭脳集団がこの概念の虜となり、その実行に執着しているかのようだった。

多くの外国人は、「一帯一路」プロジェクトが習近平の代表的な外交戦略であると信じていたが、習は一帯一路はより大きな目的に対する手段に過ぎないことを明確にしたかった。一帯一路はその範囲が広く資金も潤沢そうに見えるが、中国共産党の長期的な戦略目標をめざした数多くの取り組みの一つに過ぎなかった。

二〇二〇年一月、習近平の新年の辞からわずか数日後、中国外交部はこの点を強調した。国営メディアとの示し合わせたインタビューで外交部副部長は、「一帯一路は、人類運命共同体を推進するという我々の政策を実践する方法である」と語った。[204] 要するに、一帯一路は中国の大戦略ではなく、それを支える支柱の一つだというのだ。

習近平思想に関する文書は、さらに直接的だ。「中国が何を提唱し、どのような国際関係を構築したいのかという問いに対する答えは、新型国際関係である。その一端として、人類運命共同体は中国がどのような世界を作るのかという問いに答えるのに役立つ」。[205]

同じ資料によれば、この概念は中国を、人類の進歩の未来を定義し、その意志を世界的に強制できるほど巨大で影響力のある世界の超大国にすることを目的とした戦略と表現している。

「人類運命共同体の構築は……世界の主要な動向の深い調査に基づいた、人類の社会発展のためのマクロレベルの計画である……これは習近平思想の重要な部分であり、人類の進歩と運命に関わるマルクス主義の政党としての中国共産党が果たす役割を表明している。人類の長期的利益を守るために、我々の指導者が賢明で思いやりをもって取り組むことを表明している。また中国が世界の大国として、全人類が共有する価値の保護者としての役割を果たすことを表明している[206]」

集合体

もし、中国共産党の戦略的意図が、習近平のいう「人類運命共同体」の創設にあるとすれば、この奇妙な言葉の真意は何か。[207] 権威ある情報源によると、この異様な響きをもつ目標は、カール・マルクスの国際共産主義とも呼ばれる、国際プロレタリアート統一構想の現代版だという。[208]『中国の特色ある大国外交』は、習近平思想を中国の軍幹部に説明するために作成された一連の内部文書の一環である。それは、中国共産党の目的が単一の人類共同体の構築であると表している。この本は「人類運命共同体の構築」という言葉は、そのための専門用語であると説明している。[209]

「人類運命共同体構想は、マルクス主義の『自由な人々の共同社会』という概念を受け継いでいる。また、多くの文明に見られる『共同体』の考えに基づいている……マルクスの自由な共同社会は、共産主義を真の集合体と見なした……彼は真の集合体を人類の社会的発展と共産主義の最高レベルだと考えた。人類運命共同体の思想は、国民国家と運命共同体の関係を全人類の視点から考察するものである」[210]

この習近平思想の公式解釈によれば、共産党の目的は、すべての国家と個人が共同体に同化され、そこから脱出も外部での生存もできないようにする、統合され均質化した世界秩序を創造および支配することである[211]。さらに文書は続く。

「習近平は、国家はより大きな全体を構成する部分であり、人類社会が現在形成しつつある『運命共同体』からすでに抜け出すことができない現実を指摘している。国家は単独では存在できない……人類運命共同体は、マルクスが強調した自由な人々の共同社会と同じ方向に進んでいるのだ。習近平は、『人類運命共同体』の理念は、マルクス主義の共同体を現代的精神で反映させたものだと述べている。マルクスは、共産主義社会は長期的に達成される美しい境地といったが、今日、世界はすでに相互依存を実現し、その『自由な人々の統一された共同体』という目的に向かっているのである」[212]

一九七〇年代後半以降、中国政府は、中国の統治者が徐々に自国を第二次世界大戦後の国際秩序に同化させ、中国が「責任あるステークホルダー」になるという認識を国際社会にもたせようとしてきた。このシナリオによれば、ポスト毛沢東時代の中国は経済と社会を改革し、その開放プロセスの終着点は必然的に政治改革であり、いつか中国を自由市場資本主義、民主国家、「普通の」国にすると考えられた。

しかし、習近平は国内に対してはまったく違うことを言っていた。多くの共産党信奉者がずっと知っていたことを、彼は言っていたのだ。中国が吸収されることはない、吸収するのは中国だ。中国共産党の真の使命は、国際システムに変化させられることなく、それにアクセスし、それを覆すだけの影響力を獲得し、そのシステムを自国の政府モデルに合わせて作り変えることだ。この目的に向けて鄧小平以来の中国統治者は、一頭のトロイ木馬だけではなく、数多くの手段を講じて、世界浸透作戦を展開してきたのである。

これが最終闘争であった。中国共産党は、自分たちが優れたシステムと考えるものを世界レベルで展開する戦略を実行してきた。習近平思想の教科書は、この点を明確にしている。「人類運命共同体は、中国人民の利益と世界人民の利益を一緒に成形して、単一の同じものにする」[213]。

この本や他の公式文書の読者は、自分たちの努力はすべて大義のためであると確信した。彼らの努力の結晶は、世界の平和と平等である。彼らは、中国の世界におけるパワーと影響力を増大させる長期的なプロジェクトに参加することで、全人類を助けているのである。国際社会における米国の指導力を低下させる役割を果たすことで、彼らは自分たちよりもはるかに大きな何かの一部となっていたのだ。完璧な社会と地上の楽園を創造するために、あらゆる困難を乗り越えて戦うという、史上最も壮大な物語の一翼を担っているのである。

中国の目的は、『中国の特色ある大国外交』の言葉を借りれば、完全に利他的なものである。もし、それが民族主義的で自己中心的なものに見えるとしたら、それは西洋が劣っているからであり、中国から学ぶべきことは多い。重要な課題は、米国や他の民主主義国が、自分たちがいかに間違っていたかを理解させ、自分たち自身と世界の中での自分たちの位置づけについての考え方を変える手助けをすることである。

「人類運命共同体は、国際平和のために中国の知恵と中国モデルを提供することを目的としている……世界には差異と多様性があることを認めつつ、統一された世界をめざす……習近平は、世界統治システムを変革するためには、人々の考え方を指導することが不可欠であると指摘している。人類運命共同体は、西側の考え方や国際組織を凌駕する革新的な世界統治への道である」[214]

中国の外交政策と海外におけるすべての戦略的行動、すなわち中国共産党が世界で行い、もとうとするすべては、このビジョンに導かれている。中国の戦略の究極的な目的は、その影響力を利用して、人類運命共同体という名目で、世界的に共産主義を広めることである。[215] そして、そのための時は刻々と進んでいるらしい。中国共産党は、中華人民共和国建国百周年までに、その不可能とも思える使命を達成することをめざしている。

この目標の重要性を強調するために、内部文書には次のように書かれている。「中国の夢を実現するためには、同時に人類運命共同体を構築しなければならない」。[216] この資料によると、中国共産党の二つの目標は連動しており、二〇四九年までに両方を達成するつもりだという。これは、米国や他の民主主義国家にとって、非常に大きな意味をもつ目標である。もし中国共産党が成功すれば、二十一世紀の半ばには米国はもはや自由な主権国家として存在しなくなり、世界は一党独裁の統合されたネットワークによって支配されることになる。中国が世界を支配することになる。

習近平は二〇二〇年の年頭所感で、「世界の正義と平等を確保するのは中国の任務だ」と述べた。つまり、現在の自由で開かれた秩序を打破し、そのアンチテーゼを打ち出すということである。もちろん、同様の文書は何年も前から同じことを述べていた。習近平をはじめ、中国のあらゆる高官は、数え切れないほど同じ言葉を何度も何度も公の場で使ってきた。今回は、メッセージ色が一段と濃くなり、セリフもやや大胆になったが、目新しさはない。ただ、より自信に満ち溢れていただけである。[217]

蔵に収められたマルクス主義

中国共産党の世界的な野心の顕著な表れは、習近平の著作を世界中の書店で、とりわけ世界最大の電子書籍販売会社であるアマゾンで宣伝したことに見られる。このキャンペーンは、習近平の最も当たり障りのない公の場での演説を集め、高解像度の写真と彼の人生と家族に関する逸話をちりばめた『習近平 国政運営を語る』という無難なタイトルから始まった。[218]

その後、第二巻、第三巻と続き、習の最近の演説や政治的成果を収録している。本の中には、世界の舞台で中国をリードする彼の姿が艶やかに収められている。他の国際的な指導者たちと一緒に撮った写真では、習は中央に位置し、微笑み、指さし、教え、慈愛に満ちた態度でグループを支配している。他の人々は皆、彼の話を聞いているか、従順に説明しているように見える。KGBの諜報機関のトップから権威主義的なロシア連邦の指導者となった親友のウラジーミル・プーチンは、習近平の著書の中で大きく取り上げられ、彼らの仲の良さが誇らしげに描かれている。米国大統領はあまり登場せず、詳しく触れられていない。オバマ大統領やトランプ大統領が出てくるときには、習が話すのを尊敬の念をもって聞いている様子の写真になっている。[219]

最近、習近平思想に関する他の書籍が出版されたが、そのメッセージは、これまで中国共産党の内部出版物にしか見られなかったものに近づいている。二〇二〇年、中央党校は新しい教科書を発表した。英語には翻訳されなかったが、中国語原文はとくに直截的な書き方をしている。アマゾンで注文した後、米国の注文者には、本が発行元（中国共産党中央委員会中央党校出版局）から自宅に届くまでの道のりを、販売元から定期的に報告された。

何重もの緩衝材に包まれた本は、驚くほど重い。白い埃除けカバーの下には、金色の文字が入ったビロードのハードカバーがある。内装はしっかりした装丁で、厚い用紙、そして、読者がページを折らないよう金色のしおり紐など、趣向を凝らして作られている。まるで、テキサスの敬虔な牧師が聖書を扱うように、読者に扱われることを期待して作られた、神聖な書物のような雰囲気だ。

中央党校は、中国共産主義の最高教会である。中国共産党は、中国全土に広がる約三〇〇〇の幹部研修機関の広大なネットワークを監督しており、学生はそこで洗脳され、地方政府や社会、ビジネスにおける指導的地位のために育成される。[220] 中央党校は最も排他的な学校であり、中国のトップエリートが最も重要な権力の座に就くための教育を受ける場である。北京の頤和園（いわえん）の近くにある中央党校のキャンパスは、中国共産党が将来の国家指導者を育成する場所である。

その重要性を示すように、毛沢東も胡錦濤も、この学校の校長を務めた後、最高指導者の座に就いた。[221] 習近平も同じ道を歩んだ。二〇〇七年、習近平が母親に連れられて急進的な武装集団の襲撃から逃れるためにキャンパス内に避難してから四十年後に、習はその学校の校長に就任したのである。二〇一二年、中国共産党総書記と国家主席に就任するまでは校長職を務めた。[222]

二〇一八年時点で、中央党校には約一万人の生徒がいて、根本的真理、運命の気高い教義を理解し、解釈することを学んでいる。それは取りも直さず、中国共産党に仕えることである[223]。教室で彼らは、政権が思想武装と呼ぶもの、つまり、世界で最も優れた秘密政治組織の特殊な武器と戦術を受け取る。精神操作やプロパガンダ、心理戦など、世界中で中国政府の権力と影響力を高めるために必要な知的戦闘手段である。

アマゾンで聖典のように売られている二〇二〇年版の中央党校の未訳教科書は、『習近平による新時代の中国の特色ある社会主義思想』と呼ばれている。本書は次のように始まり、すぐに本題に入っている。

「マルクス主義は、中国共産党の基本的な指導思想である。中国共産党が政党として成立した基礎であり、ひいては中国共産党が国家を樹立した基礎である。マルクス主義は時代に応じて進化し、進歩することを求める。それがその道徳的性格である。十九世紀には十九世紀のマルクス主義があった。二十世紀には二十世紀のマルクス主義があった。二十一世紀には、もちろん二十一世紀型のマルクス主義がある。習近平の『新時代の中国社会主義思想』はまさに、現代中国のマルクス主義であり、二十一世紀のマルクス主義なのだ[224]」

本書をさらに読み進めると、「人類運命共同体の構築」と題する章に行き着く。そこでは次のような修辞的な問いが投げかけられている。「世界の何が間違っているのか。我々は何をすべきか。協力か対立か。開放するのか、孤立するのか。相互利益を求め勝利を分かち合うのか、ゼロサムゲームを争うのか」[225]。そして読者は、習近平と中国共産党がこれらの問いに対する正しい答えと、望むものを手に入れるため完璧な戦略をもっていることを確信するのである。

「中国共産党は、中国人民の幸福と人類の進歩という偉大な事業のために奮闘しており、人類の将来の運命に関するこれらの質問に対する独自の答えをもっている。それは一点に集中することである。それはまさに習近平同志が提唱する戦略思想、『人類運命共同体』である……その目的は、完璧な世界統治を実現し、世界を正しい方向へ導くことである。それは中国が世界をリードし、人類文明を進歩させるために掲げるべき輝かしい旗である」[226]

本書は、世界経済と世界市場は国家によって管理されるべきだと宣言している。[227]真のマルクス主義らしく、この文書は、中国の使命を達成するには自由市場資本主義を破壊する必要があるとしている。中国政府は社会主義経済モデルを普及させ、「市場と国家を有機的に一体化させる」と述べている。[228]この本では、普遍的価値の存在すら否定している。[229]すべての文化や民族性は「融合」され、均質化した共同体に統合されるべきだと説く。[230]

教科書は一切のためらいもなく「革命は空よりも高い理想」であるという。[231]そして、中国共産党が世界のすべての国に共産主義を輸出することをめざしていることが明け透けに書かれている。

「マルクス主義政党の根本的な使命と願望は、［国際］共産主義の達成である。この神聖な使命と願望を達成することは、人類社会の歴史の中で最も壮大で最も素晴らしい事業となるだろう。それはまた、これまでで最も困難で複雑な任務でもある」[232]

数十年にわたる否定と欺瞞（ぎまん）の後、中国共産党はもはやその革命的な世界的野心を隠そうとしない。二〇二〇年は、中国がもはや世界の舞台で米国に従うふりをしなくなった転換点であった。習近平は攻勢に転じ、一党独裁でルールを決める統合された一つの共同体という集合精神のビジョンに向かって世界を推し進めるときが来たのだ。ＣＯＶＩＤ-19の大流行は、中国にとってまさにその好機となった。

中央党校の教科書によれば、習近平思想は現代のマルクス主義である。そして、現代マルクス主義の目標は、中国が共産主義を普及させ、世界の未来を再構築することである。しかし、この一点に中国全体が集中しているとすれば、そこに至る道は一体どのようなものなのだろうか。そして、人類の文明の進歩には何が必要なのか。

第五章

中国がめざす「新型国際関係」

「人類共通の運命共同体の構築、それがこの地球における人類の唯一の未来である」[233]

——ピーター・トムソン国連総会議長

映画やテレビ番組『Xファイル』などに出てくる陰謀説を信じる者は、強大な力をもつ人物が地球を征服し、全体主義的な世界政府を作ろうと密かに画策していると考えるだろう。新世界秩序に関する陰謀論の一つは、予想もしていない米国民にアドルフ・ヒトラーの第三帝国のような人種差別プログラムや軍国主義、ジョージ・オーウェルが描いたような民間人の個人生活に対する大量監視体制を敷いて第四帝国を築くというものだ。[234]この陰謀論はほとんどの人にとって偏執的で突飛に思えるだろうが、非常に現実的な側面ももっている。

米国の陰謀論者がワシントンで起こっていると想像していることと非常によく似たことが、中国政府の権力の中枢で実際に起こっているのである。中国の公式資料は、中国政府は全体主義的な世界政府をめざしており、習近平思想に関する軍の内部資料ではこれを「新型国際関係」と呼んでいる。[235]

習近平は革命的マルクス主義の信奉者であることを自ら認めているが、公の演説や著作で世界革命について語ることは控えている。その代わりに、新型秩序を形成するプロセスを「トランスフォーメーション（転型）」と表現している。革命が古い政治秩序を打破し、社会を根本的に変革する暴力的な運動を指すのに対し、トランスフォーメーションはそれほど劇的な方法でなくとも、劇的な結果を及ぼす急激な変容を起こすことができる。革命が民衆の暴力と恐怖によって現在の秩序を崩壊するなら、トランスフォーメーションは待ち受ける暗闇に向けて道筋をつくるような秘密の行動である。それは、犠牲者が徐々に弱っていくのを感じながらも、その原因を突き止められない、巧妙に行われる殺人にも似ている。

人民解放軍の内部教材には、中国共産党はイデオロギーを世界に広め、世界的な影響力を得て、中国主導の新型国際関係を作ろうと計画していることが書かれている。人民解放軍の教科書『中国の特色ある大国外交』は、アメリカ主導の国際秩序、すなわち暴力なしで対立を解決しようとする国際システムの規範と行動様式には大きな欠陥があり、優れた中国の設計図に従って再構築しなければならない、と読者に説いている。アメリカの価値観や規範、慣行は、中国共産党が設計した「中国モデル」に置き換えるべきで、中国政府はそのための完璧な計画をもっていると主張している。理想的には再構築は長期的なプロセスで行われ、腐敗した外部構造を安定させながら、内側から完全に再構築することができる。平和は西側がそれに追随するかどうかにかかっていると暗に示している。[236]

中国の公式見解では、そういったトランスフォーメーションは遅かれ早かれ起こるはずのものだった。「人間は往々にして秩序に対する不満をもつものである……現在の国際秩序は、すでに七十年以上続いている。今や状況は大きく変わり、新たな問題に直面している。トランスフォーメーションを望む声は日々大きくなっている」[237]。この軍の資料は、習近平の先見性のあるリーダーシップのおかげで、変革のプロジェクトが順調に進んでおり、世界は正しい方向に進んでいると主張している。中国の指示に従い、社会主義に基づく政策や計画を採用する国が増えている。国際的なユートピアという約束の地は、かつてないほど近くに見えている。

「世界統治システムと国際秩序のトランスフォーメーションは今、加速度的に前進している……今日、世界は平和的ではない。新しい国際政治システムを構築し、恒久的な平和を実現するにはどうすればいいのか。人類運命共同体に関する習近平思想がその答えを与えてくれている」[238]

人民解放軍の内部教科書のもう一つは、『中華民族の偉大なる復興を実現するための戦略支援』である。この資料によると、北京の計画は四百年来見られなかったような国際秩序の抜本的な変化を想定している。中国共産党は、人類をより良くするために、古い秩序に代わる新しい秩序を築こうとしている。これは歴史的なプロセスであり、本書によれば、アメリカとその民主主義同盟国が後戻りできないほど進んでいるという。

「現在、国際的な力関係が大きく変わりつつある。ウェストファリア条約によって現在の国際システムの基礎が確立されて以来、世界はかつて経験したことのないような大きな変化を遂げつつある。ウェストファリア体制は、力の均衡という概念に基づいて設立された。しかし、安定した世界秩序を達成することができないことが証明された。人類は力の均衡を凌駕する新秩序を必要としている。今や、西側の強国が協力して世界情勢を決定できる時代はすでに終わり、もう戻ってこない。ウェストファリア体制を凌駕し、それに取って代わる新型国際関係が今、構築されようとしている」[239]

中国共産党が世界秩序の破壊に力を注いできた歴史は長く、ロシア革命と国際共産主義運動の初期にさかのぼる。習近平は決して、マルクスを読み、既存の社会体制をすべて覆そうとした最初の野心的な独裁者ではない。しかし、そのことと中国政府がそれをどのように実現しようとしているかを議論する前に、ウェストファリア体制を崩壊させる運動について簡単に見ておこう。それはどこから始まり、何が問題なのか。

暴力の歴史

私たちが知っている世界は、ドイツ北西部にある二つの地味な都市で誕生した。自転車好きの間では有名なミュンスターと、その近くにある工場の町オスナブリュックである。この二都市で外交交渉が行われ、その結果、ウェストファリア条約が締結されたのである。

一六四八年に締結されたこの条約は、ヨーロッパで起こった最悪の紛争の一つである三十年戦争（一六一八—一六四八）を終結させた。さらに重要なことは、この条約によって、国家主権の原則が国際システムの主要な特徴となり、国民国家という近代システムの基礎が築かれたことである。その結果、カトリック教会やルーテル教会の地政学的影響力が大幅に低下し、帝国（ひいては近代国家）には国境が確立され、その中では住民は外国の宗教やイデオロギーではなく、自国の指導者が定めた法律に従うという考え方が成立したのである。

ウェストファリア体制は、やがて世界中に広まっていった。二十世紀に入ると、このシステムは大国の間で広く受け入れられるようになったが、侵しがたい聖域とはならなかった。とくに第一次世界大戦のトラウマは、体制に対する信頼を失わせた。多くの社会主義革命は国家主権の概念を覆そうとした。一九一七年十月、ウラジーミル・レーニンがロシアで起こした革命が最初の成功例となり、ソビエト連邦が樹立された。一九一九年三月二日、モスクワで複数の共産党が合同し、レーニンの個人的な独裁のもと、中央集権的な組織である国際共産党（コミンテルン）が設立された。コミンテルンは世界革命を引き起こそうとし、そのメンバーに、どこの国の政府も破壊し人類の集団的解放をもたらす激変が間近に迫っていると信じるように指導した。[240]

コミンテルンのメンバーが当初楽観的であったとしても、それは長くは続かなかった。一九二〇年代初頭、ドイツやロシア以外の地域での社会主義革命は、頓挫した。ソ連主導の組織は国際共産主義の勢力は必然的に立ち上がるが、それは機が熟してからであると立場を変えた。コミンテルンは世界的な暴力革命ではなく、長期的なプロセスで国境を溶かし、古い主権の概念を侵食し、国家間の境界をある日完全に消滅させることをめざしたのである。そのためのメカニズムは、依然として戦闘的な性格ものであった。たとえば、一九二七年にコミンテルンの書記長は、帝国主義勢力との激しい衝突の可能性を予期し、そのような戦争では、資本主義諸国は「千の断片に砕かれるだろう」と誇らしげに語った。[241]

これは威勢のいい言葉に過ぎないことがわかり、次の十年でナチズムという形で別の全体主義イデオロギーが出現し、ヨーロッパの権力の中枢で恐れられた国際共産主義の脅威を凌駕するようになった。[242] ウェストファリア体制の擁護者にとって、ソ連とコミンテルンよりもアドルフ・ヒトラーのほうが大きな問題だったのである。[243]

一九四一年八月十四日、ウィンストン・チャーチルとフランクリン・D・ルーズベルトは、ナチズムとその他の拡張主義的な動きを非難する「大西洋憲章」を発表した。この共同声明は、各国が領土拡張を控え、民族自決と国家主権の原則を尊重する未来の秩序を求めた。[244] その四年後、連合国が第二次世界大戦に勝利し、ウェストファリア体制は、新たな支配国であり戦後秩序のリーダーであるアメリカ合衆国の保護下に置かれることになった。米国は同盟国とともに、ファシズムや共産主義（そして将来出現するかもしれない他の過激なイデオロギー）の蔓延から世界を守るために、国際連合と関連する数多くの国際機関を次々と設立した。

他方、ソ連は戦時中に東欧を獲得し、米国とその同盟国に対抗する共産主義国のブロックを形成していた。戦前と同様、モスクワは世界各地の革命運動を積極的に支援した。しかし、ソ連は中国、北朝鮮、キューバ、ベトナムなどいくつかの国家に共産主義を広めることができたが、結局、大きな目標を実現することはできなかった。[245]冷戦初期の数十年間、ソ連はアメリカとその同盟国に封じ込められ、長い停滞と衰退の時期に陥ったのである。

中国の永遠の革命

一九四九年十月一日は、とくに世界革命の大義を信じる人々にとって、近代史の中で最も重要な日の一つであった。この日、中国人民共和国が誕生し、地球上で最も人口の多い国が共産主義独裁国家へと変貌を遂げたのである。毛沢東と彼の革命軍は、中国大陸を支配するまでに二十二年間もの凄まじい戦いを強いられた（台湾とその周辺の島々はまだ占領されていない）。しかし、何百万人もの死者を出し食糧難に見舞われたにもかかわらず、彼らは内向きになることも休息しようともしなかった。

中国は長い内戦で荒廃していたが、毛沢東の国際共産主義への熱意は健在であった。毛沢東の革命への意欲は、ますます募っていった。毛沢東は権力を握ると、マルクスやレーニン、スターリンの思想を大規模に実践し始めた。ソビエト連邦のように、中国も既成の秩序を覆すという大義名分に身を捧げることになる。その後三十年間、毛沢東は戦争と革命を中国外交の主要なテーマとした。中国の最大の目標は、「革命の輸出」だった。毛沢東は、インドネシアからネパール、ジンバブエからペルーに至るまで、内戦を引き起こし煽り立てた[246]。

一九五〇年代になると毛沢東は、ソ連が主導する共産主義世界が台頭しアメリカが主導する自由主義世界は衰退すると考え、ソ連の支援者たちと手を携えて行動していた。しかし十年もしないうちに、毛沢東はモスクワが革命の気概を失っていることを確信し、ソ連による主導に強い対抗意識をもつようになった。一九六二年の中ソ分裂以降、毛沢東は国際共産主義運動の主導権をめぐってソ連と争った[247]。

一九六〇年代の終わりには、二つの共産圏は国境沿いで一連の武力衝突を起こし、それがエスカレートして核戦争にもつながる恐れがあった。そんなとき、毛沢東はワシントンに手を伸ばし、米中間の関係修復に乗り出した。ニクソン大統領は、この機会をアメリカの最も危険な敵であり、国際社会で重要な役割を果たすようになったソ連を孤立させるのに役立つと考え歓迎した。

一九七〇年代初頭、中華人民共和国は、アメリカの暗黙の支持のもとに国連に加盟した。世界各国はそれまで国連安保理の常任理事国であった台湾（正式名称：中華民国）に背を向け、北京政府を承認した。一九七〇年代初め、北京と外交関係を結んでいた国はわずか四五カ国であった。一九七〇年代の終わりまでには、米国を含む一一五カ国が中国に大使館を設置した[248]。アメリカは、冷戦時代の主要な敵に対して、地政学的に大きな勝利を収めたと信じていた。その一方で、中国共産党の革命家たちは、彼らが長い間取り壊すことを夢見ていた資本主義の城の鍵を手に入れることになった。

韜光養晦

一九七六年に毛沢東が死亡すると共産党は長い回復期に入り、革命と新しい世界秩序に関するレトリックをトーンダウンさせた[249]。新しい最高指導者となった鄧小平は、米国と西側諸国から資本、技術、経営ノウハウを獲得することによって、ソ連に対抗して中国の強化を図った。鄧小平は資本主義政府の支持を得るために歴史的な訪米を果たし、革命の輸出を止め、より穏健な外交政策をとるという約束をした[250]。ワシントンに自分の誠実さを見せるために、テキサスのロデオ会場ではカウボーイハットをかぶり、コカ・コーラやフォードのセダン車、ボーイングのジャンボジェットなどの工場を回った。

もしアメリカのエリートたちが、鄧小平の友好的な振る舞いが、中国をアメリカ主導の国際システムに仲間入りさせたと考えたとしたら、それは間違いであった。訪米からわずか数週間後の一九七九年三月三十日、鄧小平は「四つの基本原則」を発表し、ポスト毛沢東時代に何が起きるか（そして何が起きないか）を明示する強硬な教義を示した。

- 社会主義の道を歩まなければならない。
- プロレタリアート独裁を堅持しなければならない。

- 共産党の指導を堅持しなければならない。
- 私たちはマルクス・レーニン主義と毛沢東思想を支持しなければならない。[251]

これらのスローガンが意味するところは、中国は永遠に独裁国家であり続け、共産党によって運営され、国際共産主義の大義に献身するということであった。外国の協力や交流、事業投資はすべて歓迎され、実際、中国にとってなくてはならないものであった。しかし、経済改革や市場経済化は、政権の力を強化する範囲でしか許されない。鄧小平の考えでは、革命的な変化は受け入れるべきであり、社会を根底から変え、物質的な力を増大させることはよいことだ。しかし、政治的、思想的に中国が変わることは許されなかった。変わるべきは米国であり、その民主主義同盟国なのであった。

鄧小平の意図は、中国が西側から利益を得て、弱体化させ、最終的にはそれに取って代わるために、西側に取り入ることであったといわれている。中国政府の公式資料によれば、鄧小平は中国共産党が毛沢東のビジョンに沿って世界を変革することを決して止めなかった。むしろ、同じ最終目標を達成するために毛沢東とは異なる戦術を用いただけだった。[252]

冷戦末期、鄧小平は非軍事的な手段による社会主義的な国際政治経済秩序の確立を提案し、その意図を明確にしたとされる。一九八三年九月二十一日、鄧小平はスリランカからの訪問団に対し、「中国は新しい国際経済秩序と新しい国際政治秩序の両方を確立したい」と述べた。[253] そのためには、「戦争のない平和的に共存できる良好な国際環境」が必要であると、鄧小平は訪問団に語った。[254]

一九八八年十二月、鄧小平は日本からの貿易代表団に対しても「今こそ新しい国際政治秩序を確立する時だ」と述べた。鄧小平が考えたのは、米ソ冷戦終結後には中国が独自の道を歩み、モスクワの失敗を回避し、新たな共産主義秩序を構築する必要があるということだった。[255] 現実的には、資本主義と市場経済を中国に有利になるように操る一方で、中国の国内改革は中国政府の政治的、イデオロギー的な枠組み内に留めることを意味していた。[256]

近年の中国政府の資料を信じるならば、鄧小平は共産主義を広めるという考えに固執し、そのためには中国が繁栄し、世界的に卓越した地位を獲得しなければならないという理論を受け入れて、それを実現しようとしたのである。中国がまだ弱体であることを考えると、中国共産党は世界舞台で慎重かつ実用的に行動してこそ、その本来の使命を果たすことができる。鄧小平は、現在も基本的に継承されている中国の外交戦略を打ち出したと、軍部の内部資料に書かれている。

「それ以来、わが国はつねに新秩序の確立を重要な使命と考え、絶えずトランスフォーメーションを追求してきた。二十一世紀に入ってから今日に至るまで、わが国は国際システムのトランスフォーメーションを加速させ、その歴史的プロセスに参加し、主導力を発揮することに重点を置いて、大きく前進した。国際金融や世界貿易、地域安全保障、気候変動などの分野を含め、グローバルなレベルで大きな政策変更を行うことができた」[257]

ここでは新型国際関係を作るという中国の大きな目標は決して変化しておらず、中国共産党はつねに革命的であり、真の勝利というものを理解していたということを主張している。一九八〇年代に変わったのは、使用すべき方法と勝つための最良の方法に関する最高指導者の評価であった。

一九八九年に鉄のカーテンが破れ、その二年後にソ連がばらばらに崩壊した。そのときには、米国の政治的、経済的、社会的な価値が優越したグローバリゼーション時代が始まるものと思われた[258]。しかし、国際的な共産主義運動はロシアと東欧で暗転したが、世界革命への願望は中国では決して消えてはいなかった。そして、中国以外でも急進左翼の小さな集団は、彼らの運動が長い眠りから覚める日を期待して時を待っていた[259]。

不死身のイデオロギー

一九九〇年代から二〇〇〇年代にかけて、すべての共産主義者はどこに行ったのだろうか[260]。結果的に見て、その多くは生き残ったのだといえる。中国は世界の舞台で重要性を増大し、熱狂的な工業化や国有企業の縮小、市場経済化の試みによって、それまでの経済体制を破壊する共産主義国となった。

欧米人は中国の「一〇億人の消費者」という神話を信じ、その市場アクセスを求めることに忙しく、政治的にもイデオロギー的にもこの国が抑圧的なマルクス・レーニン主義独裁国家であり続けていることに気を払わなかった。歴史上最大の大量殺人者である毛沢東の肖像画が天安門広場に掲げられ、人民元貨幣に載り続けているという事実については、ほとんど語られることはなかった。

外国からの批判は抑えられ、中国政府の一人っ子政策の野蛮な暴虐性や残忍な労動改造所制度、一般中国人の非人間的な労働条件などはすべて無視された。また、一九九〇年代後半から始まった、多くの中国人が好んだ法輪功への迫害や拷問についても、海外ではほとんど語られなかった。ハリウッドのスーパースター、リチャード・ギアはチベット人の窮状を熱く語り、ダライ・ラマと協力してチベットを人々に認識させるよう努力した。しかし、二〇〇〇年代初頭には、ギアとその信奉者は変わり者と見なされ、ワシントンでもハリウッドでも冷遇されるようになった。[261]

海外のビジネスや政府のエリートたちは、自国で支持してきた倫理的なモラルの基準を中国内に推進することに失敗した。一見、中国でも知的や政治的な議論がされるようになった。しかし反体制派や学者、弁護士が、政権によって曖昧に定義された「レッドライン」を越えると逮捕されたり、時には跡形もなく姿を消されることもあった。中国のプロパガンダと検閲は、西洋の技術や才能、経営ノウハウの導入により、より洗練され、より強力になった。地方の村における選挙は盛大に行われたが、その後静かに骨抜きにされた。経営者の利益団体、労働組合、独立メディアなども同じような扱いがなされた。

欧米のジャーナリストや学者で、中国社会の陰湿な部分をわざわざ詮索（せんさく）する人はほとんどいない。中国共産党の殺戮にまみれた過去は、軽視されるか、完全に忘れ去られた。語るべき「幸せ」な物語があまりにも多すぎたのだ。世界市場は突然、中国製品で溢れかえった。中国の観光客は、政府が許可した世界のすべての都市で高級品店に行きお金を注ぎ込んだ。海外の大学には中国人留学生が殺到し、多額の授業料と研究助成金が与えられた。財政難の米国の大学は、中国の学生や学者を温かく迎え入れ、時には学問の倫理を犠牲にしてまで便宜を図った。多くの学校は、中国政府を満足させるためにキャンパスで検閲を行うほどだった。[262] 商業的、友好的な関係を維持しようと、米国社会は中国の国内における独裁と海外の独裁者への支持に目を背けた。

他方、チベットや新疆（しんきょう）（東トルキスタン）、内モンゴル、寧夏回族「自治区」は強圧的に支配された。共産主義への洗脳は、中央政府が定めた学校のカリキュラムの主軸である。大都市から農村部まで、中国共産党の党員であることは、公的機関や民間企業、軍隊の幹部をめざすにしても、基本的な条件であった。中国の軍需産業は活況を呈し、その軍事力は急拡大した。

外国人は、「大多数の中国人にとって、マルクス・レーニン主義と毛沢東思想は形式的には尊ばれるが、実際には何の意味もない」と見ている。中国の人たちは、無意味なことであっても必要があればとりあえずこなしておいて、実用的なことに手を付ける。この考え方は、海外のビジネスマンに大きな解放感をもたらした。彼らは、よりよい製品とより高い生活水準を享受する数億人もの消費者に届く、繁栄する企業を立ち上げたのだ。

しかし、「世界の工場」によってもたらされた利益の陰に、乞食や泥棒、詐欺師、便乗主義者などが大量に生まれたことは注目されていない。中国政府の非道徳的な上意下達による産業振興と都市開発最優先によって、空気がスモッグで充満し、川は化学物質の流出で汚染され、土壌は重金属で汚染された。二〇一〇年代初頭には、中国は世界最悪の公害と高い自殺率に悩まされるようになり、それは今でも続いている。

冷戦が終結し、ソビエト連邦が崩壊した後、西側諸国では共産主義の消滅という勝利の報告が大きく誇張された。しかしキューバやカンボジア、ニカラグア、エチオピア、ジンバブエ、カザフスタン、トルクメニスタン、その他多くの地において旧ソビエトや毛沢東の代理人が、共産主義（または「元共産主義」）の独裁者として残った。都合のよいときにはこれらの政権はナショナリズムや宗教でその本性を隠すが、共産主義はこれまでと同様、人間の不幸と社会的・経済的絶望感を糧にしていた。

アジア、アフリカ、ラテンアメリカでは、血なまぐさい共産主義勢力による反乱が続いた。そうした共産主義勢力には、コロンビア革命軍（ＦＡＲＣ）、ペルー共産党、メキシコのサパティスタ民族解放軍、ネパールやインドの毛沢東主義者などがある。世界の極左は、無数のグループ間でよく似た国際的な目的を共有していた。彼らはアメリカの世界的パワーやリベラルな民主主義、開放市場、グローバリゼーションに反対した。彼らは、貧しい人々や社会的弱者のための社会正義を約束する一方で、マルクス主義の政治革命と社会変革を維持した。この目的を果たすためには、独裁主義や国家テロ、大衆動員、内戦という抑圧的な行為が行われる。

ソ連が崩壊した後、世界地図や地球儀から共産主義勢力を表す赤い地域は縮小していった。いくつかの共産党は、士気と党員の大幅な減少に見舞われた。多くはマルクスやエンゲルス、レーニン、スターリン、毛沢東の著作から遠ざかっていった。政治的に都合がよいと思われるたびに、基本的な教義を変更したものも多かった。愛国主義や民族主義、リベラルな資本主義的慣習を受け入れたものも少なくない。また、穏健な左翼連合に参加し、選挙に参加するものもあった。ロシアの共産主義者はカジノを経営し、コロンビアの共産主義者はコカインを製造していた。しかし、中国の共産主義者は違った。すべてを動かしていた。

中国共産党は中国を産業巨大国にし、世界最大の製造国、商品消費国、貿易国にした。中国共産党は、ウォール街やシリコンバレーの大企業と取引し、かつては政治的に独立していた全米の大学やメディアとともに、ハリウッドにもすり寄り、支配し検閲した。中国はオリンピックを主催し、火星と月の裏側に探査機を送り込んだ。

ポストソビエト共産主義の多様性は、共産主義が驚くほど耐性があるという基本的な真実を隠していた。共産主義は、その魅力を失ってはいなかった。人々が苦しんでいるところには、社会や、もしかすると全世界を根本的に変革する可能性を秘めた、戦闘的で国際主義的なイデオロギーを受け入れる余地があったのである。

一つの最高文明

習近平の統治下、中国共産党は本性を隠して中国を超大国とする、鄧小平路線を放棄した。中国共産党の権威ある文書は、習近平が権力を握って以来、中国がより「アクティブ」（積極的で攻撃的）になったと説明している。中国はもはや慎重にその野心を隠すことはない、なぜなら世界情勢はそれを要求しているからであり、習近平の解釈によると全世界の人々が最終的に望んでいるからである。

「中国共産党第一八回全国代表大会（二〇一二年十一月、習近平が最高権力を掌握）以来、わが国はあらゆる重要なプラットフォームを利用して、人類運命共同体の構築を積極的に呼びかけてきた……実際、世界の舞台において我々はつねに、『運命共同体』の構築という崇高な目的へ向かって行動してきた。そして、そのおかげで国際社会から支持と賞賛を獲得してきた。この目的を実現するための道は険しいかもしれないが、わが国は長期にわたって、この栄光に満ちた偉大な使命を遂行していく。その結果、我々は重要な指導的役割を果たすのである」[263]

中国共産党が主導する未来では、精神に柔軟性が生まれ、個々の文化が集団に同化、あるいは

「融合」していくとされている。習近平と支配層のエリートは、このプロセスは自然であり、圧倒的に好ましいことであると信じている。彼らの考えでは、人類の進歩には異なる文化が集まり、一つになることが必要だとする。「人類の文明の多様性は、この世界に多くの美しい色を与えている。多元的な文明は、(文化の)交流をもたらす。そして、交流は融合を生む。融合は進化を生む」[264]。

軍部の内部資料では、世界のすべての文化が単一に統一され同化することが現代のメガトレンドであり、この巨大規模の統一は避けられないものであり、歴史による選択であると述べられている[265]。「人類運命共同体の構築は世界文明発展のための必然的な結果である。全人類の発展のモデルであり、目的でもある」[266]。中国政府の思い描く最終的な姿は、過去のすべての世界文化のエッセンスが含んだ一元的な人類文化であり、それらが凝集することで比類ない活力と力が生まれる[267]。これまでの文明は「平等な形で包含される」が、実際には中国文化が支配的になるだろう、と同文書は強い楽観的な見方を提供している。

「現在、世界には七〇億人以上の人々がおり、二〇〇の国や地域に分かれ、二五〇〇の民族が五〇〇〇以上の異なる言語を話している」[268]。その解決策は何か。提示されているのは、中国が利益を得て支配できるような、調和のとれた一つの集団にすることである。「今日でも中国人は『最高指導者は天下万民を治めることを使命とする』という儒教の伝統に従っている……中国の発展は大河のようにつねに他の小川から水を受け、それを吸収しながら、最終的に人類文明という大洋に注ぐことを我々は心の底で知っている」[269]。

軍の教科書には、開放的につながる文化と知識の海というユートピアのビジョンが描かれている。そして、中国が国際システムのあらゆる側面に深く組み込まれている世界を描いている。「中国が世界の舞台である。世界は中国の舞台である」[270]。「今や、中国は全世界各国の文明を融合させるために他国を歓迎し、他国に開放的な姿勢を十分に示し、人類運命共同体の構築を全力で推し進めている」[271]。

表面的にはこのような国際的なビジョンは、中国のナショナリズムの終焉を意味するように見えるかもしれない。しかし実際には、この新しい現実はその逆を意味する。中国政府のシナリオでは、来るべき世界秩序は中国文化によって支配され、中国共産党が定義した文化規範は、必要であればいつでも強制力をもって施行されるとされている。中国の優れた社会主義思想と物質的なパワーが他を圧倒し、共産党が中国を支配する中央集権的なトップダウンの形で、地球は統治され、支配されることになるのである。次の文章は、中国の軍幹部に教えられているものである。

「（集団化された世界文明）の発展に関する中国の新しい見解は、中国独自の文明の基礎の上に築かれている。わが国独自の文明の発展を基礎として、世界の文明の融合を推し進めるにあたり、やらなければならないことがいくつかある……社会主義文化の繁栄に努め、社会主義文化強国とならなければならない……私たちは中国文化の特色を生かした発展の道を歩み続けなければならない。そして、他者と積極的に関わりながら、我々の原則と譲れない価値観を主張しなければならない」[272]

中国共産党の教えによれば、中国のシステムは非常に優れているので、地球上の他のすべての国に再現し、複製し、押し付けなければならない。中国政府だけが人類の未来を描く資格がある。そして、共産党の解釈する中国文明だけが正当であり、人類の業績と進歩の頂点を示すものである。他のすべての国の文化は劣った従属的なものであり、中国の大河に吸収されるべき小川である。それが実現されるためには、中国が地球上のどの国よりもはるかに強力で影響力のある国にならなければならない。

「中華民族の偉大なる復興というチャイナ・ドリームを実現することによって、物質文明と精神文明の両翼を動かす……我々は、全人類に正しい精神的指導と強い原動力を与えていく」[273]。そうするためには、もちろん、中国共産党の触手を全方面に広げ、国連を含む世界の権力を掌握する必要がある。

二〇一七年一月、ピーター・トムソン国連総会議長はカメラの前で新華社通信の記者に「人類共通の運命共同体の構築は、この地球上の人類にとって唯一の未来である」と述べた[274]。トムソンは騙され、その言葉の意味を理解していなかったと思われる。しかし、彼は中国共産党が国際共産主義や中国による世界支配を支持すると解釈する、エリートたちの声に加わったのである。

第六章

国際機関を支配する

「中国政府は米国とその他の国々を経済的、軍事的、技術的に支配するつもりである」[275]

——ジョン・ラトクリフ国家情報長官

COVID-19パンデミックの最も暗い時期、世界の世論が中国に敵対していると思われたとき、驚くほど多くの国際的な著名人が中国共産党の行動を擁護し、支持した。ある者は肯定的な見方を強調し、中国が世界で健康を害するために行っていることについてコメントすることを拒んだ。

また、それ以上のことをした人もいた。二〇二〇年四月二日、清華大学主催のオンラインイベントで、WHOのテドロス・アダノム事務局長は、習近平の世界衛生における「リーダーシップ」に感謝した。テドロスは「習近平の呼びかけに応えた」中国共産党保健省の役人と中国政府の職員となったマーガレット・チャン博士（WHO前事務局長）に感謝した。[276]

習が世界の衛生をどれほど損なったかをテドロスがどこまで知っていたかは、推測するしかない。二〇二〇年三月二十六日、清華大学のイベントの数日前、習近平は自らホワイトハウスに電話をかけ、トランプ大統領を欺き、恐喝していた。政権内部の証言によると、習近平はトランプ大統領に「中国の漢方薬がウイルスに高い効果を発揮する」という嘘から会話を始めた。トランプ大統領は習の言葉を信じなかったが、それは以前に被害を受けたことがあるからだ。[277]

二月に行われた電話会談で、習近平はトランプ大統領に「春の暖かい気候になればウイルスは止まる」と話していた。トランプは中国の指導者の心強い言葉を信じ、米国国民にそれを何度も繰り替えしていたのだ。[278] トランプが習に騙されたことがわかると、中国はウイルスの発生地であり、世界に伝染させたのは中国であると責めた。これは、国際的な議論を雪崩のようなプロパガンダで誘導し、中国のウイルス発生の責任をうやむやにしようとする、習近平の目標を損なうものであった。習近平は自分自身や政権にではなく、他人に責任を負わせようとした。中国外交部は二〇二〇年三月十二日に記者会見を開き、報道官がパンデミックの責任は米軍にあると発表し、中国が最初の犠牲者であると述べた。[279] これは、トランプをさらに怒らせることになった。

そして春になり、欧米で殺人ウイルスが猛威を振るう中、習は今度は米国大統領に漢方薬に関する偽情報を流させようとした。しかし、それは習近平の電話の主目的ではなかった。習はトランプに、中国からの個人防護具を運ぶ飛行機や船の運航停止を延長しなければならないかもしれないと警告するために電話をかけたのである。

習近平が使った言葉は丁寧だったが、その意味するところはそうではなかった。トランプに、中国が国際的な医療機関が求める情報を共有しようとせず、欺瞞的な行為を行っているという中国に対する非難をやめるか、米国の病院システムが崩壊するのをなす術もなく傍観するか、どちらかの選択を強いたのである。ワシントンの中国大使館職員は、習近平の脅迫をより直接的な言葉で、もしトランプが中国非難をやめなければ、手指消毒剤や手術用マスク、医療防護服（ほとんどすべてが中国製で中国政府が管理している）といった重要物資への米国への提供を断ち続けると繰り返した。[280]

地球上で最も豊かな国の大統領であり、人類史上最も強力な軍隊の司令官であるトランプが脅迫されたのである。そしてその脅迫は成功した。その後数週間、トランプと米国政府全体は必要な物資を十分に備蓄できるまで、中国の支配者の反感を買いそうなことは何もいわないことにした。ワシントン・ポスト紙のジョシュ・ロギン記者が調査報道で、武漢ウイルス研究所の安全性を警告する国務省の公電をスクープするまで、米国の政府高官はパンデミックの起源について公に語ることはなかった。[281]

このエピソードは、強い不安を起こした。もし、米国史上最も率直で大胆な大統領のひとりが、何百万人ものアメリカ人の命がかかっている国家的緊急事態の中で沈黙を強いられたのだとしたら、テドロスにどんな選択があったのか。誰が公然と中国を非難できたのか。同月末、最初の感染拡大の隠蔽について中国に責任を負わせるべきかという質問に対して、博愛主義者でパンデミックに関して思想リーダー的存在であるビル・ゲイツはＣＮＮの視聴者に次のように答えた。「中国は初期に多くのことを正しく行った……でも、多くの不正確で不公平なことがいわれた」。[282] その後数週間のうちにゲイツは、中国のハイテク企業アリババが運営するオンラインのデータバンクを財政的に支援することを決定した。これは世界中の科学者が、中国政府が監視できるプラットフォーム上でＣＯＶＩＤ‐19の治療薬やワクチンに関する研究を行うことを奨励する動きである。[283] 中国政府にとってこれも、戦略上の勝利となった。

　テドロスやトランプ、ゲイツは、パンデミックにおいて非常に重要な人物であった。しかし、彼らは、メインストリームとは異なる考え方をし、メインストリームから外れた方法で行動する部外者ではなかった。中国に関していえば、彼らの行動はユニークというには程遠いものだった。彼らは他の人たちと変わらなかった。実際、彼らの言動は、国連をはじめ、ほとんどすべての国際機関で何年も前から起こっていた組織的な変化に似ていた。政治的なエリートはどこの国でも、彼らと同じ枠組みのなかで動いていて、どんなに事態が深刻になっても軌道修正することができないようだった。

ダボス会議の男

　二〇二一年一月二十五日、クラウス・シュワブ博士はとくに彼の口から出たのにしては、印象的な発言をした。彼は、毎年冬にスイスのダボスで開催される世界の超一流の人々のための会議「世界経済フォーラム」の創設者であり、会長であった。シュワブは先見の明があり、大きな影響力をもつ人物であった。シュワブの発言には、大統領やセレブ、ＣＥＯが耳を傾け、そのアドバイスに従うことも少なくなかった。

　その日、習近平が年次総会で演説するのを、シュワブは敬意をもって見守っていた。そして、オンライン会議でこう宣言したのだ。「ここには地球という、ただ一つの惑星しかない。そして、たった一つの共通の未来しかない。我々は皆人類の未来を共有する共同体の一員であることを思い出させてくれた主席閣下に感謝したい」。[284]

シュワブの発言中にも、世界中で何百万もの家族がCOVID-19で最近亡くなった人を悼んでいた。その多くは大きくは行えなかった葬儀の後、新しい墓に横たわった。そして、その数はまだまだ増えた。米国だけでも何十万人もの人々が、超大型連休の後に亡くなっていた。しかし、習近平は依然としてウイルスの起源を隠蔽し、世界の衛生を脅かす偽情報を流したが、シュワブにとってはそんなことは関係なかったようだ。中国の政治的な欠点が何であれ（そしてそれは決して言及されなかった）、その支配者にはまだ、多くのエリートが賞賛に値すると信じる未来像があったのである。

どう見ても、中国共産党の夢は現実になりつつあった。中国は、COVID-19のパンデミックを利用して、米国を脚光から引き離すのに大きな効果を上げていた。習近平は自らを新しい「ダボスの男」、多国間主義や強力な国際機関にコミットする世界のリーダーだと位置づけた（もちろん、誰もが中国政府の意向に沿うという前提だが）。習近平は中国の影響力を公然と示したのである。そして彼は、前例のない災害の中でこれを成し遂げた。この災害は、彼の政権が止めることができず、偽情報を広めることで悪化させ続けたものだというのに、である。

パンデミックに関する中国政府の公式白書は、中国が世界的な危機の中で自国の利益を高めるために、幅広い国際的アクターと「協調」することに成功したと述べている。中国政府は、「人類健康共同体の共同構築」と題する報告書のセクションでは、Ｇ20や世界銀行、世界貿易機関、アジア開発銀行、そしてとくにＷＨＯに感謝の意を表した[285]。皮肉にも、中国政府が現在信頼している機関の多くは、民主主義を守るために設立されたものだった。その本来の存在理由は、権威主義的な影響力や全体主義的なイデオロギーの蔓延を防ぐことであった。国連創設者が望んだものとは正反対の、現在の秩序を覆し、それに取って代わろうとする政権とそれらは協力しているのである。中国政府にとって、これはすべて計画の一部であった。

中国共産党は、国連やその他の関連国際機関に反対したり、対立したりするのではなく、自由主義的世界秩序の基盤であるそれらの機関を潜入の対象としてきた。これらの国際機関は、他の大規模な組織集団と同様に、長年の歴史と伝統に培われており、急激な変化はおろか、小さな改革にも頑強に抵抗することが多い。今までは。

内部文書によれば、中国共産党は国際連合のような世界的に活動する既成の組織を、脆弱な既成の支配構造と見なしている。中国当局は、ゾンビウイルスの侵入を待つ健康体のように、国際組織を世界変革のための潜在的な宿主と見なしている。重要なのは、国際機関を捉え、中国支配による超国家的な統治機構に変えることである。そのために中国政府の担当者たちに、次のような指示が与えられている。

「国連を積極的に利用せよ……今や国連は世界で最も広く普及し、代表的で権威のある国際組織である。『国際連合憲章』は現在の国際秩序の礎であり、国際関係の基本的なルールを確立している……国際連合は、まだすべての国に上から命令できる『超国家的存在』ではない……超大国（米国）は、自国の戦略的利益に従って行動し、国家間の紛争を『人権のほうが重要であると主張するダブルスタンダード』で解決している」[286]

パンデミックのとき、国連とその関連機関は、緊急の資金供給や賞賛という形での国際的正当性を与え、政権が最も必要とするときに世論形成のための世界的なプラットフォームを提供するなど多くの形で中国に寛大な支援を行った。[287]中国政府の白書は、中国共産党が世界のワクチンの専門家と技術へのアクセスを得ただけでなく、数十億ドルの資金を受け取ったことを明らかにしている。この資金は、個人用保護具やその他の重要な医療用品の世界市場への供給において、中国が産業的支配力を維持するために使われた。[288]米国やその他の西側諸国が、把握してなかったウイルスの波に次々と襲われてつまずく中、中国が早期に立ち直れたのは、中国政府が地球上で最も影響力のある人物や組織から協力を受けていたからだ。

中国政府の立場を支持した多くの組織の中で、最も注目すべきはＷＨＯであった。中国政府は、このパンデミックで何が起こったのか、そして次のパンデミックを回避する最善の方法を研究するための国際的な取り組みをＷＨＯが主導するよう繰り返し公然と主張した。[289]このキャンペーンは中国の当局者がパンデミックの歴史を書き換えるために長時間を費やした、注目に値する

（そして典型例となる）ものだった。中国共産党は武漢で発生した最初の感染症を効果的に隠蔽し、米国やその他の外国政府が求める情報を検閲した。オーストラリア政府がこの問題に対して開かれた国際調査を求めたとき、中国政府の対応は、一連の懲罰的関税でオーストラリア経済に打撃を与えることだった。[290]

WHOは誰のものか

中国共産党がWHOをパンデミックの起源に関する裁判官と陪審員として信頼していたのであれば、そうするに十分な理由があった。パンデミックの期間中、WHOは基本的に中国政府の望み通りに動いた。台湾政府からの警告を無視し、中国政府の矛盾した誤った主張を検証もせず繰り返した。ウイルスが空気感染するという医学的報告の発表を長期間認めようとしなかった。科学ではなく、政治的な判断から海外旅行を奨励した。そして、中国政府をやたらと褒め称えた。[291]「中国が実際にコロナウイルスの海外伝染を低下させたことを何度も賞賛したい」とテドロスは語った。[292] WHO事務局長は台湾のWHO総会への参加を拒否し、中国政府とのコンタクトの詳細を開示せず、ウイルスの起源に関する調査の主導権を中国当局に譲り渡した。[293]

COVID-19が登場した時点までに、WHOに対する中国の権威主義的影響力はすでに確立されていた。二〇一七年八月、テドロスは中国共産党の一帯一路戦略への支援を公式に約束した。調印式のために北京を訪れたのは、テドロスが事務局長就任後初めて行った公務の一つだった。[294] マーガレット・チャン前事務局長がその道筋を作ったのである。

二〇一七年に退任した後、彼女は誰に忠誠心をもっているかを明らかにした。チャンはWHOを率いる立場を退くと、中国政府と共産党支配下にある組織のために働くようになった。その一つである中国人民政治協商会議（CPPCC）は、中国政府の影響力を広め、世界の民主主義を弱体化させる作戦に従事する統一戦線指導組織である。[295] WHOに対する中国共産党の影響力を示すもう一つの表れが、習近平の妻、彭麗媛がWHOの親善大使を十年以上務めていることだ。[296]

だからパンデミックの際、WHOが中国政府から資金を調達して、中国に世界的な衛生物資庫を建設したことは驚くべきことではない。[297] このWHOの動きにより、中国共産党は世界の舞台における影響力を強め、災害に脆弱な政府に対して圧力をかけることができたのである。WHOの助けによって、中国政府は重要なサプライチェーンに対する支配力を強めた。ウイルス検査キットや手術用マスク、手指消毒剤、フェイスシールド、手袋など、あらゆる種類の個人保護具を必要とする国々は、それらを入手するためには中国の役人を通さなければならなかった。[298]

二〇二〇年初頭のトランプ大統領のホワイトハウスとは異なり、WHOは麻痺していなかった。中国政府がパンデミックの原因を他人のせいにし、抗ウイルス薬や保健用品に必要な物資を独占するキャンペーンを公言するのを傍観したわけではなかった。むしろ、中国共産党の目標達成に積極的に協力していたのである。WHOの支援により、習近平は中国をパンデミック対策のサプライチェーンの世界的ハブとし、新しい生物医療経済における支配的なプレーヤーにしようとしていた。このような世界的な変革は、すでに始まっていたのである。新型国際関係が到来していたのだ。

一つの世界、一つの政府

中国共産党がパンデミックを利用して、新型国際関係というビジョンに向かって他者を動かすことができたとすれば、それは長期的な目標をもち、そこに至るための計画が確立していたからである。中国共産党のエリートは三十年後の世界をどうしたいかを知っており、そのための基礎作りを行ってきた。民主主義の守護者たちはその一方で、自分たちの小さな目先のことしか考えず、中国の助けを求め、騙されやすくなっていた。

中国政府の筋書きによれば、世界が現在直面している巨大な挑戦はすべて、直接的、間接的に米国が作り出したものである[299]。その解決策は、中国が支配する単一の世界政府を樹立することである。

「『我々は世界政府を必要としている』。これは、あらゆる国のコンセンサスとなっている。……世界統治システムの苦境は、古くから現在に至るまで米国によって起こされたものである。米国が関連する協定や条約から脱退し、新たな地域的軍事同盟を組織し、国際テロリズムを蔓延させ、国家間の厳しい貿易障壁を築く戦略によって引き起こされた」[300]

中国軍の内部文書である『中国の特色ある大国外交』は、中国の世界統治のアイデアは優れており、米国のものに比べ比較優位があると主張する。[301] 同書では、現在の世界システムでは、「全世界のための全体的な構造と計画が欠けている」と嘆いている。[302] しかし、現在のシステムはまもなく変化する可能性があると楽観的に述べている。「他の世界統治の概念と比較すると、わが国の世界統治の考え方は、人類社会が発展していく中で、将来のニーズを満たすための最良の解決策である。それは、世界の大多数の国々の利益に合致している」という。[303]

本書は、中国共産党が中国の経済力を利用して国際機関に入り込み、それによって「中国の知恵」を広め、古いルールを変えようとしていることを率直に読者に伝えている。中国政府の職員は、すでに多くの国連や関連機関の日常業務を取り仕切っている。「わが国が改革開放のペースを速めるにつれて、世界システムに溶け込み、統治ルールの設定に参加し、統治業務を遂行するようになる速度も加速した」と宣言している。[304]

システムのハードウェア、すなわちレンガ造りの建物とそこに住む人々のキャリアを管理することよりも重要なことは、ソフトウェアを入れ替えることであった。新しいプログラミングが必要だったのだ。習近平の思想（二十一世紀のマルクス主義）をシステムに導入するのだ。そして、その結果は中国政府の見解からすれば、決定的なものとなった。

「思想が生まれれば、必然的にその思想よりも強力な行動が生まれる。わが国の世界統治の思想が生命力をもっているのは、まさにこのためだ……中国の要素（中国共産党の婉曲表現）は、世界統治のメカニズムの大きな変革を推し進めている」[305]

この文書では、すべての行政府が中国主導の一つの世界政府のもとに集権化される未来が描かれている。それ以外のものは失敗する運命にあるというのが同書の主張である。古いソフトウェアについて同書は、「特定の問題に焦点を当て、公式、非公式な行動が並行する、小さなグループを中心とした世界統治構想は、組織をより分散化し内部矛盾をもたらすだけである」という[306]。外国人も新型国際関係の中で発言権をもっと書いているが、外国人が共同体に逆らうときは沈黙させられる。中国の中央集権的なビジョンだけが重要なのだ。「わが国は、共同協議と共同プロジェクトに基づく世界統治の概念を提唱している。『統一された人類』と『恒久平和』の理念と一致する、我々の概念が将来の世界統治において支配的思想となるだろう」[307]。

中央集権的な世界

中国政府の計画は包括的なものであり、中国共産党の想定では、人間の活動領域のあらゆる分野に及ぶ。もしこの戦略が成功すれば、今世紀の半ばまでに、あるいはもっと早く、すべてがひっくり返り、裏返されることになるだろう。国際共産主義への道は、米国と西側諸国が権力を失う、険しい道となるであろう。しかし、マルクス主義者にとっては、今後数十年の道のりは、壮大な勝利の連続であり、最終的にはユートピアの勝利で締めくくられることになるという。『中国の特色ある大国外交』は、「世界統治の変革が進むにつれて、中国の要素が大きな役割を果たすようになる。そのためのメカニズムは多様である」と述べている[308]。共産党が以下の個別分野の支配をめざし、それらを時間をかけて統合し、中央集権的な世界政府をめざすと同書は主張している。

- 世界の製造業
- 国際通貨
- 国際金融
- 国際貿易
- 国際安全保障
- 世界の食糧
- 世界の環境
- 世界の資源
- 世界の開発援助
- 世界の移民

- 世界の人権
- 世界の衛生
- 世界のインターネット
- 宇宙
- 国際犯罪
- 国際テロリズム
- 「そのほか」[309]

捕捉すべき対象分野を列挙した後、同書はこう断言する。「わが国はすでに、上記のすべての領域を管理するメカニズムに全面的に介入し、その改革に着手している……今後も、自国の利益と世界の利益を考え、大きなイニシアティブを発揮していく」[310]。同書には、中国共産党が浸透しているると主張する具体的な国際機関のリストが続いている。

「中国は国連や国際通貨基金、世界銀行、世界貿易機関、G20、アジア太平洋安全保障協力機構、上海協力機構への貢献を拡大し、BRICS（ブラジル、ロシア、インド、中国、南アフリカ）開発銀行（現在の新開発銀行）、アジア・インフラ投資銀行、シルクロード基金、その他の組織や基金への投資を増やしている。今後、中国の役割はより鮮明になり、中国のコンセプトと行動もより強力な支持基盤を獲得するだろう。中国の要素が世界統治と改革をリードする」[311]

この文書によると、共産党は全体的なアプローチによって、世界統治システムの内部に入り込んでいる。「我々は、国際社会に対して、アイデアや資金、技術、人材、安全保障、機会、その他の公共財を積極的に提供してきた」。中国政府にとって、この間接的なアプローチは大きな成果を上げている。「世界の安全保障と発展の本には、新しい展望と新しい章が書かれている」という[312]。

別の軍事文書によれば、中国政府は世界各国における人民解放軍の平和維持部隊の規模を拡大し、その活動範囲を拡大する計画である。中国共産党は国連を利用して、影響力を強め、海外での経済利益を保護し、危険と見なす集団を弾圧することができる[313]。

「国連の枠組みの下で、我々は『一帯一路』前線地域周辺の要地で平和維持任務を積極的に推し進め、参加する。必要であれば、国連の平和維持活動に対する人民解放軍の参加の規模を拡大する。このようにして、教師としての我々の文明のイメージ、そして武装した強力な教師としてのイメージを確立していく。こうして、テロリストや過激派に効果的に恐怖心を与えることで、戦わずに勝つことができるだろう。そしてそれによって、わが国の海外での経済的利益と、わが国の職員の安全が守られる」[314]

中国政府は、歴史的に限定的なアプローチをとり、国際問題をケースごとに解決する傾向がある米国とは異なり、全人類の進歩のために戦う覚悟がある、という。

「アメリカがグローバリゼーションに背を向け、ある分野では統合から手を引いているのに対し、中国共産党第一九回全国代表大会の作業報告は『中国共産党は中国人民の幸福を追求する政権党であり、人類の進歩という事業のために闘う政権党でもある。中国共産党は、人類に新たな、より大きな貢献をすることを究極の使命とする』と明言している[315]」

これまで見てきた文書から、中国共産党が国連システムの基本的な目的を再定義しようとしていることがうかがえる。国連は戦争や大量虐殺などの極端な場合を除き、国家主権を覆すことのない限定的な組織であると理解されていた。そのため、国連とその関連組織は、第二次世界大戦後の秩序の安定的な基盤として、各国がそれぞれの主権に従って構築できる開かれた構造をもっていた。参加条件は民族自決権を尊重し、国境を侵さないことに同意することである。小さく弱い国でも、平等な投票権をもっていた。そして、国連は可能な限り、自由や民主主義、善良な統治、人権の普及に努め、国連は政府の権力を制限し、個人に力を与えようとした。

これに対し、中国共産党の計画では各国を代表するエリートを通じて「協議」を行うことになっており、それらのエリートを個別に買収や強要することによって、中国政府が独自に各国にとって最善の利益を決定し、世界全体を代表して話すことができる。習近平は二〇一六年の新年の辞で、「国際社会は中国の声を聞き、中国モデルを見ることを期待している。中国が姿を現さないということはできない」と語った。[316] しかし、何から姿を現さないというのだろうか。中国モデルはどこに適用されるのだろうか。その答えは、すべての場所においてだ。

中国の文献によれば、共産党は核安全保障や核拡散の問題、将来のインターネットや宇宙、深海、北極圏を支配することによって、権力を行使する計画である。[317] また、中国の公式文書では、中国共産党は中東や北部アフリカ、東欧における米国主導の民主化運動に反対する。NATO（北大西洋条約機構）の拡大やロシアの勢力圏の侵害に反対する。ロシアとイランを支持する。[318] 中国は自国の独自の定義によるテロリズムに対して、世界的な「統一前線」を作る。[319] 中国の公式見解では、米国主導のテロ対策は過度に軍事化され、民主化推進のイデオロギーと米国の価値観を押し付けているため、今後も失敗し続ける。中国政府によれば、よりよい方法は、中国が主導する「公平で公正な」世界秩序を構築し、米国の「覇権主義、パワーポリティクス、ダブルスタンダード」を排除することである。[320]

実際に中国の支配者は、世界のすべての人々を自国民と同じように扱おうとしている。中国共産党は、中国をすべての人類の進歩の擁護者であり推進者とすることで、一党独裁のモデルが最もうまく機能するといっている。共産党は世界のすべての国の内政に、一個人のレベルまで干渉する許可を自らに与えようとしている。中国の軍人が受ける内部指導は次のようなものである。

「世界統治システムの転換を推し進めよ。『一帯一路』建設などの大規模な国際協力プロジェクトを通じて、より包括的で、より深く、より多面的な外国の開放を実現する……新しい世界政治経済の秩序と新型国際関係の構築を引き続き推進する」[321]

中国共産党は、中国の権力と影響力がほとんど無限になる未来の世界を思い描いている。これは、拡大し続ける中国政府による一つの世界政府の庇護の下で、次々と国家が虜となり、集団に吸収されていく未来である。それが実際にどのようなものになるかはわからない。このようなことは過去に一度も起こったことがないし、資料にはそのプロセスは具体的に記述されていない。

推測の域を出ないが、この理論的プロセスは多くの場合、極右と極左の政治的イデオロギーに基づく集団間の戦いによる、民主主義政府の破壊と転覆だと考えるのが妥当であろう。民主主義では代表制によって選ばれたポピュリストの候補者が、後に独裁への道を歩むことを許す。そのような崩壊は国家の自己責任といえるであろう。また、革命的なテロリストが社会を破壊し、血なまぐさい内戦に引きずり込むかもしれない。そして、戦火が収まったとき、中国共産党に連なる強者が生き残り、自国を中国主導の世界政府に参加させるかもしれない。

中国の台頭

中国の戦略家の見解では、中国が新しい世界秩序に向けて地球を動かす原動力となるためには、国力と強さを絶え間なく増大させることが不可欠である。[322] 中国の歴史書によると、大国が台頭するときに三つの段階を経るという。第一は、力を蓄え台頭の準備をする段階である。第二は、台頭し始め既成の権力に対抗する段階である。第三は、敵を倒し吸収する段階である。[323]

中国の書物には、歴史上の多くの国が、この第二の段階で成功しなかったと記されている。[324] 多くの場合、新興勢力が台頭の過程で摩擦を生み、既存勢力の勢力範囲を侵害したことが原因で、その国力を失う戦争を招いた。また、新興勢力の行動が軍拡競争や他の形態の競争を招き、最終的に不利になることもあった。人民解放軍の教科書によれば、中国は四十年にわたる経済成長の結果、すでに第一段階を通過し、現在は第二段階に入っている。[325]

中国共産党は、中国の驚異的な人口規模とこれまでの業績を考えると、人類史上、単一の政権が行使したことのないような権力を手に入れる可能性があると信じているようだ。しかし、共産党の理論家たちは、その実現は中国政府がいかにして外国の反発を和らげ、中和できるかにかかっていることを認めている。

「現代中国の平和的台頭は、世界で最も人口の多い国の平和的台頭であることに留意してほしい。また、最大の発展途上国の平和的台頭であり、その経済規模は最終的に米国を凌駕することになる。つまり、波風が立つということだ……このような大規模な発展は、必然的に世界情勢と国際情勢に大きな影響を与えることになり、国際社会からさまざまな反応を起こすだろう」[326]

中国の台頭が継続するかは、中国共産党が国際連合やその他の組織における権力を掌握し、行使するかにかかっている。中国政府の計画は、世界で最も尊敬されている機関を静かに征服し、自由と民主主義の擁護者を取り込み、中国共産党の国際共産主義のビジョンを広める隠れた推進者に変えることである。[327]

中国の公式見解では、この計画はうまくいっていると主張している。「既存の先進国による国際秩序への影響力はますます弱まっている」[328]。人民解放軍の教科書『中華民族の偉大なる復興を実現するための戦略支援』には、習近平の演説から次のような一節が引用されている。

「我々は、対外戦略と作戦を強化し、精力的に中国の特色ある大国外交を展開してきた。日を追うごとにわが国は世界の舞台の中心に向かって、新たな一歩を踏み出している。我々の国際的な影響力や外国を動かす力、出来事を変える能力は大きくなっている。国際社会はわが国に注目し、かつてないほど重視するようになっている。私たちは今、国際システムの中で有利な立場を維持しているのである……今日、私たちは世界統治の舞台でメインテーブルに座っている。我々は、これまで以上に優位性と影響力を獲得している。我々は、世界統治システムの変革を主導するための準備をこれまで以上に整えている」[329]

二〇二一年、米国のアントニー・ブリンケン国務長官は、中国共産党の野心の本質を認め、次のように述べた。「これは、我々の時代の主要な、いや最重要な挑戦の一つである……中国が望む世界秩序は、きわめて非自由主義的なものであるということだ」[330]。「中国の投資に関しては、いわゆる私企業と国家の区別はない。中国の民間企業が投資を行えば、その企業がアクセスできるものはすべて国家がアクセスできる」とも述べた。しかし、彼はまた、米中間には協力的な側面があることを強調し、「我々の目的はデカップリング（中国経済の切り離し）ではない」と述べている[331]。

この発言は、中国共産党が世界戦略の成功に自信をもっていた理由を示しているのかもしれない。米国の指導者たちは、自国の権力と威信が損なわれ、弱体化していることを知っていた。しかし、彼らは中国が国際問題を解決するパートナーでなくなる未来を想像することができなかった。米国のトップエリートは、中国が拡大する影響力の網から自国を切り離すのを嫌っていたのだった。

白い手袋と人民元外交

本章では、中国共産党が国際的な影響力を拡大するために、国際的な組織にどのように入り込もうとしているかを見てきた。国連やWHOのような国際的な権威のある場では、中国の影響力を強めようとする代理人が正統性という白い手袋を着けて、大手を振って権力を行使することができる。このようなプロセスがどのように行われるかは外部からはわからないが、これらの組織を支配するためには、不安を和らげるために資金をばらまく必要があるようで、中国政府はこれを経済発展や経済協力、利益の共有と婉曲的に呼んでいる。[332]

資金がものをいうなら、それはどこから来るのか、そしてなぜ中国政府の資金は枯渇しないのか。米国では、グローバリゼーションと自由市場資本主義の進展により、中国は経済の自由化を迫られると長い間考えられてきた。中国の経済モデルは中央集権的かつ国家支配的、党支配的であり、持続不可能であると教えられてきたのである。韓国や台湾の独裁者のように、政権が自らを改革しない限り、中国は遅かれ早かれ停滞し崩壊すると考えられた。

これは魅力と説得力をもつ議論だった。結局のところ、マルクス・レーニン主義をどのような形で取り入れても、長期にわたって豊かで繁栄した国はない。一党独裁はその性質上、非合理的である。国民の健康と安全も含めて、何よりもイデオロギーと政治的忠誠を重んじる。そのような政権は不寛容で融通が利かず、優れた経済的意思決定を阻害する傾向がある。そんな政権が最終的に破綻するのも無理はない。

しかし、もし現在の自由市場システムの仕組みに関する基本的な前提に欠陥があるとしたらどうだろう。もし中国共産党が世界の最も重要な経済大国に対して影響力を行使できる、システムの抜け穴や脆弱性があるとしたらどうだろう。もし中国政府が、他の国には適用されるゲームのルールが中国には適用されないように市場を変えたとしたらどうだろう。全体主義から我々を救うはずだった国連システムや開かれた市場そのものが、専制と圧制を生むメカニズムに変わっているとしたらどうだろう。社会主義的な独裁者ではなく、資本主義的な民主主義国家がビジネスのために自らを変えている可能性はないだろうか。

第七章

攻撃的な中国の経済安全保障戦略

「権威主義的で非自由主義的な権力者は、世界が自由主義的で自由であることを望まないだろう。自分の本性を反映した秩序を欲しているのだ……つまり、中国は自国が望むことを世界の他の国々に望んでいるのだ」[333]

――ナデージュ・ロラン

二〇一七年九月四日月曜日、厦門（アモイ）の明るい日だった。一晩中雨が降っていたが、今は朝日がうっすらとした雲の間から輝いている。柔らかな風が、湾を渡る波を優しく押している。中国南東部の丘陵地帯に位置する厦門は、台湾の真向かいにある主要な港湾都市である。台湾と同様、暑さと湿度、そして激しい暴風雨で知られている。夏場は大気が蒸し風呂のように街を覆い尽くす。そして、これ以上空気が重くならないと思われる頃、南から猛烈な風が吹いてきて、激しい雨を降らせる。

その朝、習近平は窓の外を見て満足げな笑みを浮かべたに違いない。BRICSの首脳が厦門に集まり、数日間にわたって豪華な首脳会議が開催されたのだ。習は、この都市の副市長を務めた経験がある。その後、十五年にわたり福建省各地で共産党の政務や軍事を担当し、厦門にしょっちゅう来ており、この辺のことを知り尽くしている。この時期、台風が頻繁にやってきて危険であることも知っていた。[334] 首脳会議の日時と場所を決めたとき、中止や延期の可能性があることも知っていた。天候に賭け、習はそれに勝ったのである。

レッドカーペットが敷かれた会場に足を踏み入れた習近平の気分は、明らかに浮き足立っていた。習近平が喜んでいるのは、天気だけではないだろう。彭麗媛夫人が同行していたのである。ちょうど三十年前にこの街で結婚し、金曜日に結婚記念日をともに祝ったばかりだった。国営メディアは習が夫人とのロマンスを楽しんでいることを報じている。[335] 二〇一四年には、厳しく管理された中国のインターネット上で「ビッグダディ習近平はママ彭を愛す」という音楽ビデオが流れた。シンガーソングライターの于潤澤は「二人の化学反応は多くのネットユーザーに感銘を与え、私とパートナーはこの曲を書く気になった」と語った。[336]

習近平の彭夫人に対する愛情表現の写真は、二人の結婚記念日に合わせて政府によって公開された。[337] このため、二人は週末に新婚旅行のロマンチックな再現を楽しんでいるように見えたが、それは一九八七年当時と同じように短い休暇であった。ある中国共産党のメディアは、二人は仕事で離れることが多かったと指摘したが、いつも互いのことを思っていたと強調した。[338] 厦門での二人の結婚は質素なもので、彼女はわずか四日後に二カ月のコンサートツアーのために彼を残し待たせていた。[339] しかし、今回は習が待たせる番だった。

近くのメディアセンターのテーブルには、英語やロシア語、ポルトガル語など世界の言語に翻訳された習近平の著書『習近平　国政運営を語る』が印刷されたばかりで山積みにされていた。中国政府の報道機関にいわせれば、世界中から首脳会合の取材に集まった三〇〇〇人の記者に人気の商品となったという。中国の最高指導者となった習近平に迫ろうとする彼らの熱意は、週末にこの本をベストセラーにしたという。[340]そして、それは習にとっても望ましいことであった。

習近平の親友プーチンは、習近平と同じ紺のスーツに紫のネクタイ、金のタイピンという出で立ちで会談に臨んだ。ブラジルのミシェル・テメル大統領は、スーツとタイピンは同じだが、ネクタイは金色だ。南アフリカ共和国のジェイコブ・ズマ大統領も同じようなスーツに赤いネクタイを締めている。インドのナレンドラ・モディ首相は、ビジネススーツとネクタイを着用することなく、黒のネルージャケットで出席し、他の人たちとは一線を画していた。

その年六月、中国軍がインドの同盟国ブータンとの国境を侵犯し、山中で中国軍とインド軍がにらみ合う事態となった。両軍が国境線で有利なポジションを競り合うと衝突が起こり、それぞれの陣営から数人の兵士が負傷した。膠着(こうちゃく)状態から武力紛争になりそうだったが、何とか規律が回復し武力衝突は回避された。厦門でＢＲＩＣＳ首脳会議が開かれる数日前、中国とインドがそれぞれ紛争地であるドクラムから軍を撤退させたと発表した。国境線の緊張は残っていたが、両国の首脳が顔を合わせ国家運営に取り組めないほど、激しい対立ではなくなっていた。

習近平はこの危機以来モディに会うのは初めてだったが、モディの力量や決意の深さを測り、彼の政策的立場や個人の精神的な弱点を探ろうとしているようだった。翌日には二国間首脳会談が予定されている。習近平はモディを当惑させた後で、緊張を解かせ、譲歩を引き出そうとしたのだろう。その後、インドに一息つかせた後、再び緊張を高めることで、中国にとって好循環をもたらす。これは、中国共産党がよく使う外交手法である。

首脳会議の前によい雰囲気を作ろうと、中国は、ＢＲＩＣＳ各国からそれぞれ一人ずつの五人の監督による合作映画を含めたフィルム・フェスティバルを開催した[341]。また、バスケットボールやバレーボールで五カ国のチームが対戦できるような試合も開催した[342]。しかし、習近平はスポーツ観戦を楽しむだけでなく、つねに政治的な駆け引きに重きを置いていた。厦門にＢＲＩＣＳの首脳を集め、未来へのビジョンを共有したのだ。習近平がこれらの貧しく問題を抱えた、野心的な国々と精力的に協力することは、経済的な相互関係を活用して新しい世界秩序を構築するために重要であると中国政府の誰もが認めている。そして、そのためには、喜んで（あるいは少なくとも柔順に）協力してくれるパートナーを探す必要があった。

中国共産党の内部文書には、厦門ＢＲＩＣＳ首脳会議の目的が、習近平の基調講演と同じように記されている。「中国は全人類の利益を重視し、新しい概念と理念によって新しい発展を導く、新しいグローバリゼーションを推し進めるために全力を尽くしている」[343]。この文書は習の発言を繰り返し、中国はそのパートナーとルールを定め、世界政府を作ることを示唆している。「世界経済秩序の変革を推進するために、我々は世界経済のマクロレベルの現実に対応し、深海や極地、宇宙、サイバー空間などの新しい領域を管理する、より完璧な一連のルールを作らなければならない」[344]。

しかし、この内部文書は習近平が基調講演では省略した内容を明らかにしている。「中国が国際協力を推進する理由は、究極的な我々の目的が主導的大国の役割を果たすことだからである」[345]。

この文書は、習近平と中国共産党のエリートが、ＢＲＩＣＳが経済的に「リバランス」した世界の中核となると想定している。この五カ国が協力して新しい世界サプライチェーンを構築することで、資本主義の欧米に対して、とくに中国が大きな優位性をもつ市場構造を作り上げようとしている。[346]

『中国の特色ある大国外交』によれば、グローバリゼーションは重要であったが、米国によって破壊された。グローバリゼーションは世界を根本的に変革すべきものであった。ＢＲＩＣＳはその重要な役目を担っている。習たちは首脳会議の場を利用して、中国自身のシステムをモデルにした未来の集合体を築こうとしていた。[347] 厦門の華やかな会議室や記者会見の場で語られなかった隠された意図があったのである。中国共産党は、自国の利益を世界市場に浸透させ、世界各国が中国政府の承認なしには成功できず、すべてが中国に依存するようになることを望んでいたのである。

この文書は、「日を追うごとに、中国は世界の舞台の中心に近づきつつある……世界が繁栄を望むなら、中国抜きではありえない……今日の中国は、世界と一体化している。つまり、世界と中国はともに繁栄するか、ともに苦しむかのどちらかである」。[348] 中国の経済的成功が世界全体の健康と繁栄に密接に関連していると繰り返し述べられている。中国の成長の恩恵は、各国の人々が協力して集団体を構築することによって、より強く全人類に感じられるようになるとしている。[349]

この文書は、現在のグローバリゼーションには根本的な欠陥があるが必要であり、改善すれば、世界を再構築できるものであるとしている。[350] 米国は最初のグローバリゼーションの過程で主導的役割を果たし、中国の爆発的な経済成長を許した。しかし米国はグローバリゼーション1・0という自由市場OSに、中国が社会主義的なソフトウェアをインストールすることを許さなかった。

しかし、それはもはや重要な問題ではない。米国は、中国の激しい国益追求を止めることはできなくなった。二〇〇八年の米国のサブプライムローン問題は、金融恐慌と深刻な不況を引き起こした。それ以来、中国の政府関係者は、米国は末期的な衰退を遂げ、国際システム全体が変わろうとしていると自らに（そして聞く耳をもつすべての人々に）言い聞かせている。

「冷戦終結後、米国は経済のグローバリゼーションを主導した。しかし、それは間違いに満ちており、失敗した。世界経済は長い低成長の時代に沈んだ。今、私たちはグローバル化に対する信頼を回復しなければならない。世界経済のガバナンスを改善し、新たなレベルのグローバル化を開始する必要がある[351]」

中国の支配者たちは、自分たちが「新しいタイプのグローバリゼーション」を主導することを思い描いていた。そのためにBRICSや国連、WTO、G20に影響力を行使していたのである。彼らは、米国に代わって中国が主導する新しい経済秩序を推進しようとしていた。この文書では、中国は自国の国益を第一に考えているとしながらも、次のように付け加えた。中国共産党は「国際社会の長期的な利益」にも目を向けるという[352]。

もう一つの内部文書『新時代におけるわが国の主要な社会矛盾』は、中国による世界経済統合の動きをより広範な戦略と結びつけている。「中国と世界の関係は新しい段階に入り、中国は着実に世界の舞台の中心に近づいている。このフェーズにおいては、中国は世界に溶け込む段階を超えて、世界の統治に参加し、世界をリードすることになるだろう」[353]。「グローバル化した世界は、それをリードする責任ある大国を必要としている。台頭する中国は自己主張を続け、公正で合理的な国際秩序を形成するためのイニシアティブをとる必要がある」。そして、中国はまもなく世界的な経済力を利用して、覇権を獲得する機会を得ると主張する。「米国と欧州が世界的な指導的役割を果たすことができなくなったとき、世界の目は必然的に中国に向けられるだろう」[354]。

『中華民族の偉大なる復興を実現するための戦略支援』は、米国の力が消滅し、中国が北京中心の秩序を構築し、世界の指導者の座を奪う未来を予測している。「今日、世界の不安定さや複雑さ、脆さによって、平和への展望が損なわれている。その最も根本的な原因は、米国が古い覇権体制を維持しようと戦略的な力を行使しているからである」[355]。この資料では、米国と違って中国は善のための力であると論じている。「中国は平和と正義を維持するために新たな戦略的パワーを使っている。しかし、この二つの間には不均衡がある。この国際的な戦略的パワーの不均衡を変えることはプロセスである」[356]。そのプロセスを加速させるために、中国政府は世界の「新たに繁栄した」国々の力を動員している[357]。

このシナリオは、中国が比類なき支配力をもつ未来を描いている。「世界は今、かつてないほど大規模な転換期を迎えている。その核心にあるのは、次のような変化である。米国は弱体化し、中国は強大化し、ロシアは攻撃的になっている。そして、ヨーロッパが混沌としてきている」[357]。それが意味するのは明らかである。「世界は新しい時代に入り、その中で世界秩序は作り直される……中国は今、正念場を迎えている。中国が台頭し、中華民族が復興している。これは歴史的な転換点である」[358]。

この文書は、中国政府の経済政策のおかげで、中国は驚異的な成長を遂げ、今まさに飛躍的な成長の頂点にあると伝えている。一方、米国とその同盟国は、自分たちがどれだけ大きく失ったかを認めようとしない。「わが国の発展は、すでに世界の配置や国際秩序に変化をもたらしている。将来、世界を揺るがすことができるだろう。現在、国際システムを支配している西側諸国はこの現実を認めようとしない」[359]。

新しい市場、新しい主人

米中間の貿易関係が破壊的な効果をもたらし、中国政府の中国社会への支配を緩めるという考えはどうなったのかと疑問に思うかもしれない。ロナルド・レーガンからバラク・オバマまでの歴代大統領は、二国間の統合が深まり、米国が中国の経済成長を積極的に支援する。そうすれば、中国共産党に自由化プロセスを実施させ、すべての人に利益をもたらす前向きな政治的変化をもたらすと主張し、その対中政策を正当化した。ドナルド・トランプでさえも、中国市場へのアクセスを得ることに執着していた。なぜ、米国民との約束は空振りに終わったのか。情報機関の予測はどこで狂ったのだろうか。

結局のところ、共産党はグローバリゼーションと米国式資本主義を恐れるのをやめて、それらを利用することを学んだのである。より正確にいえば、経済統合を利用して外国の資本や技術、ノウハウを吸収し、それによって影響力や権力、威信を獲得する機会を得たのである。中国政府は、制度が国民を支配し、金が制度を支配することを発見したのである。国際機関が世界の頭脳であり良心であるとすれば、世界秩序の核心にある基本的価値を表現し、理性の抑制的な声として機能するものである。そしてグローバル化した経済は、そこに流れる荒々しい血流といえる。

中国政府は、自由市場資本主義では、ほとんどすべての人が過剰な行為に走り得ることを学んだ。個々の起業家や小規模な家族経営、大企業の取締役会は誘惑に弱い。それというのも、資本主義は利益の絶え間ない蓄積をめざす考えに基づいており、欲はつねに存在する強力な原動力であり、経済マシンのエンジンである。うまく調整され維持されれば、機械は轟音を立てて進み、誰もが利益を得る。しかし、他の強力な力と同様に、コントロールするのが難しい場合もある。時には故障し、人々が傷つくこともある。

米国政府は、人間が生来もっている誤りを認識し、伝統的に法律を制定し、市場関係者を正直に保つために監査を行ってきた。米国版グローバリゼーションは、適切に運営されれば、脆弱な政府や社会を主権喪失のリスクを生む依存関係や債務を引き起こすことなく富を生み出すことができる方法であった。しかし、このシステムは完璧とは言い難く、その開放性は中国共産党に最大限利用された。米国のシステムの守護者には腐敗している者もいれば、単に自己満足して平穏な生活を送っている者もいた。

ＣＯＶＩＤ-19の流行は、中国当局がライバルの力と主権を弱体化させるために、取り締まりの不十分な貿易空間をどのように操ることができるかを示す事例であった。中国共産党は、世界的な健康危機の以前から、米国の資本主義制度の脆弱性を利用して、国際的な競争相手よりも低価格で商品を販売することで、重要な医療用品の市場を掌握していた。[360]

二〇二〇年初頭には、米国において医療用Ｎ95マスクの少なくとも九〇％が中国から供給されていた。[361]このことは、中国政府にとって政治目的の推進に利用できる依存関係ができていたのである。

パンデミックが発生して初めて、米国政府の担当者は中国の中央集権的なトップダウン式の供給システムに危険なほど依存していることに気づいた。中毒患者のようにコントロールを失い、医療用品が人質となったため、供給者に服従しなければならなくなった。前述のように、トランプ大統領は中国政府にパンデミック発生の原因があると信じていても、「ノー」といえなくなったのである。さらに悪いことに、中国共産党はパンデミックの間中、偽情報を流し続け、ウイルスをより致命的なものにした。そして、共産党は国際機関を利用して、市場に対する支配を深め、顧客にとって中毒と服従のサイクルが決して終わらないようにした。

米国ではどうだったのだろうか。二〇二〇年の流行初期に、N95マスクの価格は五倍以上に跳ね上がり、店頭ではすぐ売り切れ状態となった。[362]

中国共産党は、「ジャスト・イン・タイム」のサプライチェーンを機能させるのではなく、米国への防護服の輸出を停止させ、米国政府を服従させた。[363] その後、中国政府は数カ月後に輸出を再開したが、それは自国と海外でのニーズを満たした後であった。国土安全保障省によると、その年の後半に中国から米国に持ち込まれた個人用防護具の多くは欠陥品であった。[364] 安全な装備の欠如は破壊的な結果を招いた。米国の医療従事者の多くがCOVID-19に感染したのである。二〇二一年五月、『ニューヨーク・タイムズ』紙はウイルスとの戦いの最前線で三六〇〇人以上の初動要員が死亡したと報じた。[365]

第二次世界大戦時の防衛産業の隆盛を彷彿とさせるように、数億個のマスクや重要な健康器具を国産化するために、米国の製造業者が動員された。二〇二一年初頭には、米国はようやく中国共産党への依存から脱却する軌道に乗った。しかし、わずか数カ月で状況は一変した。中国政府は再びギアを入れ替え、以前と同様に、不公正な貿易慣行を用いて低価格の防護具を市場に氾濫させ、米国企業を廃業に追い込み米国をより不安定にしたのだ。[366] 結果は驚くべき戦略転換である。本稿執筆時点では、米国は重要な医薬品を中国に依存しており、これから見るように、さらに多くのものを中国に依存している。

米国の政府関係者は誰もこの事態に驚かなかったはずである。何年もの間、アナリストたちは、中国政府が意図的に世界に依存関係を作り出し、危機の際に他国に対して政治的な影響力を行使できるような市場環境を作り出していると警告してきたのである。意図的に、新しい経済秩序が生まれつつあり、その中核に中国がいるのだ。中国共産党が支配する企業が世界の製造業を支配し、工場から買い手まで製品を届ける物流システムに対して絶大な影響力をもっていた。このことは、誰がどの製品をいつどれだけ手に入れるかを、中国当局が決定できることを意味する。同時に、中国は自動車や飛行機、コンピュータ、映画など、さまざまな国際製品を扱う世界最大の市場となっていた。中国の指導者からの電話一本で、海外のビジネス部門全体、さらには政府までもが左右される可能性があるのだ。

レアアース問題

おそらく中国による経済戦争の最も知られた例はレアアースに関するものだろう。[367] レアアース（希土類）は、世界中に存在する軟質重金属の酸化物で、磁気的・電子的にユニークな性質をもつ。一度抽出、加工されると、電子と相互作用することで他の金属では不可能な驚くべき効果を発揮し、ハイテク商品の製造には不可欠なものになっている。

二〇一〇年、日本政府の行政下にあるにもかかわらず中国が領有権を主張する東シナ海の尖閣諸島で船舶衝突事件が起きた。それをめぐり、中国がレアアース禁輸で日本を脅した。日本政府は当初、中国漁船の乗組員を違法漁業で拘束していたが、中国のレアアース禁輸が迫っており、ただでさえ低迷している日本経済がさらに低迷すると報道されると、日本政府は無念にも折れた。激しい外交圧力により、日本は中国船の乗組員を解放した。中国側は「勝利」を宣言し、地域の認識を改めた。貿易を武器に日本への威圧を成功させた中国は、国際社会に衝撃を与えた。それまで対中貿易を恐れる必要はないと考えていたが、突然その考えが正しくないことがわかったのである。

米国政府関係者の多くが不安をもつようになった。米軍を支えるサプライチェーンはどれほど強固なのか。もし中国がレアアースを禁輸したらどうなるのか。将来の戦争に勝つために必要な兵器は生産できるのか。研究調査が行われ、議会での証言が行われた。しかし、誰もその答えを喜ばなかった。バージニア級潜水艦やF-35ライトニングII戦闘機、トマホーク巡航ミサイル、プレデター無人機など、すべてが中国産の特殊鉱物に依存していたのである。そして適当な価格の代用品は見つけられなかった[368]。

中国政府は、積極的な貿易戦略によって国際的なレアアース市場を独占し、米国のほぼすべてのニーズに対応する唯一の供給者となっていたことが判明した。中国の支配力は圧倒的で、カリフォルニア州のマウンテン・パス鉱山（米国で最後に操業していたレアアース鉱山）から採掘されたレアアースにしても米国の製造業で使用する前に中国に輸送して加工しなければならないほどであった。その後十年間、複数の米政権がこの問題に取り組んだにもかかわらず、実際には何も行われなかった。[369] 現状維持のための市場誘因が強力すぎて、状況を変えることができなかったのである。

中国の戦略家の頭の中では、重要な材料の市場を支配することは、二十一世紀のハイレベルの争いで、どの超大国が勝利を収めるかに関わることなのである。それはすなわち、中国共産党が最終闘争を制するかどうかということである。中国の政治エリートは、レアアースをそのための重要な手段と位置づけている。中国のプロパガンダでは、レアアースを「六大新技術群」の「戦略資源」と呼んでいる。この競争領域の一つが「バイオメディカル技術」であり、医療検査キットや健康センサー、医薬品などの製品である。また残りの「情報技術」「新材料」「新エネルギー」「宇宙技術」「先進造船」などの分野でも、レアアースを大量に必要とする。[370]

中国国営メディアによると、レアアースの用途は五年ごとに飛躍的に進歩しており、新しい発明の六つに一つはレアアースが関わっているという。[371]

中国軍部は、レアアースは戦略的な競争領域であると主張している。人民解放軍は、レアアースを「国家の安全を守り、現代戦に勝つためにとくに重要な戦略的鉱物資源」と宣言する記事を発表した。[372] さらに、レアアースを「国防の生命線」と呼び、こう宣言している。「この戦略的資源をめぐる国家間の争いは、ますます激しくなっている。だから、この戦略的な鉱物資源に対する保護と管理を強化しなければならない」と訴えている。[373]
中国の統治者たちは、世界のレアアース市場を死活問題であると考えた。その危機感は、一連の中央集権的な計画に発展した。レアアースは「中国製造二〇二五」という、不公正貿易慣行を制度化した政策によって米国のハイテク産業と経済リーダーシップを打ち負かすという計画の一部となっている。[374]レアアースは、北京の一帯一路戦略および科学技術五カ年計画でも強調されている。これらの計画では、レアアースを使って未来技術を開発し、中国の継続的な経済成長と急速な軍事力増強の基礎にすることを想定している。[375]
習近平の監視下で、中国共産党は中国経済の大部分を軍事化した。ここでも、レアアースは重要な役割を果たしている。[376]レアアースは中国の軍事産業が製造するほぼすべての近代軍事システムにある電子機器の製造に使用されている。ステルス戦闘機や巡航ミサイル、潜水艦、スーパーコンピュータ、レーダーなどは、すべてレアアースを使用した部品で構成されている。また、レアアースは中国の急増する核兵器製造に不可欠な物質でもある。
厦門でのBRICS首脳会合の翌年、名門の厦門希土類鉱物研究所が、中国軍のために大規模な核工学プロジェクトを請け負うことを発表した。[377]それ以上の詳細は明らかにされず、その後三年間、中国の原子力事業については、ほとんど語られることはなかった。二〇二一年に米国の研究者が、中国が大規模な核兵器増強の只中にあることを示す衛星画像を公開した。その中には、大陸間弾道ミサイルのサイロを新たに何百基も掘るというプロジェクトも含まれていた。中国の軍備には、ワシントンまで届くミサイルを搭載した超大型トラックランチャー、次世代弾道ミサイル搭載潜水艦、ステルス戦略爆撃機などがあり、いずれも都市を破壊できる高性能な核弾頭を運搬するためのものであった。[378]

二〇二一年夏、人民解放軍はそれまで理論的にしか可能だとされてなかった、軌道上を回ることができる超音速ミサイルのテストを行った。このテストは、そのようなものを見たことがなく、どのように機能するのか「見当もつかない」と米国諜報機関に衝撃を与えたと伝えられている。[379] 優秀な中国のエンジニアのグループは、他の誰も達成したことのないことを成し遂げた。しかし、彼らは自分たちだけで成し遂げたのではない。じつは、米国の助けがあったのである。

第八章

優秀な人材の取り込み

「中国共産党が成立して以来、共産主義の実現は党の最高の理想であり、究極の目標である」[380]

——習近平

中国政府の見解では、並外れたことをするには並外れた人材が必要であり、大国間の争いは人材の奪い合いにほかならない、人材がいなければ「水のない泉、根のない木」と同じである。[381] この論理は直截的で説得力をもつ。優秀な人材を擁する国が、長い目で見ればより大きな力を得ることができる。二〇一八年新華社通信は、習近平が国際戦略競争の決め手となるのは人材だとの指示を発表した。中国が世界のトップの頭脳を狙い、採用し、保持することができれば、他のすべての国に勝利する国家となるだろう。[382]

これは新しい考え方ではない。中国共産党は長年、自国民の教育と育成を優先してきた。しかし、習近平の支配下になって、外国の専門家を積極的に採用するようになった。[383] 習は自分を偉大な人物、中国の運命を変える歴史的指導者、世界秩序全体を作り変えることができる人物だと考えている。しかし、習近平は自分一人の力でそれができるとは考えていない。中国共産党第一九回全国代表大会での三時間に及ぶ演説で、習近平は「人材は中華民族の復興と国際競争における主導権を獲得するための戦略的資源である」と宣言した。[384]

中国共産党は、優位性を獲得し、維持するのに必要なグローバルな頭脳を獲得するために、

「千人計画」を利用した。これは、世界中にいる天才を中国に採用するために、中央組織部が組んだ数十年にわたる人材招致プログラムである。中国を訪問し講義を行い、さらには中国に住み仕事をするよう、対象となる人物には特別な給与とロックスター級の特典が提供される。中国政府は、優秀な人材を味方につけるためには何でもする。二〇〇四年には、ノーベル物理学賞とアインシュタイン・メダルを受賞した米国の著名な科学者が、若く美しい大学院生に誘われて中国に移り住んだ。その女性、翁帆は科学者が清華大学を訪問した際に通訳を務めていた。彼がストーニーブルック大学に戻るとラブレターを送った。[385]

その米国人科学者は、フランク・ヤンである。彼は、世界初の原子炉を発明したエンリコ・フェルミと水爆の父と呼ばれるエドワード・テラーから指導を受けた。[386] 翁はヤンに対して自らをインセンティブに、中国に永住するよう説得した。結婚したとき、彼女は二十八歳だった。彼は八十二歳で、彼女の五十四歳年上だった。[387] 驚いたことに、彼は米国籍を捨て、中華人民共和国に忠誠を誓った。[388] ヤン博士は新華社通信に「彼女は私に若いエネルギーを与えてくれる……私は以前より一〇倍有名になった」と語っている。[389] 二〇二一年九月二十二日、彼は北京で百歳の誕生日を祝ったが、その日習近平から花籠とお祝いの言葉が届いた。[390]

中国政府は、人材招致プログラムの対象となったほとんどの米国人の身元を明らかにしていないが、外国人専門家が配属される組織の一つが、中国の核兵器プログラムの一部であり、中国中央部の国家レアアース開発地域だということはわかっている。[391] 人民解放軍の内部資料は、中国共産党の軍事的宇宙開発や核兵器生産目標を推進するために国際的な科学協力を呼び掛けている。

「私たちは、プラットフォーム（中国共産党の専門用語でフロント企業のこと）を積極的に利用し、軍備のための技術研究開発を強化する。民生宇宙領域と核領域での国際協力を推進し、国防領域での先端技術の獲得と吸収、再創造を強化する。我々は、防衛産業の作業部門が共同研究所や共同技術センターなどの分野で国際協力を確立するのを支援する」[392]

二〇一七年に発行された中国共産党政治局の公式文書は、中国の人材確保戦略を中国共産党の軍事近代化計画に明確に結びつけている。[393] 中国の計画文書によれば、中国に渡った優秀な科学者や技術者は、計画的に国営の兵器研究所や工場の従業員とされ、中国共産党や政権の治安機関のために装備を生産することになったが、これはおそらく彼らが予期していなかったことであろう。[394] ノーベル賞やその他の国際的な賞の受賞者は、中国政府がとくに求めている存在である。中国に一度わたると、参加者は共産党独裁国家が高い戦略的優先度を設定しているプロジェクトに貢献することが求められる。[395]

プリンストン大学の米国人教授、アンドリュー・チーチー・ヤオ博士も中国政府の採用候補の一人だった。二〇〇〇年にヤオ博士は計算機科学における多大な貢献を評価され、チューリング賞を受賞した。[396] チューリング賞は、世界初の汎用コンピュータの発明者であり、人工知能の父である英国人アラン・マティソン・チューリングの名を冠している。チューリングの人生は秘密に包まれていたが、後にチューリングが第二次世界大戦中にイギリスの諜報機関で働き、ナチスの暗号通信を解読し、早期終戦にきわめて重要な役割を果たしたことが明らかになった。[397]

チューリングと同様、アンドリュー・ヤオは、暗号の作成と解読に関して非常に優れていた。彼の受賞は、「計算複雑性理論に基づく擬似乱数、暗号理論、通信複雑性などの計算理論への基本的な貢献に対して」であった。[398] 二〇一五年、彼はフランク・ヤンとともに、正式に米国への忠誠を放棄し、中国国籍を取得した。二人とも清華大学に就職し、中国政府が運営する中国科学院に入った。[399]

別の採用案件は違った結末を迎えた。二〇一八年十二月一日、バンクーバー国際空港でカナダ警察は、中国のハイテク企業ファーウェイ社の最高財務責任者である孟晩舟を、米国のイラン制裁違反の容疑で逮捕した。その同じ日、中国共産党の「千人計画」で招致された米国の超一流教授が、シリコンバレーで謎の死を遂げた。[400] 張首晟（ちょうしゅせい）は才能ある量子物理学者で、ノーベル物理学賞の候補といわれていた。彼の研究は、これまで知られていなかった物質の状態を発見することにつながり、ファーウェイ社などの企業が求める最先端マイクロチップの製造に欠かせないものとなっていた。[401]

二〇〇八年に中央組織部の手配で清華大学に籍を置いた後、スタンフォード大学に戻り、ベンチャーキャピタルのデジタル・ホライズン・キャピタル社（DHVC、旧称Danhua Capital）を設立した。[402] 同社は中国の国営企業であるZDG（中関村発展集団）のために、シリコンバレーにおけるインキュベーターの役割を果たし、才能ある科学者やイノベーター、エンジニアに資金を提供し、中国で働くよう勧誘していた。[403] 中国政府は、グーグルやフェイスブックのような次世代の巨大企業に対して影響力をもちたいと考えていた。そして、スタンフォード大学や近隣のキャンパスで開発されていた破壊的技術にアクセスしたかったのだ。

二〇一八年までに、張の会社は一一三社の米国企業に資金を提供していた。そのほとんどが、バイオテクノロジーや人工知能など、中国政府が戦略的優先事項の対象とする技術の商業化をめざしていた。アリババやバイドゥなど、中国共産党と強い結びつきのある中国大手企業はZDGに多額の投資をしていた。張教授は二〇一四年に九一〇〇万ドル、二〇一六年にはさらに二億五〇〇〇万ドルを調達した。[404] 彼のベンチャーキャピタルの受け皿の一つが、ファーウェイ社に技術提供する企業であった。[405]

張教授がこれからも限りない成果を生むと思われた矢先、あらゆることが解き明かされた。中国共産党によるシリコンバレーへの浸透に関する米国政府の報告書の中で、彼の会社が取り上げられたのだ。その一週間半後、彼の遺体が短いメモとともに発見されたが、それは自殺を示唆するものだった。そのメモにはうつ病と闘っていると書かれていたが、中国の工作員が関与していたとの見方もある。[406] 妻は警察の捜査員に、死の三週間前に中国を訪問し、帰国後は「多くの不安を抱え毎晩のように不眠に悩まされていた」と語った。[407]

二〇二〇年にＦＢＩのクリストファー・レイ長官は、中国共産党が米国で「キツネ狩り作戦」と呼ぶ秘密活動を展開していると記者に語った。この作戦は、中国政府が国家の安全に対する脅威と認識した中国人の所在を突き止め、追跡、排除する世界的なキャンペーンの一部であった。中国の工作員は、非合法な手段で被害者を中国に帰国させるか、そうでない場合は自殺に追い込む。レイ長官はこう述べている。

「キツネ狩り作戦は、習総書記と中国共産党が、米国をはじめ世界中で、政権の脅威と見なされる中国人を標的にした大掛かりなものである……その対象者が見つからないと、中国政府は使者を送り、米国内の被害者の家族を訪ねさせた。そして彼らが伝えたメッセージというのは、対象者の選択肢は二つ。速やかに中国に帰国するか、自殺するかだ。もし対象者が中国への帰国を拒否したら、どうなるか。米国と中国にいる彼らの家族は脅迫や抑圧を受け、中国にいる者は見せしめのために逮捕されたことさえある。これらは、責任ある国家がとる行動ではない。むしろ、組織的な犯罪組織の行動である」[408]

二〇〇八年に中央組織部が発表した千人計画に関する文書には、中国に行くことに関心のない（あるいは非協力的な）標的の個人を「特別な方法」で捕獲すると記されている。要するに中国の工作員は要求を強要していた。[409] 中国政府の計画者たちは、あらゆるシナリオを想定していたのである。

張教授の悲惨な例は特別なもののように見える。しかし、ＦＢＩの証言や中国共産党の文書によれば、テロ戦術に依存する体制では、彼の経験は当たり前のことだったようだ。もし彼が一人で死んだとしても、彼には多くの犠牲者の仲間がいた。二〇一八年、中国共産党の公式サイト「千人計画」がウェブから消える直前、中国政府は海外から八〇〇〇人以上の専門家の獲得に成功し、中国政府と軍部が選んだ一一五の事業体に配属されたと発表した。[410] スタンフォード大学のシンクタンク、フーバー研究所が発表した研究論文は、米国から三〇〇人以上の政府の人材と六〇〇人の民間企業の人材が採用されたと報告している。[411]

同化

この「千人計画」は、数あるプログラムの中の一つに過ぎない。中国の十カ年計画（二〇一〇―二〇二〇）では、華僑や外国人専門家の頭脳を獲得することが最重要課題とされ、国際的に深いつながりをもつ四万人のエリート科学技術専門家を中心に三八〇万人の研究者を生み出すよう党と国家に命じている。さらに、この計画では、世界市場で競争するために必要な四二〇〇万人のビジネスマンの確保が設定された。最も重要なのは、中国共産党が一〇〇人の戦略専門の超エリート幹部を作ることである。中央から選ばれた億万長者は中国の巨大企業の経営に携わり、フォーチュン誌の世界トップ五〇〇社への仲間入りをめざすことになる。[412]

この長期的な人材計画では、絶対的な忠誠心を確保するために、中国政府の役人が超一流企業への影響力を深めるための「革新的な方法」を磨き、それによって国家の安全を守ることが求められていた。[413] 企業のCEOが政府の指示に従わなくなったり、一線を越えたり、スキャンダルに巻き込まれれば、中国政府はためらいなく逮捕や、企業の廃業や合理化を進め、巨大な富を破壊する。[414] 体制にとってトップダウン型の支配を維持することは、経済的な配慮よりも重要なことである。それは世界を支配するという、壮大な戦略の一環だからである。

『中国の特色ある大国外交』という教科書によれば、偉大な頭脳を中国の進路に引き入れることは、政権のより大きな目標と密接に関係している。

「科学技術や製造業の革新には、技術や人材、資本、市場へのアクセスが必要である……中国は長い間、開放経済の国々から恩恵を受けてきた。国際協力を強化し、他国を開放し、自国を開放するためには、そのイニシアティブを維持することが必要である。習近平は、科学技術革新における中国の国際協力のレベルを高めるために、『他者を迎え入れ』、『自らを送り出す』ことによって、世界のイノベーション・ネットワークに同化する必要があると述べている。これによって、中国はイノベーション能力を維持、向上させることができる」[415]

中国の世界戦略は、中国政府が米国主導の資本主義システムから搾取できるような略奪的な経済政策がうまくいくかどうかにかかっている。その仕組みは次の通りである。一方で中国の国有企業は開放的な資本主義体制を利用して、米国の競争相手を攻撃し、人材を引き抜き、独自技術を盗み、経営ノウハウを獲得し、最終的に競争力を低下させる。他方、中国政府は、中国市場において外国企業が安定的な地位を得られないように、官僚主義と保護主義の大きな壁を築いている。

中国に会社を移した米国人経営者は、地元の共産党が支配する企業と合弁会社を設立させられる。これらの共同経営は最初は、時には気持ちが舞い上がるほどの利益を上げる。しかし、外国企業は計画的に侵され、操られ、堕落していく。そして最終的には、中国共産党の支配下にある企業に買収されるか、金融面で破壊され、かつて米国企業が市場シェアを誇っていた分野を巨大中国企業が支配する。レイFBI長官はこう言っている。「中国は、我々のデータや個人情報を狙う巧妙なサイバー攻撃から、我々の知的財産や企業秘密を狙う経済スパイまで、さまざまな法律や規範を破っている。そして、その情報を利用して、世界の舞台で影響力をもち、経済的・政治的な力を得ている」[416]。

その結果の一つは、かつて米国企業が製造していたレアアース製品を、現在では中国の軍産複合体が製造していることである。中国政府の戦略の結果は、驚くべきものであった。中国は現在、世界最大のレアアース備蓄国であり、知られているレアアース鉱物をすべて生産できる唯一の国である。中国は世界市場の首根っこをつかまえており、米国やその同盟国は危険な依存関係に陥っている。[417] 冷戦時代、米国がこれらの鉱物の世界最大の生産国であったことを考えると、これは驚くべき展開である。[418] 中国は世界最大の輸出国であるが、国内生産品の巨大な消費国でもある。[419]

米国の指導者や国家安全保障の専門家にとって、中国による医療安全器材やレアアース鉱物の独占は大きな意味をもつ。同じような基本戦略が、グリーンエネルギーから航空、通信、自動運転車まで、将来のテクノロジーと経済成長のあらゆる推進力に用いられている。ライバル社と違って、中国企業は利益を上げる必要がない。中国企業は中国共産党の機関であり、国や軍からさまざまな形態の補助金をもらっている。また、国際法に従う必要もない。必要なのは中国政府の命令に従って、海外の競合他社を追い抜くことだけである。対抗策がない限り、これは中国にとって勝利の方程式であり続けるだろう。

サプライチェーンによって、中国政府と軍部は他国の弱点を発見した。医療機器やレアアース製品は、米国の社会と経済にとって不可欠なものである。しかし、米国の国内生産は衰退している。前述したような中国の敵対的貿易アプローチのため、米国には大きな潜在能力があるにもかかわらず、投資が海外に流出した。その結果、輸入に依存するようになり、無数の命が危険にさらされた。米国が安全保障と繁栄を維持するためには、中国の戦略的成功（と自国の政策の欠点）を認識し、それに従って行動し始めることが不可欠である。

しかし、このような警告が聞き入れられることは少なく、米国が必要とする物資を信頼できる提供者から仕入れるようにすることはあまり進んでいない。[420]そのため米国、とくに米軍は不安定な状況に置かれている。中国当局は、米国の国益を損ねるためにあらゆる手段を講じてきた。[421]政府指導者は、我々にとって必要不可欠な材料を中国政府が支配し拒否権をもっていることに対して何らかの策を講じるのだろうか。米国の製造業を優先し、国内での投資や生産、備蓄を奨励することは、一つの選択肢である。民主的な同盟国や志を同じくする友好国との貿易圏を形成することも一つの選択肢である。しかし、このような改革がいつ実現するかは、まだわからない。

ウォール街を赤く染める

二〇二〇年十二月八日、米国務省が異例のファクトシートを発表した。それは、政府の報告書がメディアに最も大きな影響を与えるとされる火曜日であった（国務省が何かを隠したいときは、週末を控えた金曜日の午後に発表される）。このファクトシートは、中国の政府や軍、諜報機関と提携し、かつニューヨーク証券取引所に上場している中国企業の長いリストであった。これらの企業は、米商務省や国防総省から「悪質な企業」というレッテルを貼られていた。しかし、このファクトシートが示すように、上場に必要な透明性を高めるだけでは、悪質企業が米国の金融市場に進出することを制限できなかった。[422]

中国の経済安全保障の専門家、デレック・シザーズは二〇二〇年までに米国の対中投資は一兆ドルを超えていると推計した。[423]貿易戦争が米中を「デカップリング」させるという通説とは裏腹に、実際にはトランプ政権時代に五〇〇〇億ドル以上の米国資本が中国国債に流入していたのである。[424]二〇二〇年までに、米国の最大手上場企業はすべて中国に多額の投資をしており、連邦政府の請負業者、州の年金制度、投資信託業者、大学の寄付基金も同様である。[425]

中国政府はウォール街に対する影響力を利用して、米国企業や政府職員、個人投資家の将来の利益を中国政権の安定と成功に結びつけている。国務省のファクトシートは、「米国の国家安全保障に対する中国共産党の脅威は、我々の金融市場にまで及び、米国の投資家に影響を及ぼしている」と述べている。[426]経済の他の分野でも見られるように、ウォール街や他の米国の金融市場はその安全を危険にさらすような搾取のされ方をしている。しかし、彼らは中毒と依存のサイクルを止めることができないようだ。

米国政府にとって解決への第一歩は、この問題に光を当て、民間企業がその脅威を考慮し、それに応じて資本の売却を始めることを期待することである。中国の悪質なフロント企業は、開かれた米国市場に深く入り込んでおり、米国人は中国の国家管理経済システムに大きく投資している。そのため、中国共産党に対してとる措置が米国のあらゆる既得権益に損害を与え、国家安全保障上不可欠な米国経済自体の健全性を損なうことを、米国政府は懸念している。政府指導者の目には、投資家が間違った賭けをしたときに罰するよりも、情報を与えるほうが賢明だと映る。

もちろん、それがうまくいかない場合は、より厳しい措置がとられる。連邦政府は、米国で株式を公開している中国企業に対して立ち入った監査を行い、中国共産党とつながりのある企業を上場廃止にすることができる。連邦政府は、米国国民が敵対的な外国組織に投資することを禁止する法律を施行することができる。また、技術やメディア、運輸など、機微な産業への中国の投資を制限することができる。適用可能な権力手段は数多くある。しかし、どの手段も、選挙で選ばれた政治家が強いジレンマに直面し、痛みを伴う駆け引きを行い、強力なロビー活動を克服する必要がある。[427]

その間も米国の投資家は、中国の軍備増強と大量監視・抑圧・大量虐殺のシステムを支援する中国企業に自由に資金を流し続ける。[428]ウォール街の企業は、中国企業がもつ不当な優位性をよく理解し、多くの場合、だからこそ中国の継続的成長に賭けている。中国企業が対中投資（および重要なサプライチェーンや技術インフラの海外移転）を可能にしてきた規制の隙間を埋める法案を立法化しようとしたとき、企業団体は法案に反対するロビー活動を展開した。米中経済委員会のスポークスマンは、現在の輸出規制は国家安全保障を確保する上ですでに十分であると述べている。[429]

ホワイトハウスの国家安全保障会議の高官は、しばしば親中派経済界と意見を異にする。しかし、中国政府が提供する寛大な税制優遇措置や補助金は米国企業や投資家に、将来の地政学的優位に必要な重要技術の支配を狙う中国共産党を支援させる金銭的インセンティブを与えており、それに対抗できる見通しはほとんどない。[430]米国では、企業経営者は株主利益を最大化する責任を負っている。つまり、合法である限り、儲かるところに行くしかない。中国政府のアプローチの天才的な点は、中国政府が西側の資本家を陥(おとし)れ、国際共産主義を無意識のうちに支えさせているることである。中国共産党の未来計画の土台作りに貢献している中国企業は、ニューヨーク市場で最もホットな銘柄でもある[431]。

本稿執筆時点では、ウォール街とその顧客は熱心に中国に、ひいては資本主義と民主主義の最終的な崩壊に投資し続けているのである。米国のビジネス・リーダーが抑圧的なシステムから利益を得ようとするのは、珍しいことではない。シリコンバレーの大企業は、技術的権威主義を進めるビジネスに積極的に取り組んできた。何十年もの間、彼らは中国共産党が中国の一党独裁を維持するために必要な監視と検閲の道具を開発し、販売してきた。

シリコンバレーに住む人々にとって幸いなことに、それらの技術が米国で同じように利用されることはなかった。果たして、そうだろうか。米国のプログラマーが中国政府に売り込んだ素晴らしいアルゴリズムが武器となり、自分たちの家庭や家族、自由や解放に対して向けられる可能性はないのだろうか。米国は監視国家の悪夢に迷い込むことになるのだろうか。

第九章

中国のインターネット戦略

「ここ二、三年の間に我々が開発した技術によって、我々の世代で共産主義を実現することができると思うようになった」[432]

——劉強東 JD.com CEO

クリスマス商戦の熱狂がピークに達した頃、国土安全保障省のチャド・ウルフ長官代理が、多くの米国人の買い物リストに載っていたある品目について、驚くべき事実を公にしたのである。「国土安全保障省は、中国メーカーのTCLなどを審査している。TCL製のテレビにはサイバー攻撃とデータ侵害のためのバックドアが設けられているのを発見した」[433]。二〇二〇年十二月二十一日に発表されたウルフ長官代理の発言は、このメッセージが意味する広い影響を考慮すると、驚くほどメディアの注目を集めなかった[434]。

TCL社は時価総額九八〇億ドルの世界的巨大エレクトロニクス企業である[435]。TCL社のウェブサイトによれば、同社は世界最大のテレビメーカーの一つであり、米国で最も急速に成長しているテレビブランドである[436]。同社の製品はベストバイやターゲット、ウォルマート、コストコといった大型小売店に並べられている。同社は、映画スターがプレミア上映会に来場したり、手形を残し観光客を喜ばせている、ハリウッドの象徴的なチャイニーズシアターにも名を冠している(現在、この劇場はTCLチャイニーズシアターと呼ばれている)[437]。TCL社は、『エレンの部屋』というトークショーからアメリカンフットボールのローズボウル、ビデオゲームの『コール・オブ・デューティ』からプロバスケットボールのミネソタ・ティンバーウルブズまでエンターテインメント業界全体で信頼できる名前の公式スポンサーとなっている。[438]二〇一六年から二〇二〇年までTCL社はブラックベリーの携帯端末のブランド権を所有し、世界中の企業や政府が機密通信に使用する携帯端末を製造していた。[439]

クリスマスの数日前、国土安全保障省が米国国民に対して、信じられない状況を説明した。ネットフリックスを見たり、ビデオゲームで遊んだり、オンラインで仕事をしたりするときに、自分たちのスマートテレビが監視し、自分たちの画像や会話を中国のサーバーに送信している可能性があるという、それは悪夢のような信じがたいことだった。[440]同省のスパイ担当者が、ジョージ・オーウェルの古典小説『一九八四年』を何度も読み返し、自分のテレビ画面が監視していると妄想しているかのような、不審な響きがあった。

しかし、国土安全保障省のセキュリティ見直しは、担当者からの警告によって引き起こされたものではない。あるマニアックな独立系セキュリティ研究者が、スマートTVに奇妙な技術的不具合を発見し、TCL社に報告したことがきっかけだった。TCL社の担当者に無視された後、研究者たちがこの問題を公表したのは、同社が自分たちの知らないところで、事前の同意なしに自分たちのテレビにアクセスしていたことが判明してからだった。[441]記者から質問を受けたTCL社は、テレビのセキュリティに脆弱性があり、それを修正するパッチを研究者が訴えたように「会社からの予告やデバイス上の説明もない」状態で適用したと認めた。[442]

この遠隔操作による「サイレントパッチ」は、同社がスマートテレビにバックドアを設置したことを意味している。研究者の一人は、「これは完全なバックドアだ。その気になれば、テレビ電源のオンオフ、カメラやマイクのオンオフを完全にコントロールできる」と結論付けている。[443]
TCL社は何も悪事を行っていないとしながらも、「メンテナンス」のために遠隔操作のツールがあると認めた。これらのツールは、カメラやマイクを含む機械を、自社または他者にコントロールさせることができる。[444] TCL社のウェブサイトは遅ればせながらセキュリティ警告を発表し、同社はセキュリティ研究者に感謝し、次のような声明を発表した。

「TCL社は通知を受けると、すぐに調査や徹底的なテスト、パッチの開発を行い、問題を解決するためにアップデートを送信する計画を実行しました……TCL社はプライバシーとセキュリティを非常に重要視しており、とくに独立した研究者が技術システム環境で果たす重要な役割を高く評価しています。私たちは、ユーザー体験の向上に取り組む中で、この問題を提起してくれたセキュリティ研究者に感謝したいと思います。私たちは、消費者に安全で堅牢な製品をお届けすることに全力を尽くしており、これらのデバイスに効果的な解決策を講じていることに自信をもっています」[445]

しかし、その保証や対応、米国の文化や社会に対する影響のすべてにおいて、TCL社は依然として中国企業であった。中国の法律では、同社はいつでも要請があれば共産党の軍や情報組織に協力しなければならない。[446] 国土安全保障長官代理は、「ＴＣＬ社は、世界の電子機器市場で競争するために中国共産党の国家的支援を受け、その結果、世界第三位のテレビメーカーになった」と述べている。[447] ウルフ長官代理は、中国政府が「企業や組織、市民などの中国の機関を利用して、企業の機密データに密かにアクセス、取得し、経済と国家安全保障の目標達成に役立てている例が多数ある」と指摘し、その結果「中国共産党と連携している企業は莫大な利益を得ている」と結論している。[448]

ＴＣＬ社が米国の法律を破ったとか、中国政府とユーザーデータを共有したという証拠はなく、最悪のシナリオを懸念するのは行きすぎかもしれない。とはいえ、米国政府関係者が懸念を表明したのは、これが初めてではない。ブラックフライデー商戦の三日前、二〇一九年十一月二十六日（火）には、ＦＢＩが警告を発している。「あなたのテレビのメーカーやアプリ開発者は、あなたの話を聞き、監視しているかもしれません……悪質なサイバーアクターは、保護されたコンピュータに直接アクセスできないかもしれませんが、保護されていないテレビからルーターを通じて簡単にバックドアに入る可能性があります」。[449]

その一週間後、ＦＢＩはリスクがスマートテレビだけではないという内容の追加通知を出した。モノのインターネット（ＩｏＴ）のおかげで、米国の家庭全体が脆弱になっている。「家の中でインターネットに接続されたものすべて……デジタル・アシスタント、スマートウォッチ、フィットネス・トラッカー、ホームセキュリティ機器、サーモスタット、冷蔵庫、そして電球までもがその対象です」と米国の連邦捜査局（ＦＢＩ）は書いている。さらに、年末の買い物にする「遠隔操作のロボット、ゲームとゲームシステム、インタラクティブな人形、しゃべるぬいぐるみ」まで脅威がある。[450]

　ＦＢＩと国土安全保障省が機密情報を公表しないで、中国企業が危険であることを実証することは難しい。それにもかかわらず、米国の国家安全保障リーダーたちはリスクを回避するという職業上の義務があると判断し、行動をとった。二〇二〇年には、連邦政府において使用禁止の対象となる、ＴＣＬ社のスマートテレビを含む中国のテクノロジー製品のリストが発表された。[451]

　しかし、専門家の中には、この規制はまだ十分ではないという意見もあった。州政府や地方自治体では、政府が禁止を命じた中国製品にまだ税金を費やし、購入している。ホワイトハウスや国防総省が自分たちのネットワークに使用禁止にしたのとまったく同じ電子機器が、まだ全国に広がっているのである。技術コンサルタント会社であるストランド・コンサルト社が発表した報告書では、地方自治体の指導者たちに、「これらの業者の製品がインストールされると、裁判所や警察署、選挙部門、教育部門、児童・家庭サービス、その他の社会サービス事業者・機関が保有する個人情報や財務情報にアクセスできるようになる」と警告している。[452]

『フォーブス』誌の記事に、重要な個人情報が流出することよりも、この国にとって最も憂慮すべきことがあると警告している。ＴＣＬ社製のテレビを置いた刑務所は外部からのハッキングを受ける可能性があるという、コンピュータ・セキュリティ研究者を引用している。[453] これは、プライバシーの侵害や商業機密の流出以上の重大な問題であった。中国政府は、危険な犯罪者を収容している施設に対して壊滅的な破壊工作を行う準備をしているかもしれず、米国人は手遅れになるまで何が起こっているかわからないだろう。

安全保障当局は、急に中国のハイテク企業に米国市場へのアクセスを許していることに懸念を表すようになった。しかし、政府の重要な機能を保護するためのガードレールをどこにどのように設置するかという問題に当局が取り組んでいる間に、一般の米国人が危険にさらされており、自衛すべきなのが明らかになった。ＦＢＩの通達は、パスワードを変更し、ネットワークを保護し、デバイスを定期的にアップデートするよう市民に呼びかけている。「冷蔵庫とコンピュータは同じネットワーク上に置くべきでない。最も重要な機密データは、他のＩｏＴデバイスとは別のシステムに保管しよう」[454]。しかし、もし冷蔵庫とラップトップの両方が、人民解放軍や国家安全部からバックドアの設置を命じられた中国企業によって製造されていたらどうなるか。ＦＢＩはそこまで言っていない。

米国政府内では、インターネットは戦略的競争という観点から考えられるようになっている。インターネットは地政学的に重要な領域であり、国全体に影響を及ぼすものである。しかし、インターネットはまだ一般社会の関心事とはかけ離れているように思われる。しかし、その舞台裏で何が起きているのか、完全には説明されていない。ネットに接続された中国製品が中国政府に利用可能な武器になっていることが、明らかになってきている。[455] 中国政府が自分の家を監視したり、一万キロも離れたところから国税の記録を盗んだりすることが、なぜ一般消費者にとって重要なのか。それで何が変わるのか。

中国語を話す情報アナリストで、ワシントンDC郊外にあるナショナル・インテリジェンス大学で教鞭をとっていたダン・トービンは、この見落としを正そうとした。彼は、中国共産党のネット上での野望が、多くの専門家の想定をはるかに超えていることを知っていた。米中経済安全保障委員会に提出した証言の中で、彼は中国の政権はその権威主義体制を輸出していると書いている。この目的のために、共産党はデジタルインフラを利用して、「グローバルな接続性を北京経由にするよう再配線する」ことを計画しているという。[456]

トービンは一般に入手可能な文書や学術研究といった公開情報を用いて、中国の戦略的意図に関する議論は何年も前に結論が出ているべきだったと主張したのである。トービンが巧妙にいわなかったのは、議論がまだ終わっていないのは米国の中国研究者たちと同じように、議会も基本的な質問や古い議論を繰り返しているため、まだコンセンサスがないことである。[457] 米国式の民主主義と自由の未来は危機に瀕しているのに、何をすべきかについて誰も合意していない。

中国共産党支配の電子機器企業がどのようにして反対派を無力化し、店頭に浸透し、米国の情報エコシステムの中でこれほど強い地位を獲得してきたのか。なぜ、彼らを排除することが難しいのか。そして、もしジョージ・オーウェルの小説『一九八四年』に出てきたような独裁者が実際に存在し、中山服を着ているとしたら、彼は皆のデータをどうするつもりなのだろうか。

奇妙な屋外研修

ある月曜日の朝、習近平は政治局の定例勉強会を、都心にある中国共産党の指導者棟の外で行うことにした。[458] 外は寒く、空も濃い灰色だった。スモッグが立ちこめ、古株が日帰りで出かけるには不向きな天気である。しかし、彼らは出発し、比較的短いドライブの後、中国の最高意思決定機関である二五人のメンバーは目的地に到着した。[459]

政治局の活動については、中国国民にはほとんど知られていない。このときまで、中国の最高幹部はいつも密室で集まっていたのである。このような屋外研修が行われたことはなかった。[460] ボディガードや数人の将軍に付き添われて、最高幹部が外出したのは大きな出来事だったのである。権力と存在感をもつ最高幹部がその場所を選んだことは、さらに重大な出来事だった。

中国共産党が「中国のシリコンバレー」と呼ぶ中関村科学技術園（サイエンスパーク）は、北京北西部の清華大学や中央党校、政府運営の中国科学院の近くに位置する。この地域には、中国で最も有名なビジネス界のスターが集まっている。コンピュータ大手のレノボ、検索大手のバイドゥ、エンターテインメント大手のテンセント、オンラインショッピング大手のJD.com、家電大手のシャオミ、ソーシャルメディア大手のバイトダンス（TikTok、Douyin、Toutiaoを運営）などが誕生した場所である。[461]

この地区には、『フォーチュン』誌の世界五〇〇社に選ばれている企業が数え切れないほどある。マイクロソフトやインテル、ＩＢＭ、グーグルはすべてこの地区にオフィスや研究所を構えている。[462]中国政府は、サイエンスパークがいかに国際的技術エコシステムに深くつながっているかを自慢している。しかし、サイエンスパークには多くの秘密があり、カリフォルニアの自由奔放な新興企業の聖地であるシリコンバレーとはほとんど共通点がない。

アップル社の伝説的な創業者スティーブ・ジョブズは、「Think different」と世界中に呼びかけたが、ここでは成功を収めることはできなかった。サイエンスパークは中国政府による科学技術基地であり、マルクス・レーニン主義によって支配されている。中国には市民社会がなく、中国共産党の支配下にない組織や団体は存在自体が許されない。中国の他のすべてと同じように、中関村の業務は共産党委員会によって監督されており、そのメンバーは長期戦略文書の作成とノルマの達成を任されている。[463]

サイエンスパークはオタク気質の人々が「本物志向」や「独自性」を主張する場所である。地元のカフェの看板には、「あなたが起業家になるまであとガレージ一つ、イノベーションまでコーヒー一杯」と書かれている。[464]現実にはサイエンスパークは体制の延長であり、独自の政治的見解や型破りな気質は厳格に抑圧されている。ヒップスターのような服装に身を包んでいても、中身は主流派のイエスマンで溢れかえっている。ユニコーン企業の創業志望者は、中国共産党に服従しその命令に従わなければならない。中国のＩＴ業界で輝きを放とうとするスター経営者は、政府と軍に仕えなければならない。

何百もの現地テクノロジー企業が機密保持許可を得ており、中国の軍産複合体の主要なプレーヤーである。[465] インターネットに載せられた（しかし後に当局により取り下げられた）権威のある報告書によると、「サイエンスパークの将来は中国軍のニーズによって決まる……国家防衛と人民解放軍が近代化から情報化に進む機会をつかもうとしている」。[466] サイエンスパークの企業は暗号化通信、軍事用ロボット、ビッグデータ製品を製造しており、中国の厳格な社会階層の頂点にある政治局を安全に保つために、政権の監視役が必要とするものすべてを製造していると同報告書は書いている。[467]

中国のビジネスマンに求められる適合性は、権力のトップにも求められている。政治局員による中関村訪問の後、政府は幹部が中関村にいたことを認め、彼らの写真を公開した。その写真には、中国の指導者たちが同じ表情で、同じ服装をしている姿が写っていた。ナイロンジャケットに白いシャツ、仕立ての悪いズボンに擦り切れた黒い靴と、まるで同じ衣裳部屋から出てきたようだ。そして、集合写真の背景は学問のキャンパスというより、映画のセットのようであった。[468]

政治局のサイエンスパーク訪問は、中国の政治劇の最高峰ともいえた。共産党の宣伝部による全体像は、まるでSF映画のようであり、その筋書きが想像できる。顔のない官僚複製機で作られた二〇体の人型ロボットが研究所を抜け出し、デジタル壁面スクリーンが光る洗練された展示ホールを歩き回り、自分の創造主を探そうとしている、まるで冒険ドラマのようだった。[469]

しかし、ロボットのように見えたとしても、彼らは実際には生身の人間であり、彼らの時間と注意力には限界があった。メディアによると、政治局員は中国の科学技術担当のトップからサイエンスパークを簡単に紹介され、無名の幹部や科学者たちから最新の研究成果を聞きながら、きれいな敷地を見学した。そのとき、ビッグデータ分析や最先端のチップについて質問があがった。[470]そして、クラウド・コンピューティングや3D造形製造、ナノテクノロジーなどの分野で何が開発されているかを説明する図に目を通した。[471]その後、VIP専用バスに乗り去ったが、滞在時間は一時間ほどだった。[472]

写真に映る政治局員の姿から判断すると、あまり楽しくない、おそらく退屈な研修だったようだ。[473]中央党校のある職員は、指導者たちの屋外研修は「(中国共産党は) 学習が得意なマルクス主義与党であり、学習する方法を知っており、学ぶことが好きなことを示す素晴らしい革新」であったと主張した。[474]しかし、もし政治局が無記名投票を行っていたら、魅力的な世話人がいる、空気が浄化された暖かい会議場でプライベートな快適さを満喫できる、党本部での会議を選んだと思われる。[475]

党エリートたちは、自分たちの安全のために「特別農場」で作られた食材を食べることに慣れている。[476]また普通は、エリートは自分たちが出向いて収穫するのではなく、研究者が知的な滋養を運んでくることを期待している。[477]党エリートは精密化学よりも、理論的な政治議論を好む。政治局の学習習慣に関する『人民日報』の記事では、「共産主義者はつねにマルクス主義の基本的な教義を重要視している」「（最近の勉強会では）マルクス主義哲学を二回勉強し、マルクス主義政治経済学の基本原理と方法論を学習した」と書かれている。[478]

習近平総書記は、他の政治局員と異なる見解をもっていることがあるが、マルクス主義の適用もその一つであるようだ。習近平は先進技術の力に魅了されており、前任者とは異なり、集団的意思決定には関心がない。中国において「Think different」が許される唯一の人物となった習は、独自の考え方をこれからも進めていくだろう。このサイエンスパーク訪問は、習の想像力を刺激し、活力を与えたに違いない。習が退屈そうな政治局員を案内しながら、興奮気味に身ぶり手ぶりで話し、敷地内を回る様子が撮影されている。[479] 訪問の最後に、習は自分たちが見た科学革命は中国共産党にめったにない戦略機会をもたらした、と語った。[480] この発言が意味することは、後の資料によって明らかになった。

チーム・チャイナ　世界の思想警察

リークされた軍事文書が、政治局の歴史的な中関村視察について言及している。『中国の特色ある大国外交』は、習近平がその日、技術革命が全人類に影響を及ぼすと語ったと読者に伝えている。[481] そして、インターネットを基盤とする新しい情報化時代は、人々の仕事、買い物、生活など、人間生活のあらゆる領域に影響を及ぼすだろう。ここに、共産主義者が待ち望んでいたチャンスが到来したのである。「技術の革新と躍進がより多くの分野に影響を与えるにつれて、生産と人類の経済構造の全面的な再編成を促す力をもっている」と、文書には書かれている[482]。

「どの国も科学技術の領域で熾烈な競争をしている。どの技術革新もこれまでになかったような競争上の優位性をもたらす可能性がある」[483]。同文書は、中国共産党が国際的な生産の食物連鎖の頂点に立つことをめざしており、世界の技術覇権をめざす競争で、中国政府が世界の革新ネットワークに浸透することで勝利すると説明している。中国は国際的な人材と技術を吸い上げ、エリートを取り込み、外国の組織を作り変えるために国外に投資する。その広範囲に及ぶ影響力行使によって、共産党は新しい世界基準を設定し、新しい世界ルールを作り、新しい世界規範を実施する立場となる[484]。

「我々は、世界のインターネット全体の発展を統治するために、中国の思想路線と中国モデルを提供する」と、この文書は宣言している。「大国のリーダーとして、中国には責任と負担がある。これはその現れである」[485]。もう一つの文書、『軍民融合の深い発展の実現』は、中国共産党がインターネットを利用してグローバルな集団を作ることを計画していることを証拠づけている。

「ネットワークと情報技術は、あらゆる方法で社会と生産を統合している。すべての国の利益はサイバースペースで重なり合い、融合している。安全で安定的で、繁栄する、一つに統一されたサイバースペース・ドメイン。これは、どの国にとっても、そして世界全体にとっても、平和的な発展にとってより重要になっている。サイバースペースにおける『運命共同体』は、この時代の発展に対する中国の積極的な答えである」[486]

この文書では、人類のインターネットへの依存はますます深くなっており、中国政府は人類を結びつけ、世界のすべての国がマルクス主義の集団の一部となるように努力すると述べている。中国共産党のウェブ技術は、インターネット・ユーザーがオフラインの状態でも逃れられないほど広範に行き渡る。中国政府が支配する集団と個々人との関係は「ともに栄えるか、ともに苦しむかのどちらかである」と表現している。[487]

情報ネットワークは、現代社会の「中枢神経システム」であり、「人類の生活と生存に関わるあらゆる空間に浸透している」と同文書はいう。このシステムを活用すれば、根本的に異なった世界秩序の到来を早めることができる。「社会全体で仮想空間と実世界が織り交ざっている。客観的にいえば、国際社会はグローバル・インターネットによってつながり、日に日に単一の集団に近づいている」。[488]

もし未来の世界が全人類を一つの生命体のようにするほど巨大なテクノロジーの蔓(つる)によって統合されるとしたら、その頭脳を支配する政府は比類ない権力と影響力をもつことになるだろう。

二〇〇一年、中国の当時の最高指導者であった江沢民は、インターネットを「政治的、思想的、文化的な戦場」と呼んだ。[489] 江にとって、世界的な戦いは国内から始まった。江沢民の監視下で、中国政府は国内外のテクノロジー企業に対して、インターネット上のコンテンツを監視・検閲するよう命じた。
中国共産党は、「グレート・ファイアーウォール」と呼ばれるウェブ情報監視システムを構築し、現在では中国のインターネット・ユーザーがフェイスブックやツイッターといった海外のソーシャル・ネットワーキング・サービスにアクセスするのを阻んでいる。中国共産党が国民に見せたくないテーマのニュース記事や学術論文、ブログは封鎖され、中国国内にいる著者は捕まる。中国政府の秘密警察は、海外の反体制派中国人や人権団体を止められない場合、悪質なサイバー攻撃で攻撃したり、中国にいる親族や友人を逮捕し、圧力をかける。[490] 多くの場合、中国政府は工作員を派遣し、海外にいる対象者を発見し威嚇する。[491]
二〇〇四年、中国国家安全部から、ヤフーのアカウントを使ってニューヨークの人権団体に内部文書を送った中国人記者を教えるよう命じられた（その文書は、天安門事件の六月四日記念日の検閲指示のリストだった）。中国情報機関の圧力により、ヤフーはアカウントの所有者と、メールの内容やアクセスした場所を明かした。その後、このジャーナリストは逮捕され、二時間の裁判の後、「国家機密漏洩」の罪で一年の懲役が言い渡された。[492]
二〇〇七年、当時の中国共産党総書記で中国国家主席の胡錦濤は、政治局の会合においてインターネットで政府のプロパガンダを流し、政権批判者を検閲し、好ましくない異国の思想が広がるのを阻止するという防衛的アプローチは必要だが、それだけでは不十分だと語った。グレート・ファイアーウォールとオンラインでのモニタリングによる、思想警察の攻撃的アプローチが必要だった。胡錦涛は、共産党は「ネット世論を支配する」必要があると述べている。[493] これは拡張主義的な努力である。優位性を獲得するために、中国政府は敵対的な思想が広がる前に、それを粉砕する必要があった。それは、地球上のどこであろうと、その発生地点で攻撃することを意味した。

習近平が権力を握った二〇一二年、中国では「真実」という単語によるウェブ検索が政権の検閲によってブロックされた。エヴァン・オスノスによると、真実を探しているウェブユーザーの画面には次のような告知が表示されたという。「関連法や規制、政策に基づき、『真実』の検索結果は表示されません」。[494] 中国共産党は検閲体制を強化することで、経済発展中においても中国社会の統制を維持することに成功した。中国のインターネットを統制したのは、目覚ましい成果だといえる。しかし、習近平とその仲間たちにとって、これはまだ始まりに過ぎなかった。中国政府は、かつて誰も見たことのないようなネット上の思想兵器を構築している最中だった。

中国共産党はAI技術を開発し、望ましくないコンテンツを発見して抹消し、独自のメッセージを自動的に書き込んで世界に拡散することができるようになった。『AI超大国』の著者、カイフー・リーによれば、バイトダンス社はその関連AI技術やテクニックを習得した最初の企業の一つである。ニュースや情報のプラットフォームである「今日头条（今日のヘッドライン）」（略称「Toutiao」）は、ネット上の「フェイクニュース」を発見し破壊するための特別なアルゴリズムを開発した。そして、偽情報を作成し、流すための特別なアルゴリズムも作成した。二つのアルゴリズムをデジタル上で競い合わせた結果、両プログラムはより強力になり、同社の市場価値は非常に高まった。[495]

二〇一七年にToutiaoはフランスのニュースサイトと、現在TikTokとして知られている中国で大人気の動画プラットフォームの前身であるMusical.lyを買収した。[496] 二〇一九年八月、ワシントン・ポスト紙は、バイトダンス社が「共産党と密接に協力して、中国西部地域、新疆のウイグル族イスラム教徒を検閲・監視していた」と報じた。[497] その直後、英『ガーディアン』紙は、TikTokがユーザーの動画を検閲し、「アプリを通じて中国の外交政策の狙いを海外に宣伝している」と報じた。[498] 二〇二一年、TikTokは米国でのプライバシーポリシーを更新し、「顔写真や声紋など、米国の法律で定義された生体認証の識別子や生体情報を収集することがある」と記載した。新しいポリシーでは、TikTokが「私たちが収集した情報のすべてを、親会社や子会社、その他の関連会社と共有することがある」と述べられている。[499] オーストラリア戦略政策研究所の専門家、サマンサ・ホフマンスは、こう書いている。

「バイトダンス社のプライバシーポリシーによると、『国家安全保障、国防、公共安全、公衆衛生に関わるデータ』であれば、対象者の事前同意なしにデータを共有するとしている。国家安全保障を害する活動の定義は、中国においては恣意的なものである。事実上、国家が望むものは国家が手に入れるということになる」[500]

このような事実が発覚し、会社の評判に傷がついたとしても、それが表に出ることはなかった。二〇二一年後半までに、TikTokの月間利用者数は世界で一〇億人に達したと報告されている。[501]このうち米国では七三〇〇万人が利用し、アプリのダウンロード数は一億六五〇〇万回、米国のモバイルインターネット利用者の約一八％が毎日利用していると推定される。[502]米国の十二歳から十七歳までの若者の六三％がアクティブユーザーだとされている。[503]

テンセントやバイドゥ、アリババなどの中国のハイテク企業も、米国市場に大きく進出している。テンセント社のアプリ「WeChat」は、世界のどの商用システムよりも多くのデータを収集しているとされ、米国の投資家や研究者にとって魅力的な存在となっている。[504]二〇一七年、テンセント社はシアトルにＡＩ研究所を開設し、すぐにマイクロソフトの人材を引き抜き始めた。[505]バイドゥ社はシリコンバレーにＡＩ応用（クラウド・コンピューティングやサイバーセキュリティ）と自動運転技術の二つの研究所を開設し、その後、シアトルにもＡＩ研究所を開設した。[506]

アリババ社は、シリコンバレーとシアトルの両方を含む研究所のグローバル・ネットワークを構築する一五〇億ドルの計画を発表した。[507]同社によると、これらの研究所には、ＭＩＴなどの米国のトップ大学のメンバーからなる諮問委員会があり、カリフォルニア大学バークレー校と共同で研究を行う予定であった。アリババの目的は、「新しい破壊的技術」を発見し、データ・インテリジェンス、モノのインターネット、量子技術などの分野で「次世代技術開発の最前線に立つこと」である。[508]

カイフー・リーによると、中国の技術リーダーはこんなジョークをいうらしい。「ＡＩの研究に関して、中国はシリコンバレーにどの程度後れをとっているのか。答えは十六時間、カリフォルニアと北京の時差だ」というものである。[509] もちろん、このオチの裏には、米国のトップ研究者の研究が、中国政府の管理下にある研究所で即座に利用できるというブラックユーモアがある。米国で最も優秀な教授や科学者、エンジニアの中には、すでに中国企業と直接、あるいは中国企業のために働いている者もいる。また、国際的なハイテク業界のほぼ全員が、中国企業と協力し知識を共有することを望んでいる。その結果、知識の伝達はブロードバンドのスピードで行われるようになっている。[510]

中国共産党は二十年にわたる多大な努力の結果、国内では事実上揺るぎない地位を獲得しているように見える。中国共産党の国内インターネットは強固な要塞であり、そのファイアウォールを破ろうとする者はほとんどいない。そのため、中国政府は攻勢に転じることができ、製品やメッセージを海外に輸出することができる。振り返ってみれば、これは完全に予測できたことである。中国政府が海外のユーザーに「中国の思想路線」と「中国モデル」を受け入れるよう説得することに、また中国政府が外国人を利用して、世界的なデジタル支配を達成しようとすることに、我々は驚くべきではないだろう。結局のところ、どの政府も自国の国益を推進することを目的としているのだから。驚くべきは、自由を愛する多くの米国人がこの取り決めに同意していることである。

第十章

デジタル世界の独裁者

「習近平は、インターネットの破壊的な性格が、民主化の道具から全知全能の支配の道具に反転し得ることを示した」[511]

——ジョン・ガーナウト

中国共産党は、二〇一四年に初めて世界インターネット会議を企画・開催した。上海郊外にある、歴史的な水路や運河で知られる烏鎮（うちん）という町が開催地に選ばれた。この会議は大成功を収め、以来毎年同じ場所で開催され、その範囲や規模、影響力を拡大している。この会議のおかげで、烏鎮のおしゃれなホテルやカフェには、中国政府や軍、情報機関の関係者や、イーロン・マスク（テスラ社、スペース社）、ティム・クック（アップル社）、スンダー・ピチャイ（アルファベット社、グーグル社）といった億万長者の経営者など、海外のハイテクのスターが日常的に集まるようになった。[512]

習近平は、この会議を個人的に非常に重視しており、毎年、公の場に姿を現すスケジュールにこの会議を組み込んでいる。習に会いたい経営者にとって、これほど都合のよい場所はない。習近平は創設時の会議で基調講演を行っており、その後も直接出席するか、特別な代理を通じてメッセージを送っている。[513] 習によれば、このフォーラムの目的は彼のマルクス主義の未来像を推進することである。「サイバースペースにおける運命共同体とは、運命共同体をサイバースペースに拡張・発展させることである。サイバースペースは、運命共同体の背後にある考え方を実践するための重要なプラットフォームとなりつつある」。[514]

二〇二一年、インターネット会議のテーマは「デジタル化の新時代へ――サイバースペースで未来を共有する共同体を構築する」であった。中国共産党の公式メディアは、九六の「国と地域」(「地域」は台湾の代表団を意味する)から出席した二〇〇〇人の代表に加え、三〇〇〇もの「著名企業や組織」も集まったと報じている。[515]ちなみに、その数週間前にニューヨークで開催された世界最大の年次首脳会議である二〇二一年国連総会には、八三人の首脳しか参加していない。[516]

このイベントでは、テスラやインテル、クアルコム、シスコシステムズの著名なCEOが発言した。このイベントは、習近平がインターネット政策の支配と、自分のイデオロギー的な影響力強化のために結成した新しい組織、中国共産党中央サイバーセキュリティ・情報化委員会が主催したものである。[517]

イーロン・マスクは、同会議に向けた録画ビデオメッセージの中で、次世代IoTが世界中の人々の生活を一変させると信じていると述べている。とくに、AIを活用しネットにつながる自動車が重要となるだろうし、中国がその変革の最前線になる。マスクは、「中国は自動車産業などさまざまな産業に最新のデジタル技術を利用するために多くの資源と努力を費やしており、中国はデジタル化における世界的リーダーとなっている」と語った。[518]テスラ社は中国にデータセンターを建設したが、現地の法律に従って同社が中国で集めた個人識別情報は海外に転送せず、中国国内に安全に留めるとマスクは約束した。最後に、「テスラは今後も中国への投資と研究開発を拡大していく。テスラは、利益と責任、ガバナンスを共有するデジタル化された未来の構築に貢献したいと願っている」と語った。[519]

シスコのCEOであるチャック・ロビンスは、フォーラムにオンラインで登場し基調講演を行った。「シスコは過去三十年間、中国の発展に貢献してきたことを光栄に思っている」「AIやビッグデータ、クラウド・コンピューティング、エッジ・コンピューティング、モノのインターネットなどの技術が過去二、三十年の間に急速に発展し、我々は深く結びついた世界に生きている」[520]、中国におけるシスコの活動が中国政府から「サイバースペースにおける未来を共有する共同体構築の最善例として表彰された……その栄誉に感謝したい」とロビンスは語った。そして、シスコは「習近平主席のサイバースペースにおける未来を共有する共同体構築というコンセプトを共有している……我々はまさしくデジタル文明の新時代に突入している」と視聴者に伝えた。ロビンスは、「シスコは建設的な米中協力のモデルとなるべく、できる限りの努力を続けていく」と述べた。[521] 彼の発言は、中国共産党が運営するプロパガンダのプラットフォームで歓迎された。[522]

習近平は世界インターネット会議に書簡を送り、開会式で特別代理が聴衆に読み上げた。「中国は世界の他の国々と協力して、人類の進歩に対する歴史的責任を共同で担い……デジタル政府の有効性を高めることを望んでいる」。習の書簡では、中国は「デジタル文明がすべての国の人々に利益をもたらし、人類が未来を共有する共同体を育成する」ことをめざすと述べている。[523]

二〇二一年世界インターネット会議における習近平の発言は、その数日前に北京のサイエンスパークで開催された中関村フォーラムでの演説と密接に関連している。[524] そのイベントでは、「フォーラムの出席者が深い意見交換と英知の結集により、世界の科学技術革新の発展と……人類運命共同体の構築のために識見を提供してくれるのを望む」と習は述べた。[525]

習近平の演説（および習近平の思想に関する公認の著作）によれば、中国政府は世界技術フォーラムや協力的な外国企業、国際研究プロジェクトを、その世界戦略を推進するために不可欠なものと考えているようである。順応性がある米国経営者の演説もいいが、共産党の利益になる現実的な行動に結びつかなければ意味がない。二〇一六年、中国政府はアップル社のティム・クックCEOに、中国での事業を継続するために五年間で二七五〇億ドルの契約を結ぶよう強要したと報じられた。

この強要された契約の内容は、二〇二一年十二月七日に明らかにされた。その中でアップル社は、中国政府の研究プログラムを支援し、米国のライバルと直接競合する中国のハイテク企業に数十億ドルを投資することに同意させられた。さらにアップル社は、中国共産党が管理する供給者からの部品やソフトウェアを自社のデバイスに多く使用することに同意し、中国政府が管理する企業や物流ラインへの依存度をより高めることになった。[526]

中国政府は、テスラやシスコ、アップル、その他の米国企業を中国共産党の支配下に引き込んでいた。習近平の計画では、これらの企業を中国にとどめ、吸収し、その創造性を栄養にすることで、世界の政治情勢を変化させることをめざしていたのである。

「デジタル経済は世界経済の重要な構成要素である……世界のあらゆるインターネット企業にとって最大の海外市場である中国は、すでに世界との関係を構築しており、それによって、彼らは我々に同化し、我々は彼らに同化しているのである。我々は、共通の運命共同体へと深く融合しつつあるのである」[527]

『軍民融合の深い発展の実現』という文書では、中国が支配する情報技術は「人々の生活や社会統治、経済発展、科学技術、革新に浸透している。インターネットは、中国の経済発展における輝ける新分野として急速に発展している。世界経済を作り直す新たな力である」[528]と述べられている。

この文書は、サイバースペースは公平な競争の場ではなく、インターネットに平等主義はないと論じている。インターネットの中核技術やインフラを支配する国は、世界中のユーザーに対する技術資源の配分を決めることができる。支配的な国は自国が特許をもつ機器を使って市場をコントロールし、独占やカルテルを形成する。支配国がルール設定機関を組織し、サイバー空間の規範を決定する。支配国はインターネットを使って世界の動向を操作し、世界中の人々の考え方に影響を与え、誰もが真実だと信じるものを支配する。[529]

この文書は、インターネットが中国に多大な機会を提供することを示す一方で、中国が優位に立たなければ、政権に何が起こり得るかをも浮き彫りにしている。中国共産党が警戒を怠れば、敵対する外国人が中国に侵入して、個人情報や機密情報を盗み、金融犯罪を行い、電力網を麻痺させ、民主化運動を煽ることさえあり得るのである。「米国の中央情報局（CIA）はあらゆる隙を突いて、世界中のスマートフォンやノートパソコン、デスクトップパソコン、さらにはスマートテレビ、ネットワーク対応車を監視している」と人民解放軍の教科書には書かれている。「我々のサイバースペース・セキュリティにおける使命は重く、その道のりが長いことをさまざまな事例が示している」と説く。[530]

『中国の特色ある大国外交』という文書も同様の主張をしている。同書は、将来の技術が人間の経験のあらゆる瞬間を包み込み、技術の発展は連鎖反応を引き起こし、その結果、社会的衝撃が起こり世界中に激変をもたらすと予測している。国も、企業も、個人も、中国の技術革命に飲み込まれる。[531] 中国共産党は覇権と完全に安全な状態をめざして競争するしかないという。「大多数の新技術の領域で、中国は重要なリンクを制御し、支配しなければならない」[532]

この文書では、ロボット工学を典型的な事例として紹介している。「習近平は、中国によるロボット技術の適応に大きな関心を寄せている。習は、中国がロボットの世界最大の市場になると考えている」と述べている。[533] 同書は、「中国のロボット技術を向上させるだけではなく、市場を支配するために最善を尽くさなければならない。中国は、国家科学技術重点革新分野において、ロボットとスマート製造業を優先させる」と述べている。[534] しかし、ロボットが政権の指示とイデオロギーに忠実であることを保証するにはどうすればよいのか。

「情報技術に基づくインターネットという重要なインフラをコントロールし、その使い方をコントロールしなければならない。そうすれば、各経済領域の大規模な再編成と更新を実現できる」[535]。

そのために、中国政府は世界の科学技術の発展を追跡し、完全に支配することをめざしている。

「我々は外国に追いつき追い越し、重要技術分野におけるギャップを埋め、比較優位を確立するために努力してきた。（付加価値を尺度にした）バリューチェーンでの地位は、比較優位性によって決まる。国際的なバリューチェーンの頂点に立つかどうかは、比較優位性によって決まる」[536]。

中国のエレクトロニクス輸出やデジタルインフラ取引、他の世界的な技術生産の中心地との連携は、世界の政治情勢を変えることに成功したとされる。そして、中国共産党は今後も拡大を続ける予定である。


「イノベーションは国際協力に依存する。情報技術の進歩とグローバル市場の形成により、世界はすでに統合されている。どの国も、どの地域も、どの生活領域も、外からの要求から逃れられない。中国が集産化によって長期的な利益を得るためには、より広い網を張り、あらゆる方法で国際協力を強化する必要がある」[537]

中国共産党はインターネットを征服し、かつて競争相手であった市場アクターを中央集権的な集団に同化させる過程にある。「中国政府は、アップルやフェイスブック、グーグルを求めてはいない。中国政府は、アップルとフェイスブックとグーグルを統合したようなものを中国共産党の一部にしようとしている」と、エミリー・デ・ラ・ブリュイエールとネイサン・ピカルシクは中国共産党の技術政策についての報告書で述べている。[538] 中国政府は、自国の企業が大規模に拡大し、外国の挑戦者を吸収することを意図しており、米国のライバルをまさに征服することを目的として協力するのである。

プラグイン

中国政府や軍の文書を調べると、中国共産党の内部を見ることができる。組織や物質的な力を外側からではなく、その考え方や腹の中を見ることができる。これにより、少なくとも共産党が何を考え、何を感じているのか、何が共産党を動かしているのかがわかる。中国共産党がその思想と影響力を世界に広めるために、最先端技術の力を利用していることは明らかなようだ。ネットワーク化されたインフラは、個々のユーザーに力を与えるというよりも、とくに超高速で接続性が高まっている時代においては、依存的で従順な、同化した世界を形成するために利用される可能性がある。

中国政府の記録は、私たちに疑問を投げかけるだろう。中国製のマイクロチップやＷｉ‐Ｆｉルーターは、すべて盗聴されているのか。中国共産党が管理する施設で製造されたすべてのソフトウェアとハードウェアはトロイの木馬である可能性があるのか。中国の通信会社のすべてのサーバー室はすべての情報を記録しているのか。すべてのスマートフォンは悪意あるマルウェアで満ちているのか。中国はサイバースペースを植民地化し、デジタル世界を汚染しているのか。

これらの疑問に対する答えは、非常に重要である。外交やアイデア、資金、武器、秘密、影響力といった、あらゆるものがインターネットを経由して流れている。中国共産党は二十一世紀の権力の大動脈を建設しようとしている。それは、あらゆるインターネットと携帯電話の往来、ビデオコール、メタデータの塊が、中国を経由するようになる大動脈である。そして、米国を含む世界中の国々が、中国に接続されようとしている。

平均的な米国人は知らないうちに、自分たちのデータを吸い上げ、サイバーストーキングを行える危険な情報技術製品に囲まれている。[539]すでに約一〇〇社の中国企業が、人民解放軍と連携していることから米国連邦政府のブラックリストに登録されている。

しかし、これらの企業は、米国で一般消費者に電子製品を販売することを許されている。[540]中国以外の国で製造された製品を購入すれば、共産党の監視から逃れることができるかというと、そうでもない。何百もの主要かつ信頼できるブランドが、消費者向け製品に中国のＩｏＴ技術を組み込んでいる。この技術によって、これらの製品は「スマート」になれるが、同時に利用されやすくもなっている。[541]自宅や事務所、銀行や薬局、近所の食料品店、警察署などには、現在、中国共産党が管理する製品が置かれている可能性が高い。インターネットに関わりのない生活をしていない限り、これらはすべてあなたの周りに存在する。

以下のリストは、中国政府が直接所有しているか、表向きは民間企業であるが、米国政府によって安全保障上の理由から名指しで制限されているか、ブラックリストに載っている六社の中国企業を取り上げたものである。いずれも米国の商用ＩｏＴ市場で大きなシェアを占めている。これらはあくまで例示であり、中国以外のブランドも悪用される可能性があることを念頭に置いてお読みいただきたい。

GEアプライアンス（ハイアール社が所有）：スマート冷蔵庫、スマートレンジ、スマートウォールオーブン、スマート電子レンジ、スマート食器洗い機、スマート乾燥機、スマート製氷機、スマートレンジフード・ベント、スマート給湯器、スマート軟水器、スマート浄水システム、スマートエアコン、スマート除湿機、スマート空気清浄機、スマートコーヒーメーカー[542]

モトローラ・モビリティとモトローラ・ホーム（レノボ社所有）：スマートフォン、コードレス電話、有線電話、スマートウォッチ、スマートテレビ、モデム、ルーター、Ｗｉ‐Ｆｉ中継器、ケーブルボックス、ベビーモニター、家庭用監視カメラ、ホームセキュリティシステム、ペットセキュリティシステム[543]

ＴＣＬ：スマートテレビ、タブレット、サウンドバー、ビデオカメラ、スマートフォン、ヘッドセット、空気清浄機、Ｗｉ-Ｆｉルーター[544]

レノボ：コンピュータ、ラップトップ、モニター、タブレット、ウェブカメラ、ドッキングステーション、グラフィックカード、ヘッドセット、スピーカー、サウンドバー、アダプター、スマートプラグ、スマートスイッチ、スマート電球、スマートライトスイッチ、スマートセキュリティ・キーパッド、監視カメラ、モーションセンサー、温度センサー、環境光センサー、スマート電源タップ、ＷｉＦｉスマート・ドアロック、無線プリンター、Bluetoothトラッキングデバイス、インターカム・ステーション、ビッグデータ分析、人工知能ソリューション、クラウド・コンピューティング、データセンター、エッジ・コンピューティング、ハイパフォーマンス・コンピューティング、ビジネス・アプリケーション、クライアント仮想化とインフラストラクチャー[545]

ＤＪＩ：業務用火炎放射ドローン、スマートフォンカメラ・ドローン、農作物の除塵ドローン、マルチスペクトル画像ドローン、マッピング・ドローン、消防ドローン、警察ドローン、救助活動ドローン、石油精製検査ドローン、パイプライン監視ドローン、石油・ガス探査ドローン、建設管理ドローン、電力網管理ドローン、土地測量ドローン、都市計画ドローン、教育

用ロボット[546]

ハイクビジョンズ：監視カメラ、ビデオレコーダー、ウェブカメラ、金属探知機、指紋読取装置、アクセスキーパッド、ＩＤ認証端末、ビデオアクセス・コントロール端末、ネットワークアクセス・コントローラ、身体装着カメラ、スマート・ドアベルカメラ、映像・音声配信装置、ビデオインターホン・モニタータブレット、セキュリティアラーム、スイッチ、エンコーダー、デコーダー、モニター、デジタルサイネージ・ボックス[547]

これまで見てきたように、中国政府は、大量監視や自動検閲、全体主義のための機器を輸出している。このようなことがなぜ起きているのか、そしてそれが将来的に何を意味するのかを明らかにするためには、中国共産党がビジネスの方法だけでなく、組織として西側、とくに米国についてどのように考え、感じているかを探ることが有益であろう。

中国の支配的エリートを動かしているのは、どのような力なのだろうか。彼らはどのように物事を見ているのか、彼らは何を望み、彼らの戦略書が米国市民にとって意味するものは何か。中国政府はその拡大する影響力を利用して、米国人の表現の自由を抑制するのか。中国のデジタル支配は我々の仕事や生活にどのような影響を及ぼすのか。民主主義は新しいデジタル世界で生き残ることができるのか。

第十一章

中国の世界戦略における情報

「イデオロギー領域での戦闘となると、我々には譲歩や撤退の余地はない。我々は完全な勝利を収めなければならない」[548]

——習近平

あなたが共産主義者になったことを空想してもらいたい。中国共産党の厳しい審査プロセスを経て、要求されたことをすべて行い、党旗に忠誠を誓ったと思い描いてもらいたい。あなたは正しい人脈を作った。正しい本を読み、正しい自己批判をし、適切なタイミングで適切なことを述べてきた。あなたは多くの幸運を味わい、共産党政治という秘密めいた特別な世界をうまく生き抜いた。あなたは強力な後援者や影響力のある友人、そしてあなたのために役立とうとする多くの知人に恵まれた。その結果、出世を重ね政治局で重要な地位を占めるに至った。

世の中をどう見るか、どう教育されてきたのか。中国政府の権力の中枢で何を見て、何を学んできたのか。どんな危機を回避してきたのか。どんな残酷な不運を乗り越えてきたのか。出世、いや、生き残るために、誰をつぶしてきたのか。共産主義者として生きてきた経験は、時を経てあなたをどのように変えたのか。コントロールできない欲求や不健康な欲望、夜も眠れないほどの恐怖の幻影は何なのか。

ここでこの先を考えてもらいたい。あなたが求める次の権力は何か。その次は。五年後、十年後、二十年後、あなたはどうありたいか。中国をどうしたいか。あなたの国、文化、民族、世界の未来に対するビジョンは何か。そして、その夢に命を吹き込むために、あなたは何をしたいか。

これらのとらえどころのない問いに答える方法はたくさんある。どのような方法であれ、かなりの量の推測と創造性が必要である。これらは非常に複雑な問題であり、どうしてもわからないこともある。我々が取るべき方法は、戦略的に感情移入することだろう。つまり、中国の政治的エリートの立場に立って考えることである。これには、彼らに共感する必要はない。習近平や中国共産党のイデオロギーや行動に賛同する必要もない。しかし、彼らの背景をわかろうとする開かれた心と能力は必要である。彼らがどこから来たのかを理解しようとするならば、彼らの語りに耳を傾け、それを真剣に受け止め、彼ら自身がもつ歴史の文脈の中に位置づける必要がある。

スパイと秘密

中国共産党には、ほとんど議論されない不透明な過去があり、それが現在の中国共産党の対外観と外交政策を説明する上で、何よりも重要な要素になっている。それでは、中国共産党の組織的な思考マップの作成を始めよう。一九二一年七月の誕生以来、中国共産党は秘密組織であり、そのメンバーはつねに死の危険にさらされ、強烈なトラウマ的体験の犠牲者や加害者となることが多かった。中国共産党は、マルクス主義の思想に基づく非合法な地下革命運動から出発し、長い間、その活動を続けていた。

中国共産党がまだ初期段階にあったとき、ソビエト連邦から来た共産主義インターナショナル（コミンテルン）の工作員が、駆け出しの指導者を組織し、教育するのを助けた。一九二〇年代半ばまでにコミンテルンは、中国共産党のメンバーを募集し、秘密訓練のために何百人をもソ連に送り込んでいた。[549] これらソ連に送られた共産党員は、秘密が重要であることを学んだ。中華民国を統治していた右翼独裁政権は、共産主義者を危険なテロリストと見なしていた。当局は党員を追い詰め、殺すために手段を選ばなかった。革命家になるはずだった者の多くはその教訓を学ばないうちに、しばしばむごい形で現場から姿を消した。その後、さらに多くの共産党員が続いた。

一九二七年四月十二日は、中国共産党にとって最初の「真珠湾攻撃」のような瞬間であった。その日、中華民国の独裁者である蔣介石は大規模な奇襲攻撃を開始した。何千人もの共産主義者が逮捕され、その多くが拷問を受けて情報、主に潜伏していた仲間の名前を聞き出された後に処刑されたのだ。一時期、中国共産党の全ネットワークは奈落の底に突き落とされた。中華民国政府による「浄化」が終わる頃には、党員は六万人から一万人に激減していた。[550]

生き残った人々は逃げ、身分を変え、本当の所属を否定することで生きながらえた。その後、彼らはソ連での訓練を利用して、反乱とテロのキャンペーンを行い、可能な限り結集して反撃に転じた。周恩来（後の中国首相）が率いる紅軍は、政府の「協力者」とその家族を拉致・殺害し、自動車爆弾を仕掛け、政府高官を暗殺した。中国共産党の諜報機関は、政府指導者の通信を傍受し、彼らの事務所に潜入し、軍組織を破壊した[551]。しかし、共産主義者は追われる立場にあり、多くの場合その命運も限られていた。

一九三一年四月、中国共産党は二度目の「真珠湾攻撃」を受けた。中華民国の逆スパイが、共産党の秘密情報機関である特別行動科（現在の国家安全部と公安部の前身）の狂暴な科長であった顧順章を逮捕したのである。拷問と死の危険にさらされた顧は亡命し、中国全土の地下組織や作戦、工作員に関する詳細な知識を提供することに同意した。特務機関トップの裏切りによって、共産主義運動は粉砕され、共産党は再び壊滅させられるところだった。革命家たちにとって幸運だったのは、蔣介石の秘密警察の中に潜入スパイがいたことである。それによって、全滅は免れた[552]。

潜入スパイが中国共産党指導部に顧の裏切りを知らせたおかげで、幹部は十二時間前に隠れ家を閉鎖し、文書を破棄し、地方に逃亡した[553]。しかし、一般党員は悲惨な運命を逃れることができなかった。中国の都市部では国民党は破壊的な行動を行い、数千人の党員が検挙され、無力化された。毛沢東、周恩来とその仲間たちは、中国南東部の江西省の険しい山中に作られたソビエト共和国でゲリラ戦を繰り広げることになった[554]。その後まもなく、中国共産党の都市部の情報組織の九〇％が破壊されたと推定された[555]。

一九三四年、共産党は三度目の死闘を経験する。国民党軍は一連の効果的な包囲作戦を展開し、紅軍（人民解放軍の前身）を追い詰め、ゆっくりと計画的に包囲網を縮めていったのである。

中国共産党指導部は、またしてもスパイに救われた。国民党軍の将軍が蔣の詳細な作戦計画を入手し、毛沢東と周に敵の攻勢が迫っていることを知らせたのである。[556] 共産主義者の工作員は、弱点である腐敗した地元の有力者を見つけ、蔣を裏切らせ中国西部の荒野への安全な通行を許可させた。[557]

血まみれの退却を婉曲的に呼ぶ「長征」は、中国に残っていた革命家の大部分を死に至らしめたトラウマ的なエピソードであった。一九三四年十月に八万六〇〇〇人の共産主義者の部隊が江西省のソビエトを出発した。一年に及ぶ移動の末、延安の革命基地にたどり着いたときには、五〇〇〇人ほどしか残っていなかった。[558] マルクス・レーニン主義思想の炎は、一時期ちらつき煙ったが、完全に消えることはなかった。毛沢東とその仲間たちは、その後十五年間この炎を管理し大量の燃料を与え、ライバルを粛清し、共産主義を広め、最終的には中国全土を飲み込んでいったのである。

人間の組織化された集団には、世代から世代へと受け継がれる物語、内輪の知識を伝える言葉、集団の形成された経験を共有する言葉など、それぞれの集団の記憶がある。この教訓は、中国共産党の精神的な深層に永遠に刻まれることになる。中国の革命家たちは、拷問や死から身を守るために、秘密主義的な文化を発展させた。それは、大きな困難にもかかわらず生き残れたのは情報のおかげであり、敵が自分たちを知る以上に敵を知ることができるという能力によるものだった。

一九二二年に遡（さかのぼ）ると、中国共産党はレーニンの統一戦線構想を採用し、敵との便宜的な同盟関係を利用して敵を吸収するか、そうでなければ壊滅させることをめざした。「中国共産党は、敵の陣営に入り込み、その陣営内で中国共産党が陰謀を企て、弱体化させ、最終的に相手を破壊しようとした。生物学的なウイルスに似て、統一戦線は宿主に感染し、宿主を内部から食い荒らすか、主要な器官を乗っ取ろうとした」と、米国の中国軍専門家、トシ・ヨシハラは書いている。[559]

党員には統一戦線の戦術を習得するか、苦しんで死ぬかの選択しかなかった。生き残るためには、敵の頭の中に入り込む方法を考え、策略を練ることだった。戦闘が始まる瞬間まで、敵の武器を解除し、動きを阻止し、敵と協力する方法を習得することであった。また同時に党内の陰謀を阻止し、同志を粛清することも必要だった。中国共産党は発展する過程で、きわめて実用的かつ柔軟で計算高く、冷酷になった。これらは、この仕事が要求する特性であった。反乱や赤狩り、内戦を経て権力を得たことは、共産党がジャングルの掟を習得してきたことを意味する。

中国の内戦は二十二年間続いた。この間、中国共産党は、想像を絶するような絶望的な状況に適応し、自らを作り直した。毛沢東とその仲間たちは、悪夢の中に生きていた。それは、終わった後すぐ緘口令を敷き、栄光や神話の陰に隠すべきものだった。中国共産党が中国人民共和国を建国し、国際共産主義と世界征服を目的とする党国家となったときに悪夢は隠された。

中国共産党のエリートは、多大な犠牲を払って得た教訓を捨てることなく、あたかも内戦が終結していないかのように、集団キャンペーンを展開し、反逆の疑いのある者を粛清し続けた。チベットや新疆、寧夏、そして最終的には香港に至るまで、共産党員を浸透させ、地方文化を破壊していった。中華民国政府が台湾に撤退した後も、中国共産党は将来の侵略の可能性に備えて、絶え間ない強制的な政治戦争を繰り広げた。

中国共産党はスパイを雇い入れ、外国との連絡や統一戦線での作戦を通じて、国内外の敵の情報を収集し続けた。[560] 共産党の指導者は非常に疑い深く、被害妄想にかかったように、党内外の人物を監視し続けた。革命はすべてを覆い尽くし、決して終わることがなかった。つねに別の「人民の敵」が登場し続けた。そして、中国共産党の権威ある資料を信じるなら、国際共産主義を達成し、地上の楽園を最終的につくるという「本来の使命」が実現するまで、それは続く。

マインド・コントロール

今日、中国の教科書と宣伝資料は、中国共産党を、世界の未来のために生死をかけた闘いを続ける革命的で戦闘的な党と描いている。中国共産党の説明によると、中国共産党は思想をコントロールし、人間の思考と価値観を操作して、支配権を維持しなければならない。ソ連が崩壊し、台湾が弱体化し孤立した今、同党は米国を主要敵国と認識しており、とくにＣＩＡを目の敵にしている。

人民解放軍の内部教科書『人民軍隊建軍の基礎』は、ＣＩＡをはじめとする「西側敵勢力」が長期にわたって中国に潜入し、破壊する作戦を展開していると読者に伝えている。同文書によると、西側の敵はマルクス主義や社会主義、共産主義を攻撃し、中国共産党員や人民解放軍将校など中国人に対して、西洋の価値観や個人主義的なライフスタイルを受け入れるよう誘惑している[561]。

ＣＩＡによる浸透を防ぐために、中国の軍隊は、マルクス主義、社会主義、愛国心に焦点を当てた政治的教化や「思想活動」を強化するよう指導されている[562]。反撃として、とくにインターネットとソーシャルメディアを利用したプロパガンダによって、自分たちの思想を敵陣に浸透させ、心を征服するように教えられている[563]。この文書は、『軍隊政治工作に関する習主席の重要な論述』と題する人民解放軍総政治部の文書にある習近平のスピーチを引用している。

「政権の崩壊は、つねに思想の領域から始まる。政治的混乱と政権の転覆は一夜にして起こるかもしれない。しかし、人々の考え方を変えることは、長期的なプロセスである。人間の思考の最前線が突破されると、他の防衛線も守りにくくなる[564]」

さらに同文書は「『マインド・コントロール』の戦いは、イデオロギーの領域という煙のない戦場で起こる。この戦場を制するものは心をつかむことができ、戦いの間中、主導権を握ることができる」と説く[565]。この文書は、習近平のある秘密の演説を再び引用している。「イデオロギーの領域での戦闘となれば、妥協や後退の余地はない。我々は完全な勝利を収めなければならない」[566]。

同文書はその後、人民解放軍将校に完全な勝利を収めるために党が何を期待しているかについて、一連の指示と指導を与えている。それは、次のように彼らを激励している。

「絶え間なくマルクス主義を広めること。宣伝の質を絶えず高めて、それが非常に魅力的で伝わりやすいものにする。最終的には、マルクス主義が思想の戦場を支配し、最終的にはあらゆる民族と集団の間で主流となるようにする」[567]

同文書は続けて、「インターネットと新しいメディア（ブログ、ポッドキャスト、ソーシャルメディアなど）を掌握せよ……肯定的な宣伝を行い、我々の思想をオンラインで伝える」そのために「オンライン世論を誘導する能力を強化し……ネットの管理を強化する」必要があると伝えている[568]。人間の心は戦場であり、言葉やイメージ、アイデアは心理戦で使われる武器として描かれている。

『中華民族の偉大なる復興のための戦略的支援』という文書には、人民解放軍がなぜ戦うのかを伝える項目がある。「中国の急速な発展と成長を前にして、一部の国は他国に追い越されたくないと思う。とくに、異なる思想と社会組織をもつ社会主義の中国が、自分たちに追いつき、追い越されるのを見たくないのだ」[569]。この文書は、一九二〇―三〇年代の中国共産党のトラウマ的な経験について、簡単に言及している。「彼ら（米国）は、中国に対する戦略的封じ込めと包囲網を絶え間なく拡大している。彼らは、中国に対して政治的な謀略や経済的な封じ込め、イデオロギー的な浸透、とりわけ軍事的な封じ込めを行っている」[570]。

そこでは米国は、中国共産党が内戦中にゲリラ戦を戦った国民党政府のように、巨大で支配的な共産党の首を絞めるような勢力として描かれている。この説によれば、米国は他国を弱体化させ、優位に立とうとする好戦国家とされる。米国はその力を無責任な方法で行使し、世界中の国々を不安定にし、衰弱させる。「クウェートからイラクまで、アフガニスタンからリビアまで、ウクライナからシリアまで、この二十年間、米国は他の西側諸国とともに、武力と制裁を主な『ハードパワー』の武器として使ってきた」と、『中国の特色ある大国外交』は警告している[571]。「その結果、次から次へと災いを残してきた。衝突によって被害を受けた国の人々をひどく苦しめただけでなく、問題を起こした国（米国）もまた、自国の膨大な軍事費による財政赤字を負うことになった」[572]。

中国の軍事教科書は、ワシントンの意図を根本的に敵対的なものと解釈している。その証拠に、ホワイトハウスと国防総省の文書には、世界平和に対する明白で差し迫った危険が示されているという。「二〇一七年十二月八日、米国は『国家安全保障戦略』を発表し、二〇一八年一月には、『国家防衛戦略』を発表した。これらは、相対的な戦略的優位性を十分に活用し、競争相手やライバルを封じ込めるためのものである」。同文書では、「過去にはテロリストが米国の主な戦略的競争相手だった。今は、中国とロシアが主な戦略的競争相手に変化している。このような変化は、国際的戦略競争を高めるものであり、平和に対する直接的な脅威である」[573]。

同書で描かれているのは、中国が平和を愛する国、復活した国、新しい力をもった国であり、その力は世界をすべての人々にとってよりよく、より公平で、より公正な場所にするために使われる。中国は困難な戦いに直面しており、米国とその同盟国に打ち勝ち、その革命的目標をすべて達成できるほどまだ強くはない。しかし、中国は成長している。「中国は平和的な大国であり、戦争を抑制する力である。中国の発展は、戦争を抑制し平和を促進する力がすでに大きくなっていることを意味する」[574]。

デジタル世界の暴君

最初封じ込め、その後内部から崩壊させようとする、攻撃的な外敵からどのように中国は守るのか。中国共産党の答えは、インターネットを中国の生活の基盤に組み入れ、デジタル世界を物理的世界に融合させることである。中国政府は「WeChat」などアプリ搭載のスマートフォンを使わなければ、新しいキャッシュレス社会において買い物をできなくすることで、政治警察がユーザーの一挙手一投足を監視・追跡し、生活のあらゆる側面をコントロールすることを可能にする。

これは、中国にいる全員、海外にいる中国人旅行者すべてに、モバイル監視団を配置しているようなものだ。二十世紀のゲシュタポ、ＫＧＢ、シュタージといった特務機関が今日の中国の国家公安体制を見たら、自分たちの体制が幼稚だと感じることは間違いないだろう。ボタンをクリックするだけで、党はあらゆるユーザーの銀行口座を消去し、電子メールやソーシャルメディアから締め出し、さらにはデジタル決済手段を凍結して、温かい食事を購入したり公共交通機関を利用することを（不可能ではないにせよ）困難にできる。[575]

これは、中国の共産主義２・０であり、誰も逃れることができないほど広範囲に及ぶように設計された、即時対応可能な社会工学的複合システムである。オンライン化することで、集団のリーダーである中国共産党は、文字通りどこででも即座に行動できる。そして、ＡＩツールを使って膨大なデータを選り分ける作業を自動化することで、政権は自らを強力にしており、いつかは労働収容所さえも必要なくなるかもしれない。各人が自分のデジタル刑務所に閉じ込められて人生を歩むことになり、それぞれの独房は入居者各自の独特な性格や欠点、恐怖心に合うように調整される。

中国では一人ひとりの個性と自律性が自分自身に降りかかる武器となり、奴隷に囚われることになる。このために、中国政府は巨額の投資を行い、一流ハイテク企業を総動員して、将来の情報通信技術の戦場を支配しようとしているのである。中国共産党は国内をデジタルで囲い込む独裁的なシステムを作り、絶えず改良しており、現在そのシステムを世界中に輸出して、あらゆる政府と社会を陥れようとしている。中国の将校は、教科書の中で次のような指導を受けている。

「我々は情報システムの能力を強化しなければならない。大規模で強力なプロの情報部隊を基礎に、大規模な情報システムという概念を確立しなければならない。そのために、海外の中国企業やシンクタンク、市民団体、中国社会に携わる重要人物からの情報収集を強化しなければならない。それによって、情報分析力と意思決定力を強化する。我々は情報共有のために、専門家と民間人の両方が深く融合した情報システムを形成しなければならない」[576]

中国政府は、真の情報は偽であり、偽の情報は真であると視聴者を欺く迷宮のようなＡＩプログラムを構築している。[577]被害者に時間やお金、才能を投じさせ、失敗させるのが最善の方法と中国共産党は考えているようだ。素人は力ずくであなたを絞首台に連れて行く。しかし、達人はまずあなたにお金を払わせて縄を作り、次に説得して人を集めさせ、最後に自分から首を吊るのを見守る。これこそ、中国共産党が自由で開かれた世界の守護者に対してやろうとしていることであり、これまで見てきたように、おそらく多くの分野で行っていることである。[578]

賢い活用法

夕食会の最初の余興として、次のような奇妙なクイズはいかがだろうか。イギリスの二隻の最新型空母（プリンス・オブ・ウェールズ号とクイーン・エリザベス号）の建造に使われた「ゴリアテ」クレーンと、南シナ海にある中国の軍事基地との共通点は何か。答えは、中国政府の同じエンジニアリング部門によって造られた。

奇妙に思うかもしれないが、事実である。英国海軍が最も重要な軍艦の建造に使用したスーパークレーンは、中国国有企業である中国通信建設公司（ＣＣＣＣ）の支店、上海振華重工有限公司（ＺＰＭＣ）が供給したものだ。[579] 二〇二〇年、ＣＣＣＣが南シナ海に数十キロ平米の人工島を建設し軍事拠点としたことから、米国国防総省は同社をブラックリストに掲載した。[580]

同社と中国の軍事組織とのつながりは深い。実際、同社の機器は戦闘訓練で日常的に使用されている。ＣＣＣＣとＺＰＭＣのクレーン船は軍民融合に不可欠だと考えられており、将来の台湾への水陸両用上陸作戦に備えて人民解放軍と共同訓練を行っている。[581] 軍とのつながりがはっきりしているにもかかわらず、ＣＣＣＣとその子会社は世界中の重要インフラ建設や維持、運営を行っている。この国営企業は市場を支配しているため、今のところ、名指しで制裁を受けても、そのビジネス活動に影響はほとんどない。そのため米国政府も、同社が米国市場に重要なインフラを供給することを許可し続けている。[582]

米国では、ＺＰＭＣは海岸沿いで事業を展開している。同社の自動ガントリークレーンは、米国のほぼすべてのコンテナ港に設置されている。今もロサンゼルスやロングビーチ、オークランド、タコマ、シアトル、フィラデルフィア、ウィルミントン、チャールストン、ジャクソンビル、ガルフポート、タンパ湾、マイアミ、そしてエリザベス（ニュージャージー州）の各港では、中国政府が供給したスマートクレーンが船の積み下ろしを行っている[583]。ZPMCはポーツマス（バージニア州）とロサンゼルスに主要な供給基地を置いている。これによって、中国政府所有企業の従業員が、米国の港湾施設に出入りし、仕事を行い、自らの機材で他社によって造られたクレーンを供給している[584]。

「ZPMCは米国内に七カ所の拠点をもち、全米の港にガントリークレーン設備を輸出しているため……米国の戦略的拠点に破壊的脆弱性が生じる可能性がある」と米国の戦略情報会社、ポイント・ベロ社は報告している[585]。同社のセシ・ジョイ・ペレズによれば、「米国の港にZPMCクレーンがあることは、主要な物流拠点に監視リスクをもたらしている。これらのクレーンは、港湾のデジタル環境にどんどん深く入り込んでいる」[586]。

オーストラリアでは、CCCCが一〇〇％子会社のジョン・ホランド社を通じて、最高セキュリティの刑務所を建設している。これらの建設プロジェクトには、警報機や防犯カメラネットワーク、入退室管理、その他の自動化された「セキュリティ・ソリューション」の設置が含まれている[587]。同社はオーストラリアの地下鉄や鉄道、電力網、データセンター、港湾施設、水道管などの重要インフラの建設にも携わっている[588]。メキシコでは、CCCCがベラクルス、マンサニヨ、エンセナダ、ラサロカルデナスの四つの主要港の改修と拡張を行った。これらの港はすべて、パナマ運河も管理する中国系コングロマリット、CKハチソンが所有し、運営している[589]。

中国企業は世界経済において、並外れた存在である。競合他社に打ち勝つために、彼らは中国の膨大な資本と人材を活用している。重要なのは、中国企業の国際プロジェクトへの入札が中国の外交当局や政府系銀行、情報機関によって支えられていることである。西半球にもかなり進出している。二〇二〇年の時点で、CCCは南米とカリブ海諸国の少なくとも一九カ国で、五〇以上の主要プロジェクトに関与している。[590] 重要なインフラプロジェクトは、中国政府に膨大な量のデータへのアクセスと、経済的、政治的影響力を与える。[591]

中国の軍事教科書は、国家運営に対する共産党の集団主義のアプローチを次のように説明している。

「中国共産党は政府と軍隊、人民、学校を支配する。東から西、南から北まで党はどこでも存在し、すべてを率いている……現実世界での経験は、中国において、党が何かに関心をもち、それに向かって大きな努力をする限り、確実に国家の意志を反映し、確実に大きな進歩を遂げ、確実に成功することを幾度となく証明している」[592]

ファーウェイ社やZTE社などの中国の通信企業は、米国では国家安全保障上の理由で制限されているにもかかわらず、南北米大陸（そして世界中）で強い存在感を示している。二〇一七年スペインの通信大手テレフォニカ社は、一三カ国における同社の大規模4G LTE通信ネットワークの構築にファーウェイ社を選択した（ブラジル、アルゼンチン、ウルグアイ、メキシコ、コロンビア、ペルー、パナマ、コスタリカ、ニカラグア、エルサルバドル、グアテマラ、ドイツ、スペイン）。[593] テレフォニカ社は、パナマやコスタリカ、ニカラグア、エルサルバドル、グアテマラ、エクワドル、ウルグアイなど南米における大規模な仮想ネットワークインフラ構築のためにＺＴＥ社を選んだ。[594] これらの取引は、顧客に低コストのデジタル通信サービスを提供する一方で、政府および企業の機密通信を中国共産党の監視下に置くことになる。[595] ＺＴＥ社の他のパートナーには、ボーダフォン、エアテル・アフリカ、ドイツテレコム、テレノールが含まれる。[596]

中国のグリッド

二〇一九年十一月、フィリピンのリサ・ホンティベロス上院議員は、中国政府が自国の電力網の四〇％の株式を所有していることを知り、懸念を抱いた。フィリピン政府は電力インフラを民間企業に発注しており、その民間企業はファーウェイの機器を使用し、中国国営企業である国家電網公司の中国人を雇用していたことが判明した。中国人がフィリピンにおける重要な運営・管理を独占していた。[597] ホンティベロス上院議員の証言によると、「中国はフィリピンの電力網の詳細に至るまで運用と保守を完全に掌握している」という。「会長は中国人、請負業者はほとんど中国人、システム・ソフトウェアは中国製、職業訓練は中国で行われている。どの部分がフィリピン人経営なのか」と嘆いている。[598]

ホンティベロス上院議員はマニラの議員を率いて、緊急の国家安全保障の見直しを要求した。まもなく、フィリピンの電力システムの重要な部分にアクセス権限をもつのは、中国人職員だけだという報告書が発表された。つまり、中国政府の命令でフィリピンの電気を遠隔操作で止められるということだ。上院エネルギー委員会の委員長は、「スイッチ一つで、家庭、企業、軍事施設のいずれにも電力が送られなくなる」と述べた。[599] しかし、二年経っても状況は変わらなかった。二〇二一年十二月、フィリピンの電力網を管理する民間企業NGCPの見直しが行われたが、その取締役会は依然として中国政府職員で占められていることが明らかになった。[600]

中国共産党に電力を依存しているのは、フィリピンだけではない。中国国家電網公司は世界最大の電力会社である。同社はブラジルやポルトガル、オーストラリア、イタリア、そしてアフリカの少なくとも二一カ国において、重要なインフラを建設し、電力事業を運営している。[601] 中国国家電網は、軍事研究プログラムや軍事宇宙プロジェクト、武器取引において中国共産党と協力している。[602]

にもかかわらず、同社は外国の指導者から、電力網の構築と運用という特別な責任を与えられてきた。中国が重要なインフラを支配することは、その国に対して大きな影響力をもつことになる。中国共産党はいつでも電気を止められると脅すことができるし、ガスや水道、電話、インターネット、そしてコンテナ港のスマートクレーンも脅迫の手段となる。[603] 実際に、中国共産党はより多くのことができる。

ポイント・ベロ社の報告書は、中国製インフラによってもたらされる脅威について、「たとえば、バックドアを通じて、中国共産党は現在さまざまな遠隔制御装置に接続するシステムを減衰させる能力をもっている」と警告している。[604] 同報告書は、次のようなシナリオを挙げている。

- 遠隔操作によってインターフェースを通じて、海上交通が近づくと船橋を上げないようにし、衝突を引き起こして海上から河川や港への交通を壊滅的に中断させることができる。
- 遠隔操作によって発電所のエンジンがオーバースピードやオーバーヒートを起こし、病院や工場、貯蔵施設、サーバーファーム、近隣住民のために発電する能力が損なわれる可能性がある。
- 交通信号やトンネル、橋、空港、ダムへのアクセスを管理するシステムには、致命的な大惨事を起こす可能性がある。[605]

海外投資の狙い

中国共産党は、世界各地で重要インフラを建設・取得することを、中国が産業と貿易で発展した結果得た利益を共有していると考える。欧米諸国の懐疑論者は、中国が経済的利益のための行為を利他的な主張で覆い隠しており、中国が慈善事業として投資しているというのは笑止千万だと考える。たしかに、懐疑論者は正しいだろう。しかし、彼らがしばしば見落とすのは、中国における政治は経済よりも重要であり、この分野における勢いの違いは決して小さくなく、大きく広がっているということだ。

中国の国際的活動において、イデオロギー的な要素は大きい。[606] 中国共産党は他国の物理的・デジタル的インフラを管理することで、中国政府への依存を高めようとしている。そこで経済的な利益を得ているのか。もちろん得ているが、利益は多くの場合に長期的な関心事であり、中国共産党にとっては二次的な関心事である。中国の海外プロジェクトの中には、多大な資金を必要とするものがある。しかし、これらの巨大プロジェクトは、中国国営企業の大きな利益とはならなくとも、ホスト国を負債に陥れるという利点がある。その借金は、中国政府の金融部門である中国の銀行に支払わなければならない。（中国政府が支援するプロジェクトはリスクの高いものが多いので、よくあることなのだが）外国政府がインフラ投資のローンを返せなければ、政治的取引が行われる。

簡単にいえば、中国共産党は影響力を拡大するために投資しているのである。中国共産党は、労働力や工業力の輸出と同様に、そのイデオロギーや政治体制の輸出にも関心をもっている。他国が中国による自国社会への浸透のために、自国の資金と政治資本を投入してくれるなら、中国にとってはそれに越したことはない。一九八〇年代にソ連の支配者が学んだように、資金の流れが一方通行であれば、傀儡(かいらい)政府を支えることは維持できない。中国政府はソ連の失敗を繰り返すつもりはない。

中国共産党の餌食となった政府は、独立と主権を放棄しない代わりの代償を支払うことになる。今後、どれだけの国がそれを継続できるかは、エリートたちの誠実さと、内部から腐敗させ征服しようとする敵対的な圧力に対する抵抗力にかかっている。強固なチェック・アンド・バランスのシステムをもつ開かれた社会は、明らかに優位に立つだろう。しかし、中国と強い商業的結びつきがある国は、安全とは言いがたい。中国との関係が深まれば深まるほど、データや資本、人材、技術が流出し、国家安全保障の針路が大きくずれてしまう可能性がある。[607]

インテリジェンスの失敗

米国と同盟国の政権は、戦略的に感情移入するのに必要な情報を獲得してこなかった。中国共産党の政治的イデオロギーを認識せず、それが存在しないかのように装ってきたのである。中国政府には独自の歴史があり、他人の期待とは無関係に考え、行動する能力があるという現実を否定している。中国が国際社会の一員であるかのように、中国にはほとんど、あるいはまったく主体性がないかのように扱っている。

「政治がすべてではないが、政治がこれほどまでに遍在している国は、北朝鮮を除けば地球上に存在しない。そして、これほどイデオロギーと密接に結びついた政治体制もない」と、中国共産党の作戦に対抗する西側情報機関の活動を主導したジョン・ガルナウトは観察している。[608]

米国とその最も近い同盟国は、中国政府の観点からの分析ができないため、迷走しているように見える。彼らは忠告を無視し、反対意見を排斥し、慎重さを脇に追いやっている。中国が西側諸国の政府にいかに深く浸透しているかを示す顕著な例として、ガルナウトは、自分たち政策アドバイザーが、中国共産党政権を「普通の政府と見なし」、情報説明からイデオロギーを排除して考えさせられたと警告している。実証的な証拠は時間に追われる指導者には理解することが難しく、また、中国は極度に敏感な問題であった。情報機関や外交政策という独特の世界で活動する公務員は、「反中国」と見られることを避けなければならない。

ガルナウトは、「『中国』から『共産党』を取り除いて議論することで、生産的な会話をする時間ができた……しかし、イデオロギーを排除することで、説明と予測が可能な枠組みを放棄したのである」[609]。この情報分析の失敗の結果、民主主義政府は現実の悪夢に夢遊病者のように入り込んでしまった。その規模や恐怖はようやく明らかになりつつあるが、中国の凄まじい軍事増強が示す通り、もはやそれらから逃れることはできないだろう。

人民解放軍の将校たちに配られた内部教科書には、次のように書かれている。「習近平は、わが国のイデオロギーと社会体制が西側と根本的に相容れないことを強調し、『この（相容れない）ことが決め手となる。西側との闘いや権力闘争は穏健化することはできない。それは必然的に長く複雑で、時にはきわめて辛辣なものになるだろう』と語った」[610]。

同文書は、未来がどのようなものになるかに光を当てている。「国益を守るために戦争をすることは、平和的発展と矛盾しない。実際、それはマルクス主義的戦略を実践することである」[611]。

第十二章

中国による世界支配の方法

「党の二つの目的は、地球の全土を征服することと、独立思想を消し去ることである」[612]

——ジョージ・オーウェル

政治局による運命的な決定がいつ行われたのかは、明らかではない。また、どんな経緯で、どんな出来事が重なって、そんな方向に議論が進んだのかも明らかではない。正直にいえば、その政策が実際に議論されたのかもわからない。もしかすると、中国共産党指導者の間ですでに支持されていたアイデアの一つで、投票までにコンセンサスができていたのかもしれない。もしかすると、以前から実行することは決まっていて、いつ始めるか、どれくらいの速さで進めるかだけが問題だったのかもしれない。もしかすると、それは必然的なことで、十分な資金が集まり、適切な機会が訪れるのを待つだけだったのかもしれない。

あるいは、何も考えていなかったのかもしれない。ある朝、習近平が目を覚ました後、中南海の会議場に散弾銃を手に入っていき、要求に従わせたのかもしれない。最後の仮定の可能性は限りなくゼロに近いと思うが、はたしてどうだろう。中国の政策決定は不透明であり、おかしなことが起こったとしても我々はそのことを知ることができないし、その違いを知ることはできない。

この決定の具体的な経緯は謎に包まれているが、二〇一三年頃に中国政府が、それまでやったことのない、実は決してやらないと誓っていたことを、静かにゆっくりと始めることを決めたのは確かなようだ。当初はほとんど進んでなかったようだが、今ではかなりの速さで進んでいる。非常に控えめで、限定的で、ほとんど意味がないと思われたことが、その後エスカレートしていった。

中国政府は、よりによってアルゼンチンのパタゴニア砂漠の人里離れた荒野でそれを始めた。二〇一三年、中国の技術者たちは、国際的な科学プロジェクトとなるはずのものに着工した。しかし二〇一五年、それは部外者立ち入り禁止の宇宙基地へと変貌を遂げた。表向きは、中国の宇宙開発計画を支援するために、地球外物質を監視・追跡するための施設だった。現在その真の目的は、透明性がまったくないため推測することしかできない。アルゼンチン政府はこの場所に職員を配置しておらず、理由は不明だが、中国軍が監視なしに自国内で活動することを許可している。地元政府の代表団は、中国当局が手配した事前予約のツアーでのみ基地にアクセスできる。[613]

人民解放軍は次にジブチの砂漠に向かった。アフリカ大陸で最も人口の少ない国であるジブチは、世界で最も交通量の多い航路の一つを挟んだ戦略的位置にあり、給油と積み替えの重要な拠点になっている。インド洋と紅海、ひいては地中海やヨーロッパを結ぶ重要な航路である。ジブチには、米国やフランス、日本をはじめ、さまざまな国の軍隊が基地を置いている。中国海軍の艦船は日常的にこの地を訪れていた。ソマリア沖で船舶の護衛や海賊対策の任務を何年も続けていたのだ。だから、二〇一七年に中国が同国に初の海外海軍基地を開設したのは、当然のことのように思えた。

人民解放軍が何を考え、ジブチに設置したものがどのように使われるのか、予想した人はほとんどいなかった。衛星画像を見ると、海兵隊や特殊部隊のための大規模な兵舎群、大規模なトンネルなどの地下施設、ヘリコプターやドローンのための長い駐機場などが建設されているのがわかる。[614] 二〇一八年にジブチに飛来する米空軍機に軍事用レーザーを発射し、米軍パイロットを負傷させ、外交事件を引き起こした。[615] 中国軍は、空母や原子力潜水艦が寄港できるように、中国政府所有の商業港に隣接する基地を拡張した。[616]

その後数年間、中国政府はグリーンランドとアゾレス諸島に軍事飛行場を取得する動きを見せたが、米国の外交的対抗措置によって阻止された。[617] その後、中国政府はペルシャ湾とアフリカの大西洋岸に海軍基地を設置しようとしたが、米国の諜報機関によって暴かれ、一時的にではあるが延期された。[618] 中国軍は世界中の遠隔地にある港や空港に基地を築こうとしているようである。

米国の政府関係者は、中国企業がすでに世界中に約一〇〇の港のネットワークを管理していることを苦々しく思っていた。これらの港湾は中国政府にとって大きな資産である。もし地元政府が同意すれば、民間の物流拠点は比較的容易に中国軍の基地に変えることができる。新しい基地ができれば、中国軍は米国本土に進行する能力がもてる。さらに、米国防総省が長い間、安全に活動できると考えていた南米やアフリカでも、米軍が危険にさらされるようになった。[619]

二〇二一年、国防総省は中国の軍事力増強に関する報告書を議会に提出した。そこでは国防総省の基準からすればきわめて率直に、脅威の拡大が述べられている。

「中国はジブチの基地以外にも、海軍や航空、地上、サイバー、宇宙などの戦力投射を支援するための軍事施設の増設を追求している。カンボジアやミャンマー、タイ、シンガポール、インドネシア、パキスタン、スリランカ、アラブ首長国連邦、ケニア、セイシェル、タンザニア、アンゴラ、タジキスタンなど、多くの国を人民解放軍施設の設置場所として検討してきたようである。グローバルな人民解放軍の兵站（へいたん）ネットワークと軍事施設は、米国の軍事作戦を妨害し、また、中国の世界軍事目標が進化するにつれて、米国に対する攻撃的作戦を支援する可能性がある」[620]

非機密扱いの報告書は、米国本土への攻撃に利用できる人民解放軍基地がまもなく稼働する可能性があると議会に警告している。「中国との戦争という可能性の低いシナリオでは、最初の攻撃はおそらくコンテナ型ミサイルから始まるだろう」とある匿名の国防関係者は述べ、中国が世界中にもつ商業港施設に、輸送コンテナに偽装した長距離巡航ミサイルを隠している可能性を指摘している。[621]

二〇一九年に中国共産党宣伝部は習近平思想に関するハンドブックを出版した。これは幹部が中国の政策を内外の聴衆に説明するのに、理解を深め引用できるようにした宣伝用マニュアルであった。このマニュアル（党でいう「学習文書」）には、次のような一節がある。「中華民族の血には、他国を侵略し世界の覇権国になろうとする遺伝子は存在しない」[622]。それは中国政府関係者に、中国共産党の世界的な野心を隠すように指示しているのであった。中国政府のプロパガンダはこれに追随し、米国とは異なり、中国は「歴史上一度も他国を侵略したことはなく、今後もしない」と主張している[623]。リークされた人民解放軍の文書には、中国政府の将来のビジョンについてまったく異なることが書かれている。

グローバル化

「国家が国際戦略と作戦を強化し、良好な国際環境を作ろうとするならば、そのカギは戦略的能力、とくに軍事力にある。国際システムに影響を与え、形成する上で軍事力が果たす戦略的役割について、より明確な認識をもつ必要がある」と、『中華民族の偉大なる復興のための戦略的支援』という文書は述べている[624]。

この中国軍の教科書は、自国の地位は他国と比較した中国の相対的な力によって決まると将校たちに教えている。そこでは、真のパワーは国家の戦争遂行能力と暴力能力から生まれると論じている。同書は、「国際システムの階層における国の地位と役割は、根本的なレベルではその国のパワー、その国の大小や強弱によって決まる」と主張している[625]。同書の次のページでは、中国の将来に対する軍事力の重要性をさらに強調している。

「国は国益を追求する。それが国家の目的である。外交において、国家は政治的、軍事的な力を、国家間の対立を解決するための主要な手段として用いる。そうやって国益を獲得する。歴史を振り返ると、国際システムが変容したときには、例外なく暴力と戦争があった……国際情勢が形を変えるたびに、大規模な軍事力が使われた……最近の例では、米ソ間の冷戦でも軍事力が決定的な役割を果たした」[626]

「大国間競争における軍事力の利用は過小評価されてはならない……軍事力はつねに、それぞれの側の強さを測るための重要な尺度である。軍事力は、戦争で勝利を得るため、そして優位な国際的地位を得るための重要な保証である」と同書は説く[627]。

この文書は、中国の軍人に国力を測る簡単な方法を提供し、そうすることできわめて独善的な主張をしている。

「中国軍の立場からすれば、相手国からの挑発はその規模の大小にかかわらず、当然、わが国の軍事力がまだ国家安全保障上の要件を満たしていない証拠と見なすべきである。中華民族の偉大なる復興という中国の夢を実現するために、発展の過程で出会う複雑な対立や厳しい試練に効果的に対応するために、強力な軍隊を用いることは避けられない選択なのである」[628]

二〇一八年、中国の国防大学は、軍民融合を説明し、それが中国共産党の大戦略や「全体設定」にどのように適合するかを説明した教科書を出版した。『軍民融合の深い発展の実現』と題した教科書は、習近平思想に関する人民解放軍の内部資料の一環である。[629] 軍事研究者たちによって書かれ、公開情報と機密の両方の演説や文書を使って、習近平の考えを編集・分析したものである。[630] この文書の機密資料の使用、および中国共産党の意図と計画に関する独特の直截的な表現を考えると、少し長く引用する価値があると思われる。

「わが国の軍隊は世界に『進出』し、世界経済への統合を組織的に進めている。海外戦略の一環として、海外での民間活動が軍事活動のカモフラージュとなるような、軍民一体化を着実に進めている。軍部は民間団体の足跡を追って広がっていく。

そして、民間の団体が行く先々で、軍が民間の団体を保護する。『一帯一路』の建設と軍隊の海外進出が加速するにつれて、軍民融合戦略も国境を越えて広げていくことになる。[631]

（我々は）対外経済配備と戦略的・防衛的配備を統合し、両者を一体化させる。これには、外国の港湾や埠頭、その他計画・建設中の基本的なインフラプロジェクトも含まれる。『民間で軍をカモフラージュする』『軍事利用のために民間の（インフラを）建設する』といった戦術を用いることで、軍事能力を備蓄または事前配置するのである。

中国の利益にとって重要な場所であればどこでも、海外の中国企業や国際輸送ビジネスに携わる企業を利用し、人民解放軍の合同軍事演習、シーレーン・パトロール、国際平和維持活動、その他の海外での軍事活動を支援する。基幹軍事基地や広域補給基地、給油・物流基地などの連動したネットワークをあらゆる方法で着実に構築していく。これらは中国の主要な資源供給地や戦略的通路をカバーし、わが国の海外権益が所在するあらゆる場所で、支援拠点システムを形成する」[632]

この文書は、中国共産党が商業施設を利用して、海外に次々と軍事基地を建設するための土台作りを行っていることを端的に示している。中国政府は、人民解放軍の代行者や情報収集者、および軍事基地で世界を覆い尽くすつもりである。中国は、いつの日か米国に対して攻撃を仕掛け、戦闘行為を継続できるような拠点を、一つ一つ構築しているのだ。中国共産党は、中国を世界の覇権国家にするための軌道に乗せようとしている。国防総省の議会報告や中国共産党の内部文書が示唆するように、中国の海外軍事基地は今後、急速に増加するだろう。中国政府は世界的な野心を抱いており、世界各国で基地の権利を得ることを計画している。

拡張

『中華民族の偉大なる復興を実現するための戦略支援』には、一帯一路が中国の世界軍事戦略をどのように支えているかについての項目がいくつかある。同書は、中国政府が民間の船舶や人員、港湾、その他のインフラを利用することによって、海軍の戦力投射能力を世界中に拡大しようとしていることを示している。[633] そこでは、中国が世界的な輸送任務を遂行できる二〇〇〇隻以上の貨物船と六五万人の商艦隊を保有していることが指摘されている。また、中国の巨大な海運業は、世界中に一〇〇〇以上の子会社をもち、中国共産党は一〇〇以上の外国の港を管理・運営していると述べている。[634]

この文書の中で、人民解放軍の将校は、外国の政治指導者を支配するために、ビジネス取引と地元メディアの代理人を利用するよう指示されている。同書には、中国政府が米国とその民主的同盟国に対抗して、世界中の重要な領土を奪取しようと計画していることがはっきりと示されている。

「（我々は）戦略的拠点を獲得し、構築するための競争において、それが重要な意味をもつとき、我々が優位に立ち、その結果が我々に有利になる場合はいつでも米国や他の西側諸国と戦う。ここでの基本的な考え方は、我々は中国の拡張する経済活動の安全保障を確保しなければならないということである。その方法は、戦略的に重要な国々に深く入り込んでいる我々の大企業を経由することである。

（我々は）『一石二鳥』を果たすことに注意を払う。つまり、我々の企業がその国の経済に投資することで、外国の政府指導者やビジネスエリートを掌握しなければならない。また、企業のイメージをうまく作り上げ維持し、プロパガンダで現地の世論を誘導していかなければならない。最後に、中産階級が中国を好み、理解するようにする必要がある。[635]

外に向かって拡大する場合、我々は直球と変化球を混じえて、さまざまな戦術を用いなければならない。『一帯一路』諸国に対して包括的な安全保障の傘を提供するために、現在、直接的と間接的、ハードとソフトな方法を用いている。たとえば、戦略シンクタンクや市民団体など政府機関以外の組織を世界に『進出』させ、『一帯一路』の展開をソフト面で支援する必要がある。対象国の有力者や草の根（地域社会）との友好的なコンタクトを強化しなければならない。そうすれば、我々を歪曲し、妨害しようとする西側敵勢力に効果的に対抗することができる。[636]

海・空の軍備増強の継続、長距離戦力投射能力の増強、前線部隊の増強、海外危機対応能力の増強により、戦略的戦力の投射能力の増強を強化しなければならない。そして、緊急攻撃能力を強化する。（我々は）テロ対策や平和維持、人道支援と災害対応、感染症対策を目的とした中国国内の部隊の能力と即応性を強化する[637]」

この教科書によると、中国政府はインフラ建設プロジェクトを利用して、陸海空でグローバルに力を発揮する人民解放軍の能力を向上させようとしている。[638]同書では、中国の道路や鉄道、空港、港湾などの海外プロジェクトは、「可能な限り最大限に」軍事的要求を満たさなければならないとされている。[639]また、中国政府は武器売却や軍事援助、軍産協力の分野で目覚ましい成果を上げているとしている。

「近年、『一帯一路』の実施に伴い、わが国の軍事科学技術交流と一帯一路諸国との協力が推進されている。海外での軍民融合の成果は、じつに目覚ましいものがある。たとえば、中国北方工業公司（NORINCO）は、武器販売事業を利用して、海外の石油開発や鉱山資源開発、海外エンジニアリング契約などを効率的に獲得している。『一帯一路』建設を進めるための重要な手段として、武器売却を活用している」[640]

同書は、中国政府がさらなる武器売却とエンジニアリング契約のために、国際市場アクセスの拡大を計画していることを明らかにしている。また、海外の先進的な軍事技術を獲得し吸収して、宇宙と核の領域にとくに重点を置いて、新たな技術革新に利用しようと考えている。[641]人民解放軍の将校は、外国のパートナーと軍民融合プロジェクトを進め、海外における武器製造を拡大するように求められている。「わが国の企業を国際市場に進出させ、国際製造協力を展開させよ……それによって、ハイエンド装備の輸出と国際的なエンジニアリング契約を増やし、わが国の軍需産業のハイテク装備に対する支援サービスを世界的に大きく向上させることができる」。[642]

世界戦略の要求に応えるため、中国はかつてないほど急速かつ持続的な軍備増強に投資している。国防総省が出資するコンサルタント会社、長期戦略グループは、中国がこれまで国防に費やしてきた金額と今後費やす可能性のある金額を推定するために、静かに長期にわたる調査プログラムを実施した。二〇二一年、同グループの社長であるジャクリーン・ディール博士（米国戦略教育アカデミーの共同設立者）は主要な調査結果を公表し、「人民解放軍の年間調達額は、二〇二四年までに米軍のそれを上回る勢いだ……二〇三〇年頃には、米国はもはや世界最先端の戦闘力を誇っていないであろう」と警告した。[463] また「中国が最先端の武器を生産できるなら、それを特定の要件や組織文化に応じて適用、使用するに違いない」と述べた。[644]

米海軍の退役情報将校であるジェームズ・ファネル大佐は、情報特別委員会の議会証言で、「二〇三〇年までに、中国海軍は水上艦四五〇隻、潜水艦九九隻の約五五〇隻の艦船で構成されると推定される。これに対して現在、議会と国防総省で議論されているのは、二〇三〇年の米海軍で、艦船と潜水艦の合計が三五五隻に達するかどうかというレベルだ」と警告している。[645] ファネルは、中国の大規模な軍備増強の推進要因を次のように要約している。「中国共産党は、地域的・世界的な覇権をめぐる全面的かつ長期的な闘争に従事している」。[646]

シナリオ

外国政府と密接に関わり、その物理的・デジタル的ネットワーク内で自由に活動できる、中国の軍事大国化はどのような意味をもつのだろうか。企業を利用する中国の秘密活動は、米国の国家安全保障と国防計画にどのような影響を与えるのか。パナマ運河からトルコ海峡まで、ホルムズ海峡からマラッカ海峡までの戦略的要衝に中国共産党の秘密部隊が配置されていることは何を意味するのか。もし、巡航ミサイルと奇襲部隊を満載した中国のコンテナ船がメキシコ、あるいはロサンゼルスに停泊したらどうなるのか。二十一世紀の戦争のあり方にパラダイムシフトが起きようとしているのだろうか。

今後、米中間の紛争が勃発する可能性を考えるとき、まず思い浮かべられるのは、台湾海峡などで発射される長距離ミサイルのイメージであろう。そのミサイルが、広大な太平洋を舞台に、艦船や潜水艦、ジェット機が入り乱れて大混乱を起こすというイメージである。また、コンピュータのハッカーとドローン操縦士が、エアコンの効いた快適な司令室から競い合うような戦いを想像するかもしれない。米国人にとって、こうしたドラマの舞台は遠い存在であり、ヒーローはいつも制服を着た勇敢な男性や女性である。

米国本土や都市、自分の近所で起こるかもしれない悲惨な戦闘を考えることはほとんどない。自分の家が中国との戦争の最前線になるなどとは考えたこともないだろう。しかし、そろそろ考え始めるべきかもしれない。中国共産党は、ロケットを一発も発射することなく、米国の天地を揺るがす方法を無数に開発してきた。理論的には、中国軍は誰にも実態を知られることなく、米国の対処能力を上回る、目に見えない飽和攻撃を国土に仕掛けることができる。

このシナリオを考えてみよう。二〇二九年八月二十三日の満月の真夜中に、ネブラスカ州オマハ近郊の最高警備の刑務所が、電子制御の独房ドアと独房棟をすべて開放したらどうなるだろう。これが米国全土の刑務所で起こり、何十万人もの凶暴な囚人がパニックに陥った看守を殺害し、周辺のコミュニティで暴れまわるようになったらどうだろう。もし、同じ地域で警察が使っているデジタル無線ネットワークが、その夜たまたまオフラインになったとしたら。地域的なインターネットの遮断や停電が起こり、連邦捜査官や州兵の出動が決定的に遅れたらどうなるだろう。

米国の大型店舗にある大手薬局が翌朝に開店したときに、定期的な注文のいくつかが無期限に遅れたり、完全にキャンセルされたことを知ったらどうだろう。抗凝血剤から点滴バッグ、インスリンから使い捨て注射針まで、あらゆるものの出荷が不思議なことに間に合わず、他のサプライヤーも緊急注文を満たすことができず、全米の病院が救命治療を制限することになったらどうだろう。

もし、統合参謀本部議長が他の男性と不倫関係にあり、下院議長が親しい友人と人種差別的なジョークを交わすのが好きで、ＣＩＡ長官が心的外傷後ストレス障害の治療を受けていることを示すビデオやテキストメッセージの記録が、『ワシントン・ポスト』紙や『ニューヨーク・タイムズ』紙にリークされたらどうだろう。

もし大統領の車列が、自律走行システムに統計的にありえないエラーが原因で、有毒化学物質を積んだトラクターに轢かれたとしたら。もし、米国最大の物流会社が使っているヘリコプター型配達用ドローンが、旅客機のジェットエンジンに自ら飛び込むようになったらどうだろう。主要な港湾施設でコンテナ船の積み下ろしに使用されているスマートなガントリークレーンが作動しなくなったら。さらに悪いことに、コンテナを間違った場所に積み上げ、船を転覆させ、港の交通を麻痺させたらどうだろう。

メキシコのソーシャルメディアに「ＮＡＳＡがベラクルス州周辺に彗星が衝突することを発見した」というフェイクニュースが大量に流れ、それに続いて「連邦政府当局」からテキサス、ニューメキシコ、アリゾナの全市民に避難勧告のテキストメッセージの警告が発せられたら。これが集団ヒステリーを引き起こし、恐怖におののいた何百万ものメキシコ人家族が米国との国境に殺到したらどうだろう。

もし、オーブンや乾燥機など「モノのインターネット」に接続された電化製品が、米軍基地内にある家庭で過熱し、爆発し始めたら。北米の混乱と暴力が沸点に達したとき、中国の特殊部隊が台湾の総統を暗殺し、人民解放軍が台北を襲撃し始めたらどうだろう。米国国民の信頼を失い、ワシントンが混乱する中で、国防総省が台湾侵攻を阻止するために、世界中の予備軍を呼び寄せる軍事作戦の展開が効果的に行えるだろうか。

米国の生活

中国政府が一連の奇襲攻撃で米国本土を攻撃することを選択する可能性は低いと思われる。中国政府にとって、その影響は計り知れない。米国には侵略者に復讐し、何倍にもして攻撃を返してきたという実績がある。しかし、戦時下では何が起こるかわからない。中国共産党は、米国社会の隅々にまで入り込むことで、多くの選択肢をもっている。また、少なくとも理論的には、中国が武力行使をしなくても勝つ可能性も認めなければならない。ここで、米国社会がすでにどれほど中国政府の慈悲に依存しているかを簡単に検証してみよう。

まず、次のように考えてみよう。今日、米国で新生児が生まれると、その子はすぐに中国共産党の管理する施設で作られた製品に出会う。最初に目にするのは、中国製の手術用マスクや手袋、手術着をまとった医師や看護師、助産師である。ほとんどの母親がするように、妊娠中に妊婦用ビタミン剤や鎮痛剤、抗生物質を服用した場合、新生児は初めて呼吸する前から中国で混合された複雑な化学物質が血管をめぐっていることになる[647]。

新生児の誕生と健康データの記録は、中国製のコンピュータに入力される。その多くはレノボ製のコンピュータである。新生児が生まれたら、両親はスマートフォンで写真を撮る。そして、ズームを使った会話が行われる。新生児の個人データは、中国政府が管理するサーバー会社に送られる[648]。新生児は退院すると、日常的にプラスチック製の風呂桶、ベビーベッド、遊具、チャイルドシートを使うが、それらはすべて中国製である。

米国の母親や父親の多くは、ハイテクに精通した過保護な親である。しかし、それは必ずしもよいことではない。中国製のベビーモニターが一日中、米国の新生児を監視し、高精細カメラがその画像をアプリを通じてモバイル機器に送信している。これらのアプリが個人情報を危険にさらす可能性があることを理解している親はほとんどいない。デジタルビデオを設置し、維持することにはリスクが伴う。

新生児の哺乳瓶や哺乳瓶消毒器、おしゃぶりは、おそらく中国製だろう。成長するにつれもつようになる、歯が生えると噛むおもちゃ、ぬいぐるみ、積み木、人形も中国製だろう。ミシガン大学の科学者が行った調査によると、米国の平均的な子供の部屋には約五キロのプラスチック製品があり、一〇〇以上の中国製の化学物質にさらされていることがわかった。[649]

そして、クローゼットの中には、罪悪感の塊といえるものがある。米国の子供たちが着ているパジャマ、一緒に眠る柔らかいぬいぐるみ、そしてふかふかの枕は、「ブラッド・コットン」と呼ばれる強制収容所の労働力を使う工場から調達された綿を使っている。新疆ウイグル自治区は中国の綿花の八五%を生産しているが、連邦政府は人権問題から新疆綿を禁止している。この禁止令を回避するために、中国はコットンを世界中の衣料品や家庭用品の製造拠点に輸出し、その製造拠点から米国市場に供給しているのである。[650]

米国の子供たちが使う歯ブラシのほとんどは、中国共産党が管理する施設で製造されている。また、幼少期の小さな擦り傷やぶつけ傷、発熱を治療するための救急箱や基本的な医療用品も中国製である。ベッドで読み聞かせる絵本は絵が豊富で、子供は大好きで、噛んだり、ページを破ったり、隣で寝たりする。絵本の多くは、中国共産党中央宣伝部の配下にある印刷所で作られている。[651]『パブリッシャー・ウィークリー』誌によれば、米国の児童書販売会社は、「絵本に関しては、中国メーカーが最も効率的で、場合によっては唯一の印刷方法であることをすでに明言している」のだという。奇妙なことに、米国の聖書やその他の宗教書のほとんども中国で印刷されている。[652]

二〇一七年、シュプリンガー・ネイチャーとケンブリッジ大学出版社の二つの出版社が、数百の論文や記事を中国で検閲していたことが判明した。二〇二二年には、英国の出版社も欧米の読者向けに販売される書籍の検閲を始めていた。『フィナンシャル・タイムズ』紙の調査によると、中国で印刷を行う欧米の出版社は、中国共産党の言論の自由に対する制限に従わざるを得なくなっていることがわかった。[653]もし現在の傾向が続くならば、米国の子供は中国が政治的に好ましくないと考える事柄を読むことはできなくなるだろう。本だけでなく、米国の子供たちが目にする壁掛け地図や地球儀、地図帳のほとんどすべてが、中国の政治関係者の監視のもと、施設で作られたものである。中国政府は、少なくとも二〇一五年以降、これらの製品を検閲している。[654]

ほとんどの子供たちは、中国製のスクリーンやモニターで初めてアニメを見る。アニメそのものも中国が所有する企業で制作され、検閲されるようになっている。飛行機を主人公にした人気アニメシリーズ「スーパーウィングス」は、制作した韓国企業が中国のアルファグループに買収された後、それまで米国の視聴者に提供されていた台湾に関するエピソードを削除した。『グローバルタイムズ』紙によると、あるエピソードに「間違った」地図があり、台湾とチベットが中国国外にあると示されていたという。本稿執筆時点で、台湾のエピソードはアマゾン・プライムのリストから削除され、他のエピソードもそれに応じて番号が変更されている。[655]

米国の子供たちが消費する中国製品はアニメだけではない。宗教上あるいは健康上の理由で豚肉製品を避ける家庭もあるが、ほとんどの米国の子供たちは、ハムやベーコン、ホットドッグ、ミートボール、ペパロニ、ポークチョップ、ランチミート、ソーセージパテを大量に消費している。現在、それらは主にＷＨグループ（万州国際）から供給されている。この中国企業は、スミスフィールドやエクリッチ、ネイサンズ・フェイマス、ファームランド、アーマー、ファーマージョン、クレッチマー、ジョンモレル、マルゲリータ、その他米国の食料品店に出回る主要ブランドを所有している。[656] ＷＨグループは米国および、一部のヨーロッパ、そしてもちろん中国における最大の豚肉製品製造会社である。[657]

ママとパパのオーブンやキッチンミキサー、電子レンジ、オーブンレンジなど、食事の準備に使う機器や、後片付けに使う食器洗い機、洗濯機、乾燥機も中国製品である可能性が高い。それらの機器はますますインターネットに接続されるようになっている。誕生日会では、風船やバースデーケーキのろうそく、アイスクリームやカップケーキのトッピングまでもが、中国の工場で作られたものであることが多いだろう。

もし現在の傾向が続くなら、米国の子供が見る映画やプロスポーツも中国政府の好みに合うよう調整されるだろう。[658] ハリウッドは中国の映画市場に深く依存しており、中国政府は米国の映画およびスポーツ産業に対して、驚くべきレベルの管理能力を発揮している。[659] 全米バスケットボール協会の複数の従業員が、中国共産党の人権侵害に反対発言をしたことが理由で解雇されている。[660]

しかし、本や地球儀、漫画、映画、スポーツは実際どれほどの影響力をもっているのだろうか。大局的にはそれほど重要ではないのかもしれない。子供たちの精神世界は、他の多くの要因によっても形成される。インターネットの仮想空間がこのまま発展し続ければ、二〇三〇年代のティーンエイジャーは、人生のかなりの部分を、中国の共産党独裁政権が支配する企業が運営する、実体験型リアルタイムの仮想世界で過ごすことになる。[661]

さらに、米国のほぼすべての学校は、中国政府が管理する統一戦線組織や学生交換プログラムを通じて、中国政府と密接な関係をもつことになる。[662] しかし、心配はいらない。それは子供にとって有利に働くかもしれない。結局のところ、世界経済が軌道修正されなければ、二〇四〇―二〇五〇年代には中国の独占企業か、あるいは、中国共産党が支配する市場や投資家、物流チェーンに依存して生き残る、より小さく弱い米国企業で働くことになるからである。すでに米国では多くの企業がそうなっている。

ＣＡＲＬとの出会い

では、次の世代に何が待ち受けているのか、より深く考えてみよう。中国のグローバル戦略が成功した場合のシナリオを想像してみよう。その場合、米国型民主主義の未来にどのような影響を及ぼすのだろうか。それは人類にとってどのような意味をもつのだろうか。

考えにくいかもしれないが、そうなるかもしれない。人工知能を搭載したスーパーシステムによって体現される全体主義は、何十億もの人々のことを彼ら自身以上に知ることになる。それはどのような世界だろうか。抽象的な仮説によくある無機質さを避けるために、個人レベルに落として見てみよう。あなたが次世代の一員であると想像してもらいたい。中国政府がＡＩ至上主義で世界を支配している未来にあなたは生まれてきた。

そんな世界では、あなたが初めて目を開ける前から、自動化されたシステムがあなたの遺伝子情報と家族全員の個人的な医療データを収集している。その自動化記憶システムをCentral Automated Records Litigator（ＣＡＲＬ）と呼ぶことにしよう。あなたが成長するにつれ、ＣＡＲＬはあなたに関する医師のメモから、ワクチンや高度な医薬品に対する個々の反応を測定する血液分析まで、あらゆるものを吸収し、分析するようになる。ＣＡＲＬは、あなたの検査結果や医療文書というデジタル情報とともにある。学校やオンライン、キャンプ、休暇、車内、寝室、キッチン、ＶＲ（仮想現実）ヘッドセットなど、あらゆる場所で、あなたが書いたり話したりするすべての言葉を吸収する。

ＣＡＲＬは、あなたのゴシップとドラマとともに育つ。ＣＡＲＬは、あなたが他人の周りで、そして他人があなたの周りでどのように行動しているかを観察する。ＣＡＲＬはあなたがいないときに、あなたの周りの人々があなたについて何を書き、何を言っているかを知っている。何千台もの小さなカメラであなたを見ており、特定の画像に反応するあなたの瞳孔の拡張も感知することができる。さまざまな状況下であなたの脈拍の速度や血圧の変化が、何を意味するのかを理解する。

ＣＡＲＬは、あなたがストレートかゲイか（あるいはその中間か）を、あなたよりずっと前に知るだろう。食べ物や音楽、映画、スポーツ、本、洋服、ゲーム、ユーモア、政治など、あなたの好みをすべて知っている。それ以上に、集団がカッコいいと思わせたいものにあなたの嗜好を合わせ、カッコよくないと思わせたいものからは遠ざけることで、積極的にあなたの好みを誘導する。それは、あなたの欲望、空想、恐れ、強み、限界、盲点を理解している。知能指数や心の知能指数、大学入試試験のスコア、血圧、平均安静時脈拍、コレステロール値、すべてのパフォーマンス測定値を知っている。

ＣＡＲＬはあなたを延々と実験台にし続ける。画像を送り、あらゆる状況に置いて反応を見る。気の遠くなるような大量のデータを収集し、その意味を理解することができる。やがて、どんなボタンを押せば、激しい快感や耐えがたい苦痛を与えられるかがわかるようになる。あなたを笑わせたり、泣かせたり、怒りに震わせたりすることが自在にできる。眠っているときに悪夢を見せることもできる。必要な結果を得るために、深い眠りにつかせないようにもできる。

CARLは人間の行動を規定する報酬や罰を与えるのに、非常に効果的である。集団の意向に沿うよう訓練する。誰と仲良くするか、誰を追い出すか、誰を憎むか、そしてもちろん、いつ何も感じず周囲の人々に対して無感覚にさせることもできる。年齢を重ねるごとに統計的な正確さを増しながら、与えられた状況であなたが何を考え、どう行動するかを予測することができる。最終的には、この政府が運営するAIスーパーシステムが、あなたの心も体も魂も所有することになる。[663]

さて、これらのことをすべて想像し、あなたの知っている最も幼い子供について考えてみてほしい。もし中国共産党が米国を追い越して世界征服に成功したら、その子供は生きている間にCARLとその恐怖を目にすることになるだろう。あなたがあと十年、二十年生きれば、あなたも同じ経験をする。

でも、あなたと彼らの間には大きな違いがあって、彼らはCARLがそこにあることさえ意識しないだろう。ミレニアル世代がパソコンやインターネット以前の世界を知らないように、彼らもCARLが存在する以前の世界を知らないだろう。あなたと違って、彼らはこの本を（あなたが読んだことのある他の多くの文章も）読むことはないだろう。「誤った」言葉はすべて消される。あなたが今日、CARLによる思想統制システムのない世界を当然のことと思っているように、彼らはＣＡＲＬを当然のことと思うだろう。

もしあなたがそんな話は純粋なＳＦであり、現実には起こらないと考えるなら、そう考えるのはあなただけではない。しかし、あなたは間違っているかもしれない。中国共産党はすでにＣＡＲＬの初期プロトタイプを開発している（もちろん、別の名前で）。[664] そしてＡＩの助けがなくても、中国政府はすでに人々の考え方を誘導し、事実や客観的現実から遠ざけている。米国政府でさえ、中国について論理的に考えることができなくなっている。これまで見てきたように、米国政府は国家の安全保障を確保するための基本的で常識的な措置すら講じることができず、多くの場面で迷走を続けている。

中国共産党が中国のイスラム教徒に対して組織的に民族虐殺を行い、それでも中東、北アフリカ、東南アジアのイスラム教指導者の賞賛と協力を得られるような世界に、我々はすでに生きている。[665] 中国においてキリスト教会と聖書が破壊され、カトリック教徒が入獄されているにもかかわらず、ローマ教皇が沈黙を続ける世界に我々は生きている。フランシスコ教皇は、中国のカトリック教徒に無神論政権の法律に従うよう促し、（今のところ）中国政府に配慮してダライ・ラマや台湾の総統に会うことを拒否している。[666]

我々はすでに、中国の競合企業が自分たちから盗み、世界市場で自分たちを破壊し、取って代わろうとしていることを知っていながら、米国の大企業が中国から撤退して自分たちの会社を救おうとしない世界に生きている。このような企業が中国政府のためにワシントンでロビー活動を行うことも多い。中国の巨大な消費者市場から得られる短期的な利益は、見過ごすにはあまりに惜しい存在なのである。多くのＣＥＯは、中国抜きで将来の利益を予測することは不可能と考えているようだ。米国企業は中毒になり、依存している。大多数の企業は、生き残るために習近平のいいなりになるしかないと確信しているようだ。[667]

我々はすでに、国連がその創設理念に反して、西側の民主主義者よりも中国の独裁者を支持する世界に生きている。今日、国連機関は、中国共産党が発展途上国に大量監視と抑圧の手段を輸出するのを助けている。国連機関は、国際社会から与えられた信頼を利用して、中国当局が他の方法ではアクセスできないような場所、人、データにアクセスすることを認め、中国政府にイデオロギーで対立する国に対抗するための影響力を与えている。中国側の主張を繰り返し、反対する声を検閲している。[668]

我々はすでに、米国が自らの建国の理念に反して、台湾人の自決権行使の試みに積極的に反対する世界に生きている。一九七九年以来、台湾政府がつねに中国から独立しており、台湾が国民主権を享受する自由民主主義国家であるにもかかわらず、米国は台湾の政治的正統性を否定している。台湾は今や世界で十指に入る民主主義国である。[669]それにもかかわらず、米国をはじめとする西側諸国の外交官は、中国共産党に配慮して、台湾を国民国家として存在しないことにしているのである。

これが今日の世界だとしたら、中国の力が増大し続ける明日の世界はどうなっているのだろうか。まだ比較的弱い状態の中国の成長を止めることさえ、米国や他の国々はしていない。将来、もっと強くなる中国を誰が止められるのだろうか。

米国の未来

中国は毎年、数十億ドルもの資金を流出していると推定されている。[670] 中国政府の幹部は政権崩壊に備えた保険として、海外に不動産を購入し、息子や娘を海外の学校に通わせたいと考えている。見落とされがちなのは、中国共産党がブランド模倣品や海賊版ソフトウェアを販売し、同時に先進国の知的財産や企業秘密を盗んで、どれだけ儲けたかということだ。その額は誰にもわからないが、ＦＢＩは中国による窃盗行為によって米国が年間最大六〇〇〇億ドルを失っていると推定している。[671] 近年ＦＢＩは、デュポン社のオレオ・クッキーの白いクリームの秘密配合からＧＥアビエーションのジェットエンジン技術、海軍のドローン設計から米国スーパーコンダクターの風力タービンを制御するソフトウェアのソースコードに至るまで、あらゆるものを盗用したとして何百人もの中国人工作員を逮捕している。[672]

他の先進国も同程度の被害を受けていると仮定すれば、盗難の規模は先進国だけで年間一兆ドルを優に超えるはずである。しかし現実には、発生する損失は均等ではない。他の国々は米国よりもはるかに脆弱である。日本やドイツ、インド、イギリス、フランスがこれに次ぐ経済大国である。中国によるスパイ行為（経済的なものであれ、その他のものであれ）は、そのいずれの国においてもほとんど報告されず、訴追されることもない。
同盟国と比べて、米国政府は中国共産党の経済戦争から身を守るための取り組みにきわめて積極的である。二〇二二年、FBI長官のクリストファー・レイは、連邦政府は二〇〇〇件以上の防諜調査を進めており、FBIは平均十二時間に一回、新たな中国案件を立ち上げていると述べた。「中国のハッキングプログラムの規模や、ハッカーが盗んだ個人・企業データの量は、他のどの国よりも大きい……東ドイツの監視の悪夢とシリコンバレーの技術を組み合わせたようなものだ」とレイは述べた。[673]

もし米国が毎年六〇〇〇億ドルを損失しているなら、保護が弱く対中対抗政策をとらない他の民主国家では状況がどれほど悪化しているか想像がつくだろう。中国経済がもし孤立していたとしたら、根本的に不健全な経済だった可能性は高い。中国政府による基本的な経済法違反や市場歪曲行為、不法行為、不動産バブルなどはよく知られている。

しかし、中国経済は根本的に不健全には見えない。たとえパンデミック時に一時的に停滞したとしても、中国は再び立ち直り、成長する可能性があるとエコノミストは考えている。[674] 中国は孤立しているわけではなく、他国から搾取する経済慣行を展開している。中国共産党はホスト国が衰退しても中国を強くする、世界貿易システムを構築している。これまで見てきたように、中国共産党は世界中の政財界のエリート意思決定者をターゲットにして、彼らを富ませ、影響を与え、誘惑し、コントロールする方法を見つけることによって、これを実現しているのである。いったんエリートが取り込まれると、中国の独占企業が外国の競合企業に打ち勝ち、彼らの社会を貧困化させるようになる。

中国政府の世界戦略が最終的にうまくいくかどうかを判断するのは時期尚早である。しかし、うまくいくかもしれないし、今のところ、習近平や中国共産党の戦略家たちがいう方向で、多かれ少なかれ機能しているように見える。米国は中国に対してより現実的なアプローチをとり、戦略的な競争相手と位置づけ、敵対的な貿易相手国として扱っている。にもかかわらず、米国政府は国家安全保障上の存亡の危機に対して場当たり的な対応しかしていない。中国の力は増大し、米国を凌駕する可能性がある。第一次冷戦でソ連は敗れたが、第二次冷戦で中国が勝てないという保証はない。

中国政府は、独自の共産主義を普及させ、世界帝国を建設するために、高度で大胆な計画を実行している。中国共産党は、比類のない新しい全体主義秩序を構築しようとしている。我々は、中国の世界戦略に関するリークされた軍事文書を検証し、シナリオに基づいたアプローチで、その将来への影響を探ってきた。これから難しい部分に入る。現状の把握である。

第十三章

中国の影響力をどう測るか

「アステカやインカがもう少し自分たちを取り巻く世界に関心をもち、スペイン人が隣国に何をしたかを知っていれば、スペインの征服にもっと強く、うまく抵抗できたかもしれない」[675]

――ユヴァル・ノア・ハラリ

今後、米国と中華人民共和国のどちらが勝っているのか、どのように判定すべきなのだろうか。世界の超大国間競争において、どちらが優位に立っているのか、どのように判断すればよいのだろうか。これは非常に大きく、複雑で、体系化されていない厄介な問題である。競争の多くの領域が機密扱いであり、公開情報による評価は不可能である。量子コンピュータや自律型兵器、防衛バイオテクノロジー、サイバー戦争などで、どちらが優勢なのかわからない。暗号の作成と解読能力が優れているのは、米国なのか中国なのかもわからない。

ＣＩＡが南米や東南アジア、アフリカで最高の秘密工作を行い、政治や経済、軍事の重大な決定の結果に密かに影響を与えているのかはわからない。それとも中国共産党国家安全部のほうがリードしているのだろうか。我々にはどの諜報機関が相手国の政府や軍内部により多くの秘密工作員を抱えているかを知る術はない。コンピュータに侵入する「トロイの木馬」は人民解放軍の戦略支援部隊が最も優れているのか、それとも米国の国家安全保障局が優れているのか、推測するしかない。どの政府の見えないバックドアやデジタル潜伏マルウェアが優れているのかはわからない。相手の重要インフラを操作するハードウェアやソフトウェアへのアクセスをより多くもっているのは、米国なのか中国なのか。それは我々にはわからない。

他の分野でも判断できないことがある。重要な問題で今はまだわからず、将来の判断を待たなければならないものもある。どの国が最終的に、最も優秀な頭脳の人的資本を最大限に活用することに優れているかはわからない。中国が天才的な人材で優位性をもっているのか、米国なのか。今後数十年先を見据えて、どちらが研究開発への投資を正しく行っているか、将来的に経済的生産性や戦略的優位性で最も大きな効果をもたらす投資を行っているかはわからない。

また、もし紛争が起きたらどうだろう。短期間の激しい戦争では、どちらの軍隊が勝つのか。長期間続く戦争ではどうだろう。どちらがよりタフで戦争に強く、心理的回復力のある国民、つまり国家のために窮乏を味わい、犠牲を払うことができる国民、長引く停電や食糧配給、そしておそらく核の旋風にも耐えられる国民をもっているだろうか。どちらの国が最終的な勝利のために我慢できるだろうか。[676] このような疑問に対する答えは知りたくもないし、できれば知る必要もないだろう。

一見わかりやすい指標でも、よくよく調べてみると、非常に厄介なものがある。たとえば、総合的な経済力である。マクロとミクロの両レベルで中国の経済状況が不透明な中で、どちらが優勢かをどのように判断すればよいのだろうか。中国政府の公式報告書や決算公告がプロパガンダに過ぎないかもしれないのに、確信をもって判断できるだろうか。中国共産党の負債や投資、ペーパーカンパニーの内容をどうやって解明できるのか。昨年の中国経済成長率は本当に八%だったのか、それとも実際は二%だったのか。あるいは、マイナス一四%なのか。外国の経済学者でその違いがわかる者はいるだろうか。中国政府の公式統計に真っ向から反論する人はほとんどいないようだ。

もう一つの例は、軍事費である。それぞれの国防予算を比較するのは簡単だ。二〇二一年、米国は国防費として約七五〇〇億ドルを支出し、中国政府は約二五〇〇億ドルを支出したと発表した（ただし、実際の支出額をより正確に反映させると五〇〇〇億ドルに近いかもしれない）。[67] 闇予算や予算外の軍事費はもちろん推定不可能で、とくに中国の場合、省政府や企業でさえ資金提供をさせられている。しかし、この謎を解くのに本当に難しいのは、その点ではない。仮に魔法の杖を使って、中国が毎年国防に費やしている金額を正確に示す権威ある内部の数字を入手できたとしても、中国がそのお金（この場合はデジタル人民元）でどんな効果を得ているかはわからない。彼らが知らないから、私たちもわからない。平時において戦闘力や損害比率などを正確に測定することはできない。

また、中国と米国の費用対効果を比較するのも難しい。中国の空挺部隊一個旅団の訓練、人員配置、装備にどれだけの費用がかかるかは不明である。また、原子力潜水艦の艦隊も同様である。操縦可能な対艦弾頭を搭載した中距離弾道ミサイルの中国での相場もわからない。また、米国の同等品と比較して、想定されるコストも不明である。多くの場合、米国には直接の同等品がない。両国とも戦車や飛行機、潜水艦を保有している。しかし、中国だけが現在、ある種のロケット（対艦弾道ミサイルなど）を実戦配備している。

汚職が防衛予算にどう影響しているか。汚職はどの程度まで状況を歪め、報告された数字を増やしているのだろうか。もし、中国の誰もが出世のために帳簿を偽装していれば、正確な数値化は不可能である。スパイ行為についてはどうだろうか。たとえば、中国空軍が無人ステルス爆撃機計画にどれだけの資金を使っているのか。もし、研究や開発、試験、評価作業がカリフォルニアの米国人によって行われ、中国の情報機関がそれを盗んだとしたらどうか。

戦略競争を大幅に変える兵器技術の大発明が、中国共産党中央組織部が採用した怪しげのないスウェーデン人科学者から生まれたとしたら。次の技術革命が、トロントの大学研究室で働くファーウェイから資金を受けた教授とその大学院生チームから始まったら。中国の軍民融合戦略が海外の研究者の頭脳を活用することで、兵器技術やその他の戦略的情報を手に入れることをめざしているのは明らかである。

中国の自由放任な環境と搾取的な産業慣行を考えると、中国の国防産業複合体が囚人を軍需工場やレアアース鉱山で働かせる可能性もあるが、それでどれだけのお金を節約できるか。規制を無視し、自然生態系に害のある方法で有毒物質を保管することで、人民解放軍はどれほどの節約をしているのか。中国には、議会の監視委員会や非政府の権利擁護団体、独立したシンクタンク、メディアの監視団体などというものは存在しない。中国政府は調査委員会などを必要と考えない。

では、このような不確実性の中で、私たちはどうすればいいのだろうか。じつは、秘密や不可解、未知、ミスマッチにもかかわらず、判断材料はたくさんある。確かな情報に基づいて推測できることは、さらに多い。実際、多くのことが論理と常識から導き出される。既存のデータを総合すると、誰が競争に勝っているのか、洞察に満ちた（まだ不十分ではあるが）情勢判断ができるかもしれない。

トップレベルの優位性

まず、トップレベルの簡単な質問から始めよう。どちらが明確な未来像をもち、それを実現するための明確なビジョンをもっているのか。中国政府には戦略的目標とそれを達成する計画があり、米国にはないことがわかっている。このことは、米国にとって問題である。フットボールの試合で、世界チャンピオンチームを編成しても、選手がエンドゾーンの方向を知らないのでは意味がないし、ましてや全員がエンドゾーンに入ることを望んでいるのかどうかもわからない。囲碁の対局では、特定の場所が幸運だからといって同じ場所にすべての石を積み上げると、確実に包囲され石を取られてしまう。他方、激しい競争環境ではどんな計画も長期間役に立たない。だから柔軟性をもって、急激な変化に対応したほうがいいのかもしれない。

それに関連して、どちらの政府がより危機感をもって競争に臨んでいるかという疑問がある。

両者とも、自分たちの生命が脅かされるのを恐れているのか。また指導者たちにとって、勝利は本当に生死に関わる問題なのか、それとも重大ではない二次的な優先事項なのか。中南海でもホワイトハウスでも、大規模で起こる不自然で暴力的な死がもたらされる脅威があればそれに集中するだろう。そして、独りよがりで不確実、かつ注意散漫な指導者ほど、意思決定や行動を鈍らせるだろう。米国にとって、国家安全保障のすべての分野でリスク回避手段をとるのは難しい。

ここで、もう一つの疑問が浮かぶ。国家指導者が自ら競争に関わろうとしているだろうか。これまで見てきたように、中国共産党はしばしば感情的な問題を抱えた指導者を生み出し、「お前は死ね、俺は生きる」といった悪意に満ちた世界観をもっている。[678] 米国の指導者たちは非常に異なっている。外交を利益最大化のためのビジネス取引と考える者もいれば、外交を神に似せて作られた良識ある、自国と地球にとって最善のことを望む人々の間の交渉だと考える者もいる。

しかし、多くの指標があるため、全般的な状況について確固たる結論を出すことは難しい。誰が勝ち、誰が負けたかを明確に判断することはできないが、さまざまな競争領域でどちらが全般的に優位かを知るための基本的な質問には答えられる。もちろん、このような比較には批判的分析が必要である。数字だけに頼った分析は、現実の世界では意味をなさないかもしれない。たとえば、中国の海軍の艦船が三五〇隻で、米海軍の艦船が二八〇隻だといっても、艦船の大きさや乗組員、能力、使命の点で大きく異なっていたら単純に比較できない。

多くの場合、量はほとんど問題ではなく、重要なのは質である。しかし、品質に関する判断はあくまでも評価であり、推測や主観が入ってくる。それでも、不確実性や微妙なニュアンスにとらわれてしまうのは愚かなことだ。最善の推測をするのは、何もしないよりはましである。単純で欠陥のある分析枠組みであっても、繰り返し批判し、テストし、改良していけば、有用なものになる。このような考え方で作った次ページの表では、トップレベルにおける戦略的競争の状況を把握するため、それぞれの指標で大雑把な比較を行った。

全体的に見ると、米国が優勢に見えるが、中国が追い上げてきている。

さらなる四つの評価指標

米国が中国とうまく競争しているかどうか、他にどのように判断したらよいのだろうか。単純な集計や主観的な推測のほかにも、スコアを記録するための指標がある。これらの情報は、現在どちらが勝っているか、そして十年後、二十年後にどちらが勝っている可能性があるかを判断するのに役立つかもしれない。とくに重要だと思われるのは、四つの競争領域である。これらの領域は、米国の民主主義と中国の独裁主義との間の闘いに新しい光を当ててくれるかもしれない。

最初の指標は、米国の重要な部門と重要なプレーヤーが、自国の国家安全保障を助けているのか、損ねているのかということである。ウォール街の取引場やハリウッドのスタジオ、シリコンバレーの新興企業インキュベーター、マスメディアの役員室、有名大学の研究室で何が起きているかは、非常に重要なことである。自由社会の主要な部門が中国マネーへ依存し、全体主義国家

戦略的優位性のトップレベル評価指標

指標	優位国
戦略的目標と将来的なビジョン、勝利の具体像をもっている	中国
勝利のための計算された計画をもち、全員がそれに同意している	中国
競合相手を存亡の危機と見なし、勝利が死活問題と考えている	中国
国家指導者が競争に没頭している	中国
国家指導者がより競争的な世界観をもっている	中国
国民の同意によって生まれた政府で指導者が地位に自信をもつ	米国
継続性（暗殺や不慮の死など指導者の空白に対する備え）がある	米国
強力な同盟国や安全保障パートナーのネットワークをもっている	米国
貿易相手国とのネットワークが強い	中国
より大きな経済規模をもっている	米国
国防費をより多く使っている	米国
教育や研究体制が充実している	米国
悪い指導者を批判し、交代させる能力が備わっている	米国
より透明性が高く、危機の際に重要な情報を共有するのに長けている	米国

の人質であり続けるならば、米国の民主主義は繁栄どころか、生き残ることもできないかもしれない。

第二に、関連する指標として、米国人が依存する、死活問題に関わる製品が、中国政府と軍の管理下にある企業から供給されているかどうかを調べる必要がある。現在、米国の食糧やコンピュータ、自動車部品、スマート機器、通信ネットワーク、監視システム、医薬品、重要インフラ、医療安全機器などのうち、中国企業によるものが非常に大きな割合を占めている。米国政府は国民の健康と福祉に対する圧倒的な影響力を中国政府に与えている。それは中国共産党に戦略的優位性を与えている。米国は、イデオロギー的に対立する国から、迅速かつ賢明に自らを解き放つことができるだろうか。

第三の指標は、連邦政府が崩壊と破壊から自らを守れるかどうかである。国民の認識が重要である。自動検閲や魅力的なメッセージ、恐怖を煽る広告が組み合わさり、多くの米国民が操られれば、自分たちの民主主義に反旗を翻すことも考えられる。ビッグデータや高度化する個人嗜好分析、本当に思われるフェイクニュースが氾濫する時代において、TikTokのようなアプリをスマートデバイスにインストールすることは危険だと思われる。敵対的行為で感染しやすいソーシャルメディアが爆発的に増加していることが、厳しい情勢を生んでいる。

第四の指標は、台湾が生き残れるかである。台湾は、今後数年間に超大国間の戦争が起こるかどうか、また、米国が世界最大の軍事大国であり続けるかによって、その将来が大きく左右される国である。その意味で、この指標は最も重要かもしれない。中国が台湾への侵攻を成功させられるかどうかはわからない。しかし、中国は台湾海峡において、米国と台湾、日本、その他の潜在的な協力国の総計よりも大きな軍事力を構築しており、これは非常に悪い兆候である。軍事バランスは崩れ、悪化の一途をたどっている。米国軍は多くの重要な競争分野で、中国共産党に後れをとっている。米国とその同盟国は、中国との戦争が今日まで起きていないことで安心していてはいけない。過去の平和の記録は、将来にとって何の意味ももたない。

国家運営と競争の重要な分野の多くで、米国人は日常的に国益を損ねていて、全体的に間違った方向に進んでいるように思われる。パンデミックにもかかわらず、中国の総合的なパワーは増大し続けている。米国人の中国への依存度は著しく高く、中国共産党の世界的影響力は拡大し、米国は劣勢に立たされている。この十年間に現在のトレンドが変わるかどうかは未知数である。楽観要因はあるが、現時点で多くの悪いことが起こっているのに、将来よいことだけが起こると推測するのは賢明ではない。

中国の弱点

中国の国民や政府、共産主義思想はあらゆる面で優れており、世界的に模倣されるに値すると習近平は信じているようだ。しかし、基本的な事実と数値はまったく異なる。国連のデータによると、中国は世界の人間開発指数（ＨＤＩ）で八五位である。ＨＤＩは健康や教育、生活水準などの分野における各国の成果を測定したものである。中国のＨＤＩスコアは、戦争で荒廃したウクライナ、拉致問題のあるメキシコ、テロリズムを輸出するイランよりも低い。ちなみに、米国は一七位（カナダ、ニュージーランド、スカンジナビア諸国よりも低い）である。[679]

二〇二一年、国境なき記者団は、世界報道の自由度指数で中国を一七七位にランク付けした。これは下から数えて四番目だ（北朝鮮とエリトリアが絶対的なワースト一位）。「中国はインターネットの検閲、監視、プロパガンダを前例のないレベルで行っており、指数では最悪レベルであり続ける」と報告書が書いている。[680] ちなみに米国は報道の自由指数で世界四四位、台湾や韓国よりも低い。[681] 国境なき記者団は二〇二一年の報告書で、習近平を「報道の自由の略奪者」と呼んだ。[682]

フリーダムハウスというＮＧＯ団体は、世界の自由を評価する際、中国に一〇〇点満点で九点の総合得点を与えた。[683] チベットが一点という、最も全体主義が強い国という評価で北朝鮮（三点）よりも悪い。ちなみにカナダは九八点、台湾が九四点、米国は八三点である。[684] フリーダムハウスは声明を発表し、「世界で最も影響力のある民主主義国家として、米国は自由のための世界的な闘争と人権と法の支配に基づく国際秩序の確保において果たすべき重要な役割を担っている」と述べている。[685]

米国務省の二〇二〇年の中国の人権に関する報告書によると、「（中国の）治安部隊のメンバーは深刻で広範な虐待を行った」とある。国務省は民族虐殺行為やその他の人道に対する罪を挙げ、共産党が一〇〇万人以上の民間人を強制収容所に入れ、さらに二〇〇万人を昼間だけの洗脳

（党でいう「再教育」）の対象にしていると指摘した。[686] 深刻で広範な虐待には、「強制不妊手術、強制中絶……強姦、恣意的に拘束された多数の人々への拷問、強制労働、宗教または信仰の自由、表現の自由、移動の自由に対する強権的制限」などがある。[687] 国務省はまた、政府による不法殺害や強制失踪、拷問など、中国におけるその他の重大な人権侵害に警告を発した。また、深刻な腐敗や人身売買、強制労働、児童虐待に関しても重大な懸念を表明している。[688]

ヒューマン・ライツ・ウォッチは二〇二二年世界報告の中で、中国政府が「国の内外で弾圧を倍加させた」と指摘した。同団体は「中国政府の情報操作は蔓延している。政府は検閲を行い、反対意見を罰し、偽情報を伝播し、技術大手への手綱を強めている。かつては意見百出したインターネットは、今や政府寄りの声によって支配され、彼らが国家主義に反すると判断した人々の意見を当局に報告している」と述べている。[689]

中国の深刻な社会問題は、世界最悪の公害によって悪化している。医学誌のランセット誌は、二〇一七年に中国における大気汚染によって一二〇万人が死亡したと推計している。[690]『ニュー・サイエンティスト』誌によると、過去二十年間に大気汚染によって死亡した中国の成人は約三一〇〇万人である。[691] 米国務省は声明で、国際エネルギー機関のデータを引用して、「中国におけるエネルギー関連の二酸化炭素排出量は二〇〇五年から二〇一九年の間に八〇％以上増加している」と述べた。[692] 二〇二〇年八月、当時のマイケル・ポンペオ国務長官は「中国共産党の経済のあまりに多くが、大気や土地、水質を故意に無視することで成り立っている。中国国民と世界はもっとよい扱いを受けるべきだ」と述べた。[693]

ライス大学ベイカー公共政策研究所が発表した研究によると、「中国の役人は海外では環境に配慮しているといいながら、国内では産業経済と政治的立場を強めるために石炭を燃やしている……この絶え間ない石炭消費のために、中国は二〇二〇年に二酸化炭素排出量が実際に増加した唯一の主要産業国であった」。[694] 水質汚染の問題はさらに極端だった。研究者の推定によると、中国の地下水の最大九〇％は飲用に適さないほど汚染されており、五〇％以上は農業や工業に利用することもできない。[695]

『中国の悪夢――崩壊する国家の大望』の著者であるダン・ブルメンタールは、「習近平は中国の成長の原動力そのものを破壊している……経済的、社会的な問題は、中国が世界を支配する能力を妨げるだけでなく、国内でも党に問題をもたらす」と書き、「中国の台頭がずっと続くとは限らない」と述べている。[696] 二〇二一年、ガブリエル・コリンズとアンドリュー・エリクソンという二人の著名な中国専門家が、人口統計や経済、軍事など幅広いデータを調査して、中国の将来の力を予測した。彼らは、中国は相対的なパワーのピークに近づき、衰退を始めるとの立場をとった。二〇二〇年代後半から二〇三五年にかけて、「中国は戦略的に回復できないほどの転換期を迎えるだろう」と予測している。[697]

多くの点で中国政府が、中国自身にとっての最大の敵であるように見える。多くの米国の戦略家は、世界各国の中国に対する恐怖と不信により、広範囲で反発が生まれていると考える。マイケル・ベックリーとハル・ブランズは、「各国は最近、中国の市場に魅了されなくなり、その強圧的な能力と攻撃的な行動をより心配するようになっている」と書いている。「数十カ国が自国のサプライチェーンから中国を排除しようとしており、反中国連合が急増している」[698]。ベックリーとブランズは、こうした戦略的逆風が最悪のタイミングで起きている点を指摘した。中国の経済成長率や生産性、労働年齢人口はすべて低下しており、国家債務も急増している[699]。

人民解放軍の内部資料によると、中国政府は広報担当者がいうほど自信満々ではないことがわかる。彼らは「中国モデル」が完璧には程遠く、多くの作業を必要とすることを認めており、中国がまだ米国に追いついたとは考えていない。ある文書によると、「現在、米国は世界における巨大な経済力と先進的な科学技術、大規模で強力な軍事力を有している。総合的な力では、米国はまだ相対的に優位に立っている」とある。この文書は、「覇権国の力が衰え、その成長が抑制されるには、かなり長い歴史的プロセスが必要である」と沈痛な思いで結んでいる[700]。この文書の文言は、中国の戦略家は米国が必ずしも衰退するとは信じていないことを示している。さらに、共産党が目的を達成するためには、米国政府の力を積極的に削いでいく必要があると中国政府は考えている。中国が継続的に力を伸ばしながら米国を貶（おとし）めることができない限り、米国は優位に立ち続けるだろう。

この各種のデータから見える中国の国家像は、中国の支配者の精神状態を疑いたくなるほど、厳しいものである。習近平は現実をよく見ていないのだろうか。自分の自画自賛の物語を信じ切っているのか。誇大妄想に苦しんでいるのだろうか。強い劣等感に苛まれているのだろうか。彼の攻撃的な努力と威圧的な世界的野心は、悲劇的なまでに低い自己評価から生まれているのだろうか。

習近平という要因

習近平という人物について、あるいは彼の家族や友人、顧問、敵の私生活や公的な生活について、我々は驚くべきほど少ししか知らない。中国では非常に強い情報統制がとられており、ボブ・ウッドワードやマイケル・ウルフのようなジャーナリストは存在しない。政治ジャーナリズムの調査報道（あるいは政府から独立した報道）は、国家反逆罪の行為と見なされる。中国政府の元職員や政府関係者が記者や学者と話すことはほとんどない。話すとしても、政権に有利な政治目的を達成する台本通りの行動である。

中国の世論は中国共産党によって操作され、誘導されるものと考えられている。ギャラップ社の世論調査で研究し、高揚したスピーチや広報キャンペーンで影響を与えるものではない。政府の透明性というのは中国にはない概念である。質の高い、批判的、ゴシップ的な暴露記事は決して書かれることがない。ライバル政党も存在しない。権力の均衡も、開かれた選挙も、法の支配もない。

「永続的な闘争」（暴力的な政治的粛清）が、悲惨な政策を修正し、ひどい指導者を罰するための唯一の利用可能なメカニズムである。しかし、その闘争はトップダウンで行われる。つまり、すべての主要な決定に実際に責任を負う最高指導者が非難されることはない。これが、歴史上の多くの独裁政権が急速に衰退した理由である。権威主義国家は時間とともに萎縮し、硬直化し、衰退する傾向がある。思想的な主張はともかく、習近平には内部が腐敗していく過程に対する対策はない。習は中国の表面的な症状を治療することはできても、病気そのものを治療することはできない。彼自身が病原なのだから。[701]

習近平のカルト的な個人崇拝には、何ら特別なものはない。似たようなキャンペーンは、世界の共産主義の歴史を通じて行われてきた。[702]習近平のユニークな点は、その野心や大胆さではなく、世界から尊敬され、他の共産主義者が失敗した分野で戦略的な成果を得ている点である。

習近平の著書や演説を分析すると、彼の思想は決して新しくもなければ、特別に魅力的でもないことがわかる。習の著作は膨大で、その数は増え続けている。共産主義教義に対する最大の貢献は、中国の民族主義、とくに漢民族の最高の「知恵」と「文明」をマルクス主義の伝統の上に接ぎ足したことである。これは、国際主義を標榜したマルクス自身の思想に対する背信行為であることは明らかである。

しかし、民族の偉大さや人種の優越性という概念を広めるという大罪を犯した共産主義者は、習近平が初めてではない。習近平はこのことを目的達成のための手段と言い切っている。習近平の著作では、中国の使命を正しく理解すれば、完全に世界主義的な国際主義体制の実現だと説明されている。中国は、マルクス（と習近平があまり評価していないレーニン）が思い描いた国境のない地上の楽園を築こうと努めているのである。この目的のために中国共産党は、全人類を、少なくともすべての統治する政治組織を、自分たちのイメージ通りに作り上げ、それによって、民族主義の問題を克服しようとしている。[703] これは政治学的に見ると狂信的なアプローチだといえる。

　しかし、どういうわけか習に関していえば、世界のエリートたちは検証することなく、信頼し続ける。中国製の電子機器を家庭や職場、学校など重要なインフラに置き続ける。中国の商業的、工業的成功に投資し続ける。映画や国際的なスポーツ・イベント、科学プロジェクトで中国と協力し続ける。食料や医薬品、ベビーモニター、書籍などの重要な物資を中国に依存し続ける。

　欧米の観察者たちは、中国の多くのシステム上の問題や弱点を正しく診断してきた。しかし中国の将来については、一貫して間違っていた。二十年以上にわたって、チャイナ・ウォッチャーは共産主義政権の急激な衰退や崩壊を予測してきた。しかし、それは一度も実現しなかった。それどころか、共産党は勢力を拡大し続けている。

　もしかしたら、習近平は本当に優れた政治家であり、中国政府のプロパガンダには真実の部分があるのかもしれない。「中国モデル」や「人類運命共同体」などのスローガンを掲げて、非自由主義的な勢力が拡大しているのかもしれない。もしかしたら、とんでもない世界秩序が形成されつつあるのかもしれない。もちろん、中国共産党がソ連型の崩壊を遂げ、さらに悪いことに、習近平の名が後世の中国人から忌み嫌われることもあり得るだろう。未来の歴史家は共産主義という言葉を、現在の大多数の米国人のように、何か不愉快でばかげたもの、話すのさえ愚かなものと見るかもしれない。

とはいえ、習近平の功績は本物である。習政権において国際舞台における中国の影響力とパワーは否定できないものになった。ある領域ではあまりに圧倒的で、抵抗することが無駄であるかのような感覚を生んでいる。現在の中国共産党は、その影響力と範囲において歴史的に類例がない。習の前任者たちはこのような影響力の行使を空想しただけであり、彼らの過去の夢は現在の習近平にとっての現実である。問題は、次に何が起こるかである。

第十四章

米中間の第二次冷戦

「永遠の真理がある……たとえば、自由、正義など、あらゆる社会状態に共通するものである。しかし、共産主義は永遠の真理を廃絶し、あらゆる宗教、あらゆる道徳を廃絶する」[704]

――『共産党宣言』

私たちが知っている世界は、それほど安定しているわけではない。並外れた人々や技術、そしてそれらが組み合わされれば大きく変化する。歴史では多くの抜本的な政治変革が行われた。アレキサンダー大王やジンギス・カン、ナポレオン・ボナパルトは、それぞれの帝国を生涯かけても無理だと思われた範囲以上に拡大させた。しかし、その範囲はつねに地理的要因などの制約によって制限された。世界征服が可能になったのは、ごく最近のことである。

二十世紀前半には一党独裁の独裁体制が出現し、完全なイデオロギー支配をめざす恐怖政治が行われた。アドルフ・ヒトラーを筆頭に野心家たちは、無限の権力を手に入れるための道を模索した。それは、ヨーロッパやアジア、アフリカの広大な土地を侵略し、占領することを意味する。戦争には人力を、軍備には産業を、そして優れた兵器の開発には科学を総動員する必要があった。

もし第二次世界大戦が違う展開になっていたら、ナチス・ドイツは想像を絶することを成し遂げていたかもしれない。たとえば、第一次世界大戦でチャーチルがフランスの野原で砲撃に倒れたり、暗殺や飛行機事故、交通事故などで命を落としていたら（実際、チャーチルはそれらで命を落とすところだった）、どうなっていただろう。チャーチルのリーダーシップがなければ一九四〇年夏、大英帝国はナチスに屈服し、今日の世界は存在しなかっただろう。

歴史のイフはいくらでも考え出せるし、探求できる。しかし、過去の特殊な状況が違っていたら、何が起こったかはいつもわからない。反実仮想は証明することはおろか、検証することもできず、創造的な憶測しかできない。すべてフィクションの世界である。しかし理論的には、一九四〇年代にナチスが世界を支配していたら、今ごろ世界中の人間が皆ドイツ語を話していたかもしれない。あるいは、祖先が長引く世界大戦の混乱の中で死んで、我々は生まれてきていなかったかもしれない。

結局のところ、現実に何が起こったのかが重要なのだ。第二次世界大戦は、連合国がナチスとその同盟国である大日本帝国とファシスト・イタリアを粉砕し、勝利を収めた。この戦争後、米ソは原子力を利用し、危険な核兵器の数々を開発した。その結果、冷戦期においては誇大妄想狂でも世界征服は不可能になった。唯一の道は、世界の破滅につながる。狂信的な独裁者たちでさえ、原爆を畏怖し敬意を払った。全世界を破壊する核戦争につながる大国間戦争紛争を防ぐことが、米ソ両政府の共通の目標になったのである。

スターリンや毛沢東は攻撃的だったが、激しいイデオロギーの対立の中でも、冷戦期のキーワードは平和と自制であった。歴史上初めて、大国間の戦争には勝利は存在しないと考えられた。

それを口にすることさえ非常識に思えた。一九五〇年代から六〇年代にかけて、諜報活動や準軍事活動、代理戦争などの間接的な戦闘方法が開発された。抑止論はカルト的な教義、戦略学の頂点、国家存亡に関わる政治的・軍事的な芸術様式となった。一九八〇年代初頭、冷戦は激化し、ソ連が一時台頭したように見えた。NATOの戦争計画者たちは、ソ連の戦車部隊が西ヨーロッパ侵攻作戦として考えられていた、ドイツ中央部のフルダ・ギャップを何の前触れもなく突破し、第三次世界大戦の火ぶたが切られるのではないかと恐れていた。その後展開したような事態になるとは誰も予想していなかった。

一九八九年にベルリンの壁が崩壊し、そのわずか二年後にソ連は平和裏に崩壊した。米国は戦わずして、世界制覇を達成したのである。米国の文化や技術、政治的影響力は、地球上の至る所に浸透していった。そして、グローバル化の波が世界中に押し寄せた。冷戦の勝利は、あまりにも突然に、わずかな犠牲でもたらされたので、米国人はこの勝利が運命づけられた、神から与えられた宿命かのように扱った。その結果、政府や軍部の指導者たちは自己満足に陥り、新たな権力の座を当然と受け止めた。傲慢という疫病が米国政府に蔓延したのである。[705]

米国の歴代大統領は、自分たちの体制の優位性と思想の安全性を確信し、今となっては無責任でナイーブに思える政策を採用した。米国政府は対外戦争や国内政策で失策を繰り返し、米国のパワーを兆ドル単位で消耗させた。二十一世紀初頭の成功の頂点からわずか二十年後の現在までに、米国がライバルや敵と比べどれだけ相対的に力を低下させたかは、驚くべきことである。かっては賢明に見えたものが、今では無能に見える。

世界をハッキングする

中国の支配者たちは、ソ連の崩壊と米国主導の自由主義一極集中の時代を見事に乗り切った。中国共産党は自らのイデオロギーと政治体制に固執する一方で、市場を開放して新たな機会を狙い、他国の力を吸収した。中国政府は辛抱強く頑固であり、改革を求める米国の声に影響されずに、西側諸国から十分な恩恵を受けることができた。

中国共産党は、その狡猾さを発揮し、貧困と国力不足の束縛から自らを解放した。二〇〇一年、中国はＷＴＯに加盟し、最恵国待遇を受けた。中国政府は輸出主導の成長と長期的な産業計画によって自己強化を図り、必要に応じて経済スパイ活動も行った。中国政府は同時に、世界的な影響力行使と大規模な軍備増強に取り組んだ。そして、莫大な海外資本や経営ノウハウ、新技術を手に入れた。

一九九〇年代の中国共産党の戦略家は、米国と権力の性質の変化を注意深く観察し、過去のルールは時代遅れなことを確信した。米国は新しい時代に入り、これまでとは違うルールをもつようになった。ドル紙幣とハリウッド映画は、いつの間にか爆撃機の戦隊よりも大きな影響力をもつようになった。米戦略空軍司令部は冷戦の遺物となり、閉鎖された。いくつかの顕著な（そしてほとんどが失敗した）例外を除いて、米国政府は他国に意志を押し付けるために武力や経済圧力を使う必要がなくなったのだ。ディズニーワールドや米国のスポーツ娯楽施設といった華やかな施設を利用したほうが大きな効果があった。ウォール街や世界銀行に依存し、ナイキやマイクロソフト、スターバックスといった企業の威光を利用することもできた。

中国の戦略家たちから見れば、米国はグローバル化し統合された、深刻な脅威をもたらす世界を創造していたのである。しかし、彼らはそんな世界の変化が、人類史上初めて世界支配を可能にするかもしれないとも考えていた。一国が全面戦争や核戦争の危険を冒すことなく、支配権を握ることが可能になったのである。中国が同じことをできないわけがない。米国主導のシステムに密かに潜入し操作すれば、中国共産党がそのシステムを米国に反旗を翻すような構造に作り変えることができる。

十分な忍耐と粘り強さがあれば、中国は米国のあらゆる重要な機関、あらゆる企業、開発機関、教育プログラムを組織的に乗っ取り、自分たちのものにすることができる。中国は外国の映画スターや監督、さらにはオリンピック開催の権利さえも買収できた。中国の情報機関は米国企業を自分たちのロビイストにし、中国共産党は西側諸国の有力政治家の家族や友人を雇い、影響力のある代理人とすることができた。それはウイルスに感染したUSBをシステム管理者のコンピュータに接続し、ハッカーがネットワーク全体を乗っ取るようなものだ。

国内外において、中国政府は米国や他の民主主義国家を遠回しに誹謗中傷し続けた。今や中国共産党は、米国の億万長者や有名大学の教授、NBAのスター選手でさえ、中国政府の主張をオウム返しにしない限り、中国（そして次第に米国の政治も）についての意見を述べることができない、グローバルな情報エコシステムを作り上げた。

他方、米国や他の開かれた社会は、どこでも共産党の声を温かく迎え入れた。自国の国民が対中批判をしないように中国のスパイが活動するのを、大統領や首相は見て見ぬふりをしてきた。中国政府が自国の表現の自由を損なわせ、内政に干渉し、民主主義を腐敗させることに成功しているという事実を黙認したのだ。[706] このような構造が続くとすれば、論理的結論は明らかである。歴史上最も強力な国家である米国が、どうしてこのような事態を放置したのだろうか。

放心と混乱

米国がこれまで中国に対して首尾一貫した戦略を取れなかった理由として、指導者の誤った認識、技術の発展、外国の影響力、そして一連の危機的状況という少なくとも四つの要因が考えられる。それぞれの要因について簡単に見てみよう。[707]

［**指導者の誤認識**］米国の指導者たちにとって、冷戦の終結は衝撃的であると同時に幸福感をもたらした。一九九二年、ソ連が突然消滅し、ロシア連邦は壊滅的で、ライバルとなる超大国は存在しなくなった。核戦争という悪夢のような脅威は消え去り、もはや長期的な戦略は必要ないと思われた。多くの外交専門家の頭の中では、歴史は終わったという思いがあった。西洋

文明は勝利を収め、米国のパワーは地平線上に無限に広がっているように見えた。

米国に真っ向から対抗する国は現れないという見方が主流であった。中国のような国は、米国の秩序に挑戦することはあっても、歓迎すればグローバル化された世界の中に入っていくだろう。米国は中国が政治改革を進め、責任あるステークホルダーになると当然のように考えた。米国政府の多くは、中国を友好国扱いすれば、中国政府はそれに応え、協力関係を築くことができると考えていた。しかし、この想定は現実の出来事によって覆された。

［技術の発展］ 一九九〇年代から二〇〇〇年代にかけて、コンピュータの能力が飛躍的に向上したことで、米国の指導者たちは非現実的な楽観主義を強めた。インターネットは万能薬であり、抑圧的な政権を倒し民主主義国家に変える自由の魔法の武器と見なされた。インターネットを利用することで、中国の人々は大量の情報にアクセスできるようになり、個人としての力を高め、市民活動を活発にすると考えられた。とくにソーシャルメディアは、中国のグレート・ファイアーウォールを崩壊させると思われていた。

新しい情報技術が中国共産党のプロパガンダや監視、情報操作、真実の否定、歴史操作に利用されると予想した米国人はほとんどいなかった。ジョン・ガルナウトの言葉を借りれば、「習近平は、インターネットの破壊的効果を逆利用できることを示した……ビッグデータ科学と人工知能の助けを借りて、彼はインターネットを民主化の道具から、全知全能の支配の道具へと変化させた」。[708]

インターネットは自由民主主義の擁護者に力を与えるどころか、西側メディアと戦略的分析全般の質を低下させたように思われる。米国の政府高官たちは詳細な論文やスピーチの代わりに、ツイッターやフェイスブック上の短文を使用するようになっている。ソーシャルメディアに掲載される時事問題の即時性は、長期的な思考を損なわせている。

ロバート・D・カプランが指摘するように、米国社会は現在に囚われすぎて、未来を想像や考察する余裕のある専門家は少なくなり、未来のビジョンを策定し、それを明確に表現することもできない。あまりにも多くのデータが入手可能になったため、データの消費者は圧倒されている。技術の進歩は米国の学者や情報専門家、軍関係者、そしてとくに政策立案者に影響を与え、表面的な情報からより深い知識を得るのができないことが多い。[709] あまり意味がなくとも、目を通す必要のある伝言やテキスト、ツイッター、電子メールが溢れかえっているために、戦略的競争相手としての中国の台頭が何を意味するかに集中できていない。

［海外からの影響力］　グローバリゼーションと技術は、敵対的な外国の影響力行使を急速に拡大させた。中国共産党の経済的資源が増大するにつれて、米国の政治家や政府高官、思想家を取り込むために資金を使う動きも活発になっている。[710] 中国の諜報活動や政治対抗手段は世界中で効果をもたらしている。[711] そして、それらは財団や半官半民の企業を隠れ蓑(みの)にして、米国のメ

ディアやシンクタンク、大学、政府関連企業に対する影響力をもっている。[712]

政治と意思決定の世界では、このような活動がもたらした効果を完全に把握することは困難であり、おそらく不可能であろう。しかし、中国共産党の代理人がおだて、甘言を弄し、強要したりできるような場で、中国当局がどれだけの有力な米国人と接触できたかは驚くべきことである。中国政府が米国の政策決定をどの程度変え、戦略努力を抑制させたかを知ることはできない。しかし、退役大将や元国務長官、元連邦議員が頻繁に中国を訪れ中国とのビジネスを進めるうえで、道徳や倫理に反する行為がまったくないとは考えにくい。[713]

ピーター・マティスは中国共産党の影響力行使に関する画期的な研究の中で、「問題は単純だ……中国の指導者たちは、安全保障の概念を無制限に思想の領域にまで広げている」と書いている。[714]また、ベサニー・アレン・エブラヒミアンによれば、中国政府は「米国内に影響力の代理人からなる軍隊を構築」し、米国の政策立案者の思想を操作することに並々ならぬ成功を収めたという。[715]

［**危機的状況**］予想に反して、冷戦の終結は米国に意味のある安全保障をもたらさなかった。多くの人にとって、巨大な敵国の崩壊は多くの小さな敵を生み出しただけであった。一九九〇年代、米国はイラクやソマリア、ハイチ、セルビアで紛争に突入した。ルワンダやコンゴが内戦と虐殺で荒廃し、オクラホマ・シティやニューヨーク、東京でテロが起こるのを、米国は恐

怖の眼差しで見ていた。そして中国の軍備計画に注目が集まり始めた頃に、九・一一同時多発テロが発生し、米国はパニック状態に陥った。それ以来、長期的な戦略思考が姿を消し、短期的な戦術行動がすべてを支配するようになった。

アフガニスタンとイラクとの戦争に突入し、両国は瞬く間に無法地帯と化し、米国は名誉ある撤退ができなくなった。このような過酷な国際紛争の最中に、二〇〇四年のインド洋大津波という有史以来最も大きな自然災害が起こった。国内でもハリケーン・カトリーナがニューオーリンズを襲い、大不況がウォール街を荒廃させ、その影響で全米に高失業率と消費者心理の悪化が続いた。米国議会は国民的トラウマから対立を深め、予算管理法を制定したが、この法律は予想外の影響を連鎖的にもたらした。国防費が削減され、連邦予算はつねに不透明な状態が続いた。

二〇一〇年から二〇一二年にかけて、アラブの春と呼ばれる革命的なデモや抗議、クーデター、暴動が頻発し、破壊的な内戦と破綻国家が続出した。シリアやイラク、イエメンでは紛争が恐怖を生み大量の難民が発生した。二〇一四年にはロシアがクリミアと東ウクライナに侵攻し、西アフリカではエボラ出血熱が史上最大の規模で流行し、遠く米国でも患者が発生した。

アジアでは、中国軍が宇宙兵器の実験やサイバー攻撃、海軍の拡張を行った。北朝鮮は核実験とミサイル発射を繰り返した。これらは断続的ではあるが、重大な緊張の高まりを引き起こした。二〇一五年から二〇二〇年にかけて、米国はサン・バーナーディーノとオーランドの二つの都市でテロ攻撃を受け、史上最も分裂した大統領選挙を目撃し、北朝鮮との戦争に近づき、COVID-19パンデミックによって何十万人もの命が失われた。二〇二一年一月六日、約八〇〇人の暴動者が正当な大統領選の結果を覆そうと議会議事堂を襲撃した。その一年後、ロシアはウクライナへの全面的な侵攻を開始し、欧州における長い平和を打ち砕いた。

一つの危機が米国政府を無力にすることはない。しかし、一連の衝撃的な出来事は、間違いなく米国政府を根底から揺さぶった。この三十年間、国内外で衝撃的な出来事が続いたことは、米国の指導者を弱体化させ、不安定で受け身の姿勢にさせたように思われる。

ディストピア的未来？

未来の世代は、現在の歴史的瞬間を羨望の眼差しで振り返るかもしれない。多くの問題点にもかかわらず、米国主導の世界秩序は驚くほど平和で豊かなものであった。ベルリンの壁の崩壊やソ連の崩壊は記憶に残っているとしても、遠い昔のことである。四十年もの間、米国人を悩ませてきた世界規模の核戦争の恐怖は、完全に忘れ去られた。平和の恩恵は、豊かであると同時に深いものであった。一九四五年に戦勝国である連合国が大日本帝国の無条件降伏を受け入れて以来、大国間の戦争は起こっていない。

今日、啓発された世界が受ける恩恵は多い。人類史上かつてないほど多くの人々が、より長く、より健康で、より豊かで、より自由で、より安全な生活を送っている。教育も充実し、食べ物や住居、娯楽に不自由していない。[716] 核兵器ではなく、テクノロジーと繁栄が爆発的に増大したのである。物事はいつまでよくなるのか。無期限になのか。未知の未来には多くの楽しみがあるように思える。しかし、世界は知らぬうちに破局の瀬戸際に立たされているのかもしれない。

　中国がこのまま勢力を拡大し、影響力を持ち続ければ、現在のような好ましい状況は続かない。中国共産党は、米国人が受け入れないような方法で、米国と全世界を変えようと考えている。それが実現すれば、未来は好ましいものではなくなり、はるかに悪くなるだろう。世界に対する中国政府の計画と活動を知っている者は少なく、このことは一般には理解されていない。

　習近平のスローガンである「人類運命共同体の構築」が実際に何を意味するか。リークされた人民解放軍の文書によると、「全人類運命共同体は調和のある世界を構築するために『中国モデル』を提供する方法である」という。[717] 中国モデルとは何か。これまで見てきたように、それはマルクス・レーニン主義の思想と政治体制であり、一党独裁である。中国の支配者が提示するモデルは警察国家であり、選挙で選ばれたわけでもないきわめて少数の強者の支配下にある遍在する集団であり、彼らが主席と呼ぶ一人の全権的指導者に従うというものである。

　調和された世界とは、地球上のすべての人々が、中国共産党を真似て作られた政権のネットワークによって支配される未来の秩序である。それは、中国政府に従属する国家による統合された世界システムである。それは、真実が語られることのない闇の世界となるだろう。それは来たるべきといわれ、決して来ることのない地上の楽園に名を借りた、デジタル世界の独裁者による人々の魂を打ち砕くような世界だろう。[718]

西側諸国の信念や価値、利益を守る責任を負う重要人物たちが、中国共産党の戦略がもたらす脅威の規模を理解しているようには思えない。中国が全体主義的権力の世界的中心として台頭することに伴う危険は計り知れない。しかし政策の選択から判断すると、米国の政治家は中国政府関係者の演説や計画文書、軍内部の文書、さらには国内外での中国の行動によって示されている、ディストピアの未来が来ると考えてはいないようである。

中国の支配者も含めて、誰も未来がどうなるかを予測することはできない。しかし、習近平とその同志たちが未来の世界を変えようとしているのは間違いない。彼らは歴史を自分たちの望む方向に曲げようとしているが、今のところそれに対抗する反対勢力は生まれていない。中国共産党の野心に天井はないが、政権がもつ恐怖心や不安感、パラノイアにも底はない。野心と恐怖が混ざり合い、問題の多い外交政策を展開している。

中国は第二次冷戦を繰り広げている。この戦いは、米国とその同盟国にとって、戦って勝つための準備が整っていないように見える。米国人はさまざまな分野で同等、あるいは優位に立っている敵対勢力に直面したことはない。第一次冷戦の記憶はまだ新しく、かつて強大だったソ連に勝利するために何が必要だったのか、その教訓は十分に文書化され、容易に入手可能である。しかしソ連は、中国とは異なる多くの点で大きな失敗をしていた。

ソ連は不健全な経済政策をとり、技術的にも文化的にも、そして何よりも思想的にも不利な立場にあった。しかしソ連の権力と威信は絶大で、時には米国を圧倒しているように見えた。だが、モスクワは約四十五年にわたり無理やり続けた、大規模な軍備増強に大きく依存していた。ソ連の科学と産業は、軍事的な応用には不十分であった。ソ連政府の成果は、超大国間競争という特異な分野にほぼ完全に限定されていた。

しかし、この一点への過大な依存は、大きな誤りであった。あれほど早くソ連が権力の頂点から転落するとは予見されていなかった。しかし、多くの人がそう考えたように、ソ連崩壊の早さは、持続不可能な帝国の行きすぎた拡大が原因だと思われる。ソ連の崩壊は、軍事力に執着し他を犠牲にしたために早まったのである。

今日、米国人はソ連との冷戦に勝利したことで、中国との戦略的競争について誤った考えをもっているのかもしれない。米国は、中国政府を軍事的競争相手としてだけ扱うのは避けるべきである。中国はかつてないほど高度で危険な敵対者である。歴史的な教訓から学ぶべきことは多いが、それには限度がある。米国の戦略家は、経験則に基づく冷静な仮定を立て、安全な逸話や非合理的な神話的思考を避けることが賢明であろう。勝利は保証されていない。第二次冷戦が、第一次冷戦のようにうまくいく保証はない。今度ははるかに厳しい戦いかもしれない。

均衡の中で

三十年後の中国には、ウイグル人やチベット人、法輪功の学習者など、旧共産主義政権に迫害された少数民族の死者を悼む記念館ができていると信じたいものである。二〇五〇年代には、現在の中欧にあるホロコースト博物館や追悼施設のようなものが中国にもできていると信じたいものである。しかし、歴史が示すように、暴虐の犠牲者に対する時の流れは冷たく、保証された正義はない。

できることなら、国民一人ひとりがつねに自分のことは自分で決め、自分たちの政府を選びたいものである。しかし多くの場合、彼らはそうすることができない。ほとんどの場合、非常に力をもったグループが大国、さらには人類の将来を決定している。少数の強者が全権力をもつ状態は恐ろしいものである。[719]技術は権威主義的な政府の力を加速させ、拡大させている。

二〇二一年十一月三十日、イギリスの秘密情報局（ＭＩ６）のトップであるリチャード・ムーアは次のように語っている。「ある分析によれば、我々は今後十年間に前世紀を超える技術的進歩を経験し、産業革命に匹敵する破壊的な影響を受けるかもしれない。社会として、我々はこの厳しい事実とそれが世界の地政学に及ぼす潜在的な影響をまだ消化吸収できていない」。[720]

二十一世紀の半ばには、台湾や沖縄、フィリピンでの「輝かしい」クーデターと接収の際に死亡した兵士に敬意を表する記念碑が中国全土に建立されるかもしれない。米国と日本との戦争で死んだ人々、核戦争や戦後の大飢饉で死んだ人々を追悼する記念碑が建てられるかもしれない。要するに、未来に起こることは何一つ運命づけられていない。結果がどちらに転ぶかわからないし、人為的行為によって決定する。すべては未知であり、未決定である。

米国はこれまでにない脅威に直面しているが、それが現実のものとなることを想像できる人はほとんどいない。今のところ、この脅威に対応するために実質的に何かを犠牲にしようとする政治指導者はいないようだ。二つの超大国は、冷戦の長期化よりもはるかに危険な道、実際の戦争への道を歩んでいるのかもしれない。歴史的な方向を変えようとする努力がなければ、第二次冷戦を心配する者もいず、戦争の結末がむしろ歓迎されるかもしれない[721]。

現在の米国の対中国政策は、中国共産党の文書や行動に見られる避けがたい事実や大胆な意図を反映したものか、あるいは少しでも影響を受けたものだろうか。米中間のイデオロギーや地政学的な違いは、その規模と重大さから見て影響力が強く、天地を揺るがすかもしれない。少しの亀裂や割れ目が広がるだけで、すべてが爆発するかもしれない。亀裂がすでにさまざまなところにできているのを考えると、その結果は計り知れない。

第十五章

中国の世界征服に対抗するには

「経済学者や政治哲学者の考えは……一般に理解されている以上の力をもっている。実際、世界は少数の考えによって支配されている」[722]

——ジョン・メイナード・ケインズ

今のところ、米国は中国に先行しており、依然として世界における権力と影響力の優位を保っている。米国はより高い生活水準、より優れた技術、より強力な軍事力をもっている。米国は同盟制度と人道主義的なイデオロギーをもち、比較優位にある。「中国政府は強力だが、そのパワーは自由主義世界全体には及ばない」と、国務省の中国担当上級顧問を務めたマイルズ・ユーは書いている。[723]

しかし、自由主義世界はそう長くは続かないかもしれない。ある分野では、米国と他の民主主義諸国は決して一丸ではなく、特定の分野では急速に後れをとっている。中国では、共産党が至る所に存在している。軍部や治安部隊だけでなく、メディアや大学、芸能界も共産党が支配している。作家も音楽家も映画スターも、国家に奉仕する限り存在が許される。中国共産党は文学やスポーツ、芸術を政治的な道具と見なしており、本質的な価値をもつものではないと見ている。[724]

中国の全体主義体制は九〇〇〇万人以上の共産党員からなり、全員が最高指導者である主席に仕え、党や政府、社会に対して絶対的な支配力を行使している。中国の銀行や企業は国家の手先である。観光客や留学生のグループでさえも、中国政府のニーズに応えることが期待されている。自由意志と真理の存在を否定し、普遍的な価値観を否定している。神や愛、法律、個人の自由といった考えを否定し、人間の心を操作しようとする[725]。

これまで見てきたように、中国共産党の党員は統一戦線戦術を使って、世界中の組織に潜入し、影響力を行使してきた。彼らは、あらゆる人間、過去、現在、未来のあらゆる文化を同化させた集団を追求している。彼らは、全人類が中国共産党によって設計され、世界中の傀儡政権によって運営される、デジタル独裁が支配する世界の構築に努めている。

簡単にいえば、中国政府は世界征服しか考えていないのである。それが中国政府の至上命題である。大量監視と思想統制のシステムを世界中に輸出しようとしている。あらゆる国や政府、個人を、自由と主権を放棄させるために巻き込み、相互依存させようと考えているのだ。中国共産党は長年にわたり、密かにその目標に向かって突き進んできた。

中国政府は膨大な資源を活用し、それを中央集権的に運用することができる。中国政府には自由に使える圧倒的な人的・物的資源があり、中国の支配者たちは説得力のある物語を語る方法や、自分たちのアイデアや組織慣行を広める方法を理解している。中国の支配者たちは、要望があれば外国政府に武器や資金、そして大規模な監視システムを提供する。それ以外の国には、一〇億人の顧客神話や安価な消費財、開発プロジェクトが用意されている。共産党は、世界の隅々までその存在を浸透させなければならないし、その権利もあると感じている。中国政府は、米国の国家安全保障に対する長期的な脅威であり、以前のどの政府よりもはるかに強力で洗練されている。ナチス・ドイツや大日本帝国、ソ連、そしてプーチンのロシアも比較にならない。

米国の政策決定者は、中国共産党に対抗するための戦略を立て、実行することができなかった。それは不幸なことであったが、中国の方向がわからなかった時代には仕方がないことであった。四十年間、米国は中国政府に対して友好と好意を示し、可能な限り中国の統治者を安心させ、その不安を和らげることを最優先の政策としてきた。しかし、この方針は今になってみると賢明とはいえず、無責任なものであった。

もし、米国政府が優れたインテリジェンスを構築し、将来について現実的な期待を抱き、中国の政権、その実態をそのまま受け入れていれば、事態はよりよい方向に向かっただろう。とくに天安門事件とソ連の崩壊の後、誰かが望めば、中国に対して強硬な政策を展開することもできた。しかし、強硬策を支持する者は少なかった。

自国政府の過去の行動を長く批判していると、自国の現状と将来の可能性を見失う恐れがある。民主主義国家において、指導者を批判し、その間違いを指摘することは難しくない。実際、我々にはそうする権利があり、批判的に考える正当な理由がある。他人が苦労して得た教訓は、私たちの最良の指針となるはずだ。

米国は今、自らを救い、中国を打ち負かすために、あらゆる国家的資源を結集し活用するための青写真を必要としている。最大の危機が迫っているのだ。すでに中国共産党の力が強まるにつれて、米国は国内的にも国際的にもますます危険な状況に置かれていることに気づいている。中国が追い上げてきており、世界の未来がかかっているのだ。

破滅への治療法

中国が世界的な野心をもつ敵対的な超大国として台頭したことに対して、米国はどのように自国の利益を守ることができるだろうか。限られた資源で何が可能なのか。何が優先されるべきか。何が最も重要で、何を切り捨てることができるのか。戦略上、最も重要な目標は何であり、それをどのように確保するのか。米国はどこで線引きするのか。これらの質問すべてに簡単に答えが出るわけではないが、いくつかのことは明らかである。

戦略的競争の目的は、壮大な政策目標を達成し、超大国間の戦争を防止することにある。国家対国家の紛争は、いかなる政府にとっても一番大きな失敗である。政策や外交、情報、そして想像力の失敗である。まともな戦略家であれば、戦争防止をすべての行動の中核に据えるだろう。もちろん、これは敵に協力したり、譲歩したりすることではない。自分にとって重要な利益に対する、敵の攻撃を阻止することを意味する。敵に大きなストレスを与えることで、危機に陥ったときに手を引かせることである。敵に恐怖を与え、敵がエスカレートして自国や友好国を攻撃しないようにすることであり、危機的状況下で相手を支配し挑発行為を罰するということである。

トーマス・マーンケンは、長期的な競争における戦略の策定と実施について、六つの検討事項を提示している。

第一に、戦略家は抽象的な敵ではなく、具体的な敵に焦点を当てなければならない。これによって、競争相手の長所と短所、計画、性向を研究することができる。

第二に、これと関連して、戦略家は敵対者を深く理解するために、かなりの情報の収集と分析を行わなければならない。

第三に、戦略家は競合相手の資源の制約に付け入り、困難な犠牲を強いる必要がある。

第四に、戦略家は敵の官僚機構の内部論理を理解し、利用することを目指すべきである。

第五に、戦略家は時間的要因を考慮し、敵が許容できる時間内でめざを達成するのを遅らせたり不可能にすることをめざすべきである。

最後に、戦略家は自陣が主導権を維持し、敵対者を不利な立場に追い込み、相手が折れるまで不利な状況を維持すべきである。[726]

習近平と中国共産党のものの見方について研究することが重要であり、彼らの世界観とその特徴を理解すべきである。そうしてこそ、彼らの頭の中に入り込み、主導権の掌握と維持する方法を見出すことができる。そうしてこそ、自己のイメージから生まれる、間違った思い込みを避けることができる。そうして初めて平和を確保し、生活様式を守り、次世代にとってよりよい世界を作ることができる。

これらの目標を達成するためには、新しい組織を作り大勢の有能な人材を育成する必要がある。米国は知的側面で大きな問題を抱えているが、これはすぐに解決できるものではない。今後、長期化する競争に備え、国家的な安全保障と市民社会の専門家を育成し、教育するための確固とした取り組みが必要であろう。

これまで見てきたように、中国政府は軍事的および非軍事的手段で世界征服をめざしている。実際、この二つは中国政府によって組み合わされているため、どこまで政府が担当し、どこを民間が担当するのかを判断するのは、不可能ではないにしても難しい。中国企業はすべて中国共産党の支配下にあり、法律により政権の利益のために働かなければならない。

中国にとって、経済安全保障は体制の安全保障の一つの柱である。しかし、中国の貿易相手国にとって、経済的安全保障は国家安全保障とは相反するものである。中国とビジネスをすると、経済的な関係は国家の安全保障を阻害する要因になる。米国や世界中の民主主義国は、自分たちを弱体化させ破壊することを目的としたシステムに入り込んでしまった。彼らは、危険なほど中毒になり、依存するようになった。

短期的な経済的利益をむやみに追求するあまり、世界中の政府や企業は中国が支配するジャングルに足を踏み入れてしまったのだ。米国の専門家の多くは、米中間の軍事競争だけに焦点を合わせているようだ。このため、他の領域で効果的な競争を行うために必要な頭脳や時間などの重要な資源が奪われ、研究資金が不足したり、完全に無視されたりしている。政策立案者のトップは、さまざまな面で競争が進行しており、それに負けている可能性に気づいていない。

今後の公共政策の研究努力は、新たな領域での競争を検討する必要がある。米国の指導者たちは、ソ連が夢見るだけでもてなかった優位性を中国がもっていることを認識しなければならない。中国政府は世界支配を達成するために、根本的に異なる優れた戦略をもっている。ソ連は通常兵器と核戦力の優位性の点において、米国にとって存立の脅威となった。将来、中国はその軍事力でも存亡の危機をもたらすことが可能だが、インターネットや国際機関、重要なサプライチェーンも支配できる。世界秩序や市場、あらゆる主要産業を支配することができる。これらの分野で、中国共産党はすでに大きな成果を上げている。

グローバリゼーションと対中貿易は、二十一世紀の米国の国家安全保障にとって大きな災難であった。大量虐殺を行う政権を普通の政府であるかのように米国が扱っている限り、状況は悪化する。私たちが望む最善のことは、世界が貿易圏に分割されることであろう。今日、ワシントンでは中国軍に関する会議が次々と開かれ、戦争ゲームに次ぐ戦争ゲームが行われ、研究に次ぐ研究が行われている。その他の政治的競争やイデオロギー的競争、経済的競争、技術的競争など、中国共産党が勝利のために努力している重要分野の分析や理解には背が向けられ、軍事的脅威だけに目を向けている。

ピーター・マティスは、米国は中国関連の専門知識や政策決定に関する知識、競争戦略の立案と実行に対する理解を兼ね備えた人材を育成すべきであると指摘している。[727] まだまだ我々の知識には大きなギャップがあり、戦略的競争に十分な理解は備えていない。

中国の覇権主義に対抗するには、この難題に対応するための国民教育の大幅な改善が必要である。リザ・トビンは、「中国専門家は、中国政府が世界的な野心を明確に打ち出していることを、政策立案者や一般大衆に声を大きくして知らせなければならない」と力説している。[728] 彼女は、政府と市民社会が「中国政府の公開された政府文書と権威あるメディアの監視と分析にもっと資源を割く必要がある。中国共産党のレトリックと国家工作の道具としての情報の使い方をより深く理解することが、米国の政策決定に重要である」と提唱している。[729]

中国政府の意図と計画は詳しく研究する必要がある。戦略的競争の状況で優劣を評価し判断するには、中国共産党の視点から見ることが必要である。これまでの米中関係を振り返ると、中国政府は米国の情報機関や政策決定機関を歪め、混乱させたことが多い。多くの米国の政治家や外交官、学者が、中国のカウンターパートと直接話をし、不確かな情報源から事実や洞察を引き出せると考えてきたが、それは非現実的だ。

現状では、中国を理解するための最も確かな指針は、中国共産党自身が語る真の関心事を的確に知ることである。米国政府に必要なのは、中国共産党の幹部と直接対面したり、電話をかけ、首脳会談をすることではないだろう。必要なのは権威ある文書であり、そこから重要な情報を引き出し、要点を正しく理解する見識が必要なのである。そのためには、中国専門家たちが、名称や細部にこだわった議論に明け暮れないようにすることが重要だ。

多くの中国専門家は木を見るときに例えると、樹皮の質感のような細部に焦点を当てがちである。その結果、樹皮の質感に魅了され、樹木自体を見る目を失う。樹皮は木の一部にしかすぎず、一本一本の木が大きな森の中にあることを忘れてしまう。そして、その森は今、火に包まれていて、その火が自分たちの樹皮だけでなく、他の森の樹皮も焼き尽くそうとしているかもしれない。

はっきり言って、中国研究は研究自体を継続することや、良好な米中関係維持を目的として行うべきではない。むしろその目的は、第二次冷戦期における米国の将来の政策立案者に情報を提供することでなければならない。トシ・ヨシハラとジャック・ビアンキは、「（西側）同盟国の戦略コミュニティは、（冷戦中に）ソ連の世界的規模な政治的、経済的、軍事的影響力を維持するためのコストを研究したのと同様の分析的努力を（中国に対しても）行うべきである」と主張している。そして、「政策立案者はその研究を利用して、中国の帝国的野望のコストを高めることで、中国の膨張を遅らせたり、難しくすることができる」と述べている。[730]

ヨシハラとビアンキは、米国とその友好国が「中国の政治的、経済的、技術的、社会的、その他の弱点を評価し、それらの弱点を活用する戦略を開発する必要がある。実際、非軍事的側面が、両国の競争において決定的なものとなる可能性がある」と指摘している。[731]

このような取り組みを成功させるためには、長期的な視点が必要である。重要なギャップを埋めることができる新しい米国機関を設立、確立するためには、少なくとも十年はかかると思われる。ワシントンにある既成の組織は惰性に苦しみ、既得権益を駆使し現状維持に努めている。議会からの十分な予算と市民社会からの支援があってこそ、真の変革が可能になる。新鮮な中国研究プログラムと新しい研究機関が切実に必要とされている。非伝統的な教育と革新的なキャリアパスをつくることで、世界を救うために必要なスキル（そして強制からの自由）をもった創造的な人々を生み出せるだろう。

米国や同盟国の政治家たちは、力を合わせることができるだろうか。厳しい選択をし、迅速に行動できるか。それとも、政治的に都合のよいことを優先し、手遅れになるリスクを冒すのか。我々の世代と次世代の未来は、この問題に正しく対処することにかかっている。

市民社会は何ができるのか

米国のような国では、政府はつねにその権力が抑制、制限される。国民の同意が不可欠であり、それは米国の戦略的問題、そしてその問題の解決策の相当な部分が国民の教育にかかっていることを意味する。ハリウッドが中国からの検閲を受けずに、中国に関する映画を作れるようにすることは米国にとって重要なことである。米国の大型映画館や郊外のホームシアターで上映される映画は、長い目で見れば健全な政府と人道的な文明の運命を左右するものかもしれない。中国政府が偽情報をネット上で拡散させる中で、自由で開かれた民主主義国家が正しいものの見方をするのに必要な威信を高めることに役立つ。

人の心では言葉よりもイメージで考えるほうが簡単だ。目で見たものは即座に理解され、読んだり聞いたりしたものは、たとえ理解されたとしても時間がかかる。人間の自由にとって、天才的な監督や輝かしいスターが専制政治の手先となっているエンターテインメント産業ほど危険なものはないだろう。国家の基礎となる思想と原則が生存者の魂に重要な位置を占めるならば、米国型の民主主義は核攻撃からも生き延びることができるだろう。しかし、もし米国を支えてきた独立宣言や憲法が我々の精神に意味をもたなくなってしまったら、どこに希望があるだろうか。

教育改革に関しては、州や自治体レベルの組織が大きな役割を担っている。社会として、現代の共産主義的超大国が世界に存在し、第二次冷戦が起こっていることが何を意味するのか、もっと話し合う必要がある。どのように適応し、対応するかは、ヒューストンからアイオワシティ、オーランドからポートランドまで、あらゆる場所で政治討論の中心的な課題となるはずである。

中国は、米国が追いつけないほど早く世界を変えており、その変化は加速する一方である。

中国政府は、大企業から、表向きは文化や教育の交流に従事している小規模な民間団体まで、中国国内のすべての組織を支配している。中国共産党による支配は、国家の集団的利益のためには個人の主体性と人権を破壊すべきと考える政府によって、冷酷な方法で実施されている。では、米国の大学の指導者や教授、研究者たちはこの事実をどのように受け止めているのだろうか。彼らが生み出す知識が歪められないよう、どのような手段をとっているだろうか。

米国の大学は、ナチスや麻薬カルテル、テロリストからの資金を歓迎することはない。しかし現実に中国共産党とつながる団体からお金を受け取っているが、それは全体主義政権を教室やネットワーク、研究室に迎え入れることなのである。根本的に反米的な政治組織の利益促進を目的とした取り決めに署名しているのである。技術革新や問題の解決、精神的な努力が報われるたびに、中国が資金提供する研究に携わる米国人は、最終的に自由の破壊をめざす政権を助けている。中国政府が文明の歯車を戻そうとしているのを助けているのである。

人民解放軍は、中国の団体が米国の大学で収集した情報を押収できる。中国政府の軍民融合戦略は、中国企業などの民間組織が以前は使用していた隠れ蓑さえも取り去った。米国内の各政府レベルの政策立案者は、現在米国の教育システムに注がれている中国共産党関連の資金流入を止めることが急務である。このままでは、米国の国家安全保障に重大な影響を与えることになる。現在、自国の軍事科学者が技術革新を行えない分野で、中国は技術革新を行える米国人の頭脳を買っているのである。

民主主義国家連合の結成

米国や他の民主主義国にとって、勝利とはどのようなものだろうか。二〇三八年の世界を想像してみよう。米国の戦略家が中国の敵に勝っている未来である。この世界では、米国や日本、英国、オーストラリア、その他の同盟国が、中国共産党に対抗するために力を合わせている。そのために同盟国は、国際機関の性格を強化し、ガバナンスの優れた国だけが加入できる「民主主義国家連合」を結成した。

この新しい制度は、国際協力における金字塔となる。透明性があり、信頼性が高く、腐敗しにくい。国連の理想的な姿を想像してみてほしい（人権理事会に大量虐殺を行う独裁者が席を占め、世界保健機関をマルクス主義の閣僚が運営しているような組織ではない）。すべての国が同連合に参加することができるが、フリーダムハウスやヒューマン・ライツ・ウォッチ、国境なき記者団などの独立した非政府組織が設定した一定の基準に達しなければならない。

民主主義国家連合は、道徳的な権威だけの存在ではない。二〇二〇年代、加盟国はサプライチェーンを中国から移転するために団結し、中国共産党とその略奪行為を排除した自由で開かれた貿易圏を作り上げる。この貿易圏は非常に有利で魅力的であるため、世界中から多くの政府が加盟するために必要な政治改革を行って加盟したがる。これは、貧困を緩和し、環境に配慮した持続可能な成長を促進すると同時に、民主主義の普及と人権の推進に貢献するものである。米国とその同盟国は安全で環境にやさしい17Gデジタルインフラを構築することで、個人のプライバシーを保護し、マイクロターゲッティングやデジタルコンテンツ操作を防いでいる。

民主主義国家連合の加盟国は、人間開発の主要な指標改善を目的とした研究に多額の投資を行う。世界の富裕層三〇カ国の平均寿命は約九十歳まで延びると予測されていたが、科学革新と多言語ＡＩ医療技術の共有により、実際には七〇カ国で百十歳まで延びている。また、質の高い国民教育の進歩が、誰もが予想した以上の社会的利益を生み出している。

米国は、台湾やチベット亡命政府を含む同盟国とともに、資源を結集して共同防衛基盤を構築している。この集団安全保障組織は、中国が近隣諸国を侵略できないようにしている。民主主義諸国は、戦略的、作戦的な優位性をもっている。緊張は続いているが、中国政府の戦争計画者が成功の見込みのある攻撃計画を思いつかないため、全体として安定した状況が続いている。

中国経済は停滞し、今や衰退している。中国共産党は、政治的に改革し成功した台湾のモデルに従うべきだという絶大な圧力にさらされている。民主主義国家連合からの圧倒的な圧力の下、中国政府はすべての強制収容所を閉鎖した。香港では法治主義を復活させた。宗教団体や少数民族に対する強権的な弾圧をやめた。報道の自由もある程度認め始め、野党も増えている。

中国の共産党政権は、前向きな変化の途上にあるように見える。それは漸進的な変化かもしれないし、革命的な変化かもしれない。どのように変化し、どのような状況になるかを予測することは不可能であるというのが、中国専門家の共通認識である。理論的には、もし中国が最終的に自由民主主義国家になるなら、世界の緊張は緩和され、持続的な政策協調が可能になるだろう。

おそらく、ソ連のように、より小さく、力の弱いいくつかの国家に分割されるだろう。しかし、一九九一年から現在に至るソ連崩壊後のロシアの発展は、ある種の警告の物語を伝えている。時間が経てば、改革または弱体化した中国でさえ、過激な独裁国家に逆戻りする可能性がある。しかし全般的には、中国共産党のない根本的に改革された中国は、世界の現状よりもはるかにましだと考えられるであろう。

極端な競争と寛容な政治

米国の民主主義は勝てず、中国政府は止められないと確信している人もいるようだ。彼らは、まもなく中国共産党が支配する世界に生きる運命にあると思っているようだ。このような宿命論は危険である。もし米国が非自由主義的な力を強める中国に追い越されれば、自由主義と民主主義の崩壊は避けられないという誤ったシナリオを信じることになる。私たちは、人道主義や理性、科学、あらゆる伝統やリベラルな価値を欠いた世界に、自世代と来るべき世代を投じることになる。新しい暗黒時代の幕開けとなる。

歴史が示すように自由な社会は、超急進的な扇動者や自国民のテロリスト、政府転覆の陰謀を比較的恐れる必要がない。共産主義者とファシストが育ちやすいのは、激しい政治的迫害がある社会である。国家の迫害が激しければ激しいほど、その支配エリートの立場は弱まる。非自由主義的で抑圧的な政権ほど、全体主義が生まれ広がりやすくなる。民主主義の原則を守り国民に自由と解放と寛容を与える政府は、全体主義を確実に阻止してきた。したがって、人類の繁栄と社会の進歩を守る最も強力な武器は、米国の啓蒙主義であるかもしれない。米国と志を同じくする同盟国が自らの信念と法律に忠実であり、互いに誠実である限り、世界は次世代にとってより安全で、よりよいものになるだろう。

しかし、守勢に回るのは得策ではない。米国中の重要なステークホルダーが敵対的な影響力にさらされ中国政府の人質となり、道徳観や宗教観、倫理観に反する状況に追い込まれる可能性がある。すでに多くが中国共産党の手に落ち、操り人形のような存在になっている。米国は、非常に多くの形で中国政権と絡み合っている。多くの米国市民は中国の消費者や供給者に依存しており、考え方や選挙での投票行動を変えるのに使用できる、データ収集の装置に囲まれている。このままでは、やがて中国当局が国民の大部分を操り、国家の主権を損ない、自由や民主、民族自決の原則を破壊するようになるかもしれない。

米国の指導者たちは、攻勢に出るのが賢明である。次のような目標を掲げて計画を立て、実行に移すべきである。第一に、現在、米国社会を取り巻く中国共産党の影響力の手段を断つ。第二に、中国政府を孤立させ、包囲し、可能な限り封じ込め、中国共産党が台湾を占領したり、さらに世界に進出するのを阻止する。第三に、国際舞台における中国共産党の衰退を加速させ、その力の源泉である中国経済を縮小させることである。米国の民主主義を存続させ成功に導くためには、中国政府の世界的な力を着実に低下させ、戦争を防止することが必要である。最終的には、中国国民が国の将来を自分たちで決めなければならない。抑圧から解放され、自分たちの統治形態を選択することが許されるべきである。そのためには、何十年もかかるかもしれない。

もし、米国政府で厳しい競争政策がとられるなら、それはどんなものになるだろうか。中国の支配者の不安や疑念を和らげるのではなく、米国やその同盟国はそれらが現実のものだと中国に確信させるほうがよいかもしれない。その目的のために、西側諸国は中国政府の中枢部に入り込み、脆弱性を突くために必要な情報を収集することになるだろう。米国の諜報活動は、あらゆる手段を使って中国政府に対抗するだろう。中国には選挙はないが、権力闘争は絶え間なく続き、分裂を引き起こす機会も多い。薄い信頼の絆は簡単に崩れる。中国の政治体制は残忍で抑圧的であるため、政権自体がしばしば自らの最大の敵になる。人民大会堂の秩序と静寂に満ちた表面の下には、渦巻くような暗い感情の塊が存在する。

人類の歴史の中で、政治的に完璧を求めることほど悪い考えはない。たとえば、国際共産主義が地上の楽園を建設しようとしたことを見てみよう。イスラム教やキリスト教、ヒンズー教の原理主義者が死後に天国を求めるのを考えてみよう。政治と極端なイデオロギーは、憎しみの塊のようなものである。進化的かつ平和的な変化を許容し、社会の複雑さを受け入れ、ゆっくりと幸福を求めるのではなく、完璧を追い求める者はせっかちで、利己的で、大規模な破壊を行う。彼らは、生前（あるいは死後すぐ）に楽園を求める。そのために、違った考えを受け入れず、自分の幻想を他者に押し付ける。その結果、不幸とカオスがもたらされる。それは天国ではなく、地獄である。

権力は、自由な社会で人間の不完全さを受け入れ、何世代も続く明るい未来に向かって自国を前進させる政府に委ねるのが最善である。賢明な指導者は辛抱強く少しずつでも国家を前進させるようとする。中国政府が求める「最終闘争」は、永遠に続く革命と政治的暴力を意味する。世界の将来を決定する真の闘いは、ますます開かれ、穏健で寛容な政治をめざす闘いである。人類が広範かつ包括的な意味で平和に繁栄するためには、それこそが我々が勝利すべき闘いなのである。

訳者あとがき

「中華民族の偉大なる復興」や「人類共同運命体」、「新型国際関係」など習近平政権がめざす中国や国際秩序の将来像を表現するキーワードがある。日本の中国研究者の間ではこれらの具体的な内容は曖昧だというのが一般的な見方であった。本書では、公開されていない中央党校や人民解放軍の内部資料、非公開の演説などを分析し、それらのキーワードが中国国内でどのように軍や政府の幹部に伝えられているかを明らかにしている。

第三章では、習近平のマルクス崇拝について詳しく語られている。習はマルクスについて博士論文を書いていて、史上最高の思想家として崇めている。マルクスが奨励していたのは暴力による体制打倒であり、それによって共産党体制を作ることである。習は、マルクスが提唱し、ソ連が果たせなかった国際共産主義の樹立をめざしていることが明らかにされる。そこで中国が主導することこそ、「中華民族の偉大なる復興」なのである。

第四章では、習が唱える「人類運命共同体」というキーワードの真実が解明される。コロナ禍になって、習が頻繁にこの言葉を繰り返し使うようになったので、世界規模のパンデミックに世界が協力し合うことを意味していると思っていた。しかし、それはナイーブな考えだというのがわかる。人類運命共同体とは、民主主義と資本主義を破壊して、国際共産主義を樹立することだったのである。ゼロコロナをめざし、都市封鎖を繰り返した中国政府は、民主主義国よりも全体主義のほうがパンデミック対策でも優越していると豪語した。習は全体主義の優越性を信じ、中国をリーダーにした世界政府をめざしているのである。

第五章では、習が考える「新型国際関係」が明らかにされる。私が所属する日本国際政治学会で、中国はアヘン戦争以前の東アジアにおける国際秩序だった冊封体制を復活させようとしているのかが、議論になった。たぶんそうだろうというのが学会での結論だったが、憶測の域を出なかった。ここでは中国を頂点とするピラミッド型の冊封体制を東アジアだけではなく、世界全体に広げようとしていることがわかる。人民解放軍の幹部向けの教科書では、国と国が対等なウェストファリア体制を否定し、中国のような優れた国がトップに存在する国際秩序が必要だと説く。中国のシステムが優れているので、世界がそれに従う。中国モデルの輸出である。中国の最高指導者が天下を治めると、儒教も古くから主張してきた。

鄧小平の改革路線によって、中国は共産主義から資本主義に舵を切ったとも考えられていたが、中国の内部資料は国際共産主義が鄧小平の改革路線の下でも忘れられていなかったと主張する。だとすると、鄧小平が唱えたとされる外交路線、才能を隠し時期を待つという意味の「韜光養晦」も別の意味をもつようになる。単に軍事力や外交政策だけでなく、国際共産主義の推進も時期を待っていただけなのだと言える。

第五章と第六章では、中国から始まったコロナ禍に乗じて、中国が影響力を増大しようとしたことがわかる。WHOに対する影響力の拡大や、一帯一路を利用した海外基地の確保など驚愕の内幕が次々と明らかにされる。コロナを「中国ウイルス」と呼び、発生源の中国を強く非難していたドナルド・トランプ前大統領だったが、その非難が一時息をひそめた時期があった。本書で、それは習近平による脅迫が背後にあったことが明らかにされている。医療用マスクや手術着など中国が圧倒的なシェアを占める医療用品を米国に届けないようにする、と電話で脅迫していたとは驚く。

このほかにも、さまざまな驚きがあった。日本の経済安全保障の議論はサプライチェーンの分散など防御的なものであるが、中国の経済安全保障戦略は政府補助による市場支配や戦略物資の独占など攻撃的な性格をもつものである。中国は世界最大のレアアース備蓄国であり、知られているレアアース鉱物をすべて生産できる唯一の国である（第七章）。

中国が推進してきた人材確保の「千人計画」の裏側、そこにはハニートラップや強要も存在する（第八章）。また、中国の国営企業は開放的な資本主義体制を利用して米国の競争相手を攻撃し、人材を引き抜き、独自技術を盗み、経営ノウハウを獲得し、最終的に競争力を低下させる。他方、中国政府は、中国市場において外国企業が安定的な地位を得られないように、官僚主義と保護主義の大きな壁を築いている。経済システムの非対称性が大きな問題を生んでいる。

また、スマートテレビにバックドアが仕込まれ、中国が世界の消費者のデータを入手していることや、ハイテク業界の大手企業が非常に親中的なこと（第九、第十章）。コンテナ輸送に不可欠なスマートクレーンの八割が中国企業のものだとか、監視カメラとＡＩ、顔認証、デジタル決済、医療などのビッグデータを収集して、ジョージ・オーウェルの『一九八四年』のような監視社会を世界に築こうとしている話（第十一章）。中国の海外での民間活動が軍事活動のカモフラージュであり、「一帯一路」の建設と軍隊の海外進出が加速するにつれて、中国の軍民融合戦略も国境を越えて広がっていくこと（第十二章）。本書は、中国がさまざまな面から着々と世界征服を進めており、その気になれば日米両国を苦しめることが容易にできる、と警鐘を鳴らしている。

中国の世界征服に対して、日本にできることは何か。まず、第十三章で紹介されている四つの評価指標で日本の置かれている位置を確認する必要がある。

第一に、日本の重要な部門やプレーヤーが日本の国家安全保障を損ねていないか。日本の経済界には中国市場に対する根強い評価が存在する。対中依存が国家安全保障にどう影響するのか。第二に、日本にとって死活問題に関わる製品がどれほど中国に依存しているのか。国民の健康と福祉、安全保障に関わる部分で中国に圧倒的な影響力を与えてはいないか。第三に、日本政府が中国が意図的にする破壊行為から自らを守れるか。これまでも中国や北朝鮮によるサイバー攻撃を政府や金融機関が受けてきた。そのほかにもソーシャルメディアを操作することによって、安全保障に影響が及ぶようなことがないか。

第四の指標は、台湾の生き残りである。安倍晋三元首相は「台湾の有事は日本の有事」と主張した。たとえば、台湾が中国に支配され、東海岸に潜水艦基地が築かれると中国と日米両国の軍事バランスが著しく変化する。現在、中国から出発する潜水艦は大陸棚を通過せねばならず、その捕捉は容易である。ところが台湾東岸はすぐに深海になっており、潜水艦を捕捉するのが難しくなり、日本の海の安全は著しく脅かされる。まさに「日本の有事」なのである。

著者は中国との第二次冷戦はすでに始まっているのに、ソ連との第一次冷戦時のような危機感がないことを嘆いている。日本でも同様に危機感はあまり感じられない。本書を日本人の多く、とくに政府関係者に読んでもらい、危機感を共有してもらいたい。そして、日本も著者が提唱している「民主主義国家連合」（第十五章）の形成に米国と共に指導力を発揮してもらいたいと思う。

この訳書はさまざまな人の縁があって生まれた。二〇二二年十一月、私が所属する日米リーダーシップ・プログラムの会合で、同じく同プログラムのメンバーで来日中だった、マット・ポッティンジャー元安全保障担当副補佐官の話を聞く機会があった。中国の世界戦略を中心にした話だったが、そこで聞いたのは日本の中国研究者から聞いたことのない、驚くべき内容だった。マットに聞いてみると、イアン・イーストンが書いた本がネタ元だという。

すぐに原著を取り寄せて読み始めると、中国政府や軍の内部資料を駆使した目を瞠（みは）る内容が次から次に書かれている。著者の所属を見ると、ランディ・シュライバー元国防次官補が理事長を務めるプロジェクト２０９４研究所というシンクタンクの研究員なのがわかった。ランディとは十数年前、日米台湾三極安全保障対話というプロジェクトで一緒し懇意にしていたので、すぐに彼に連絡をとって著者を紹介してもらった。著者イアンとコンタクトがとれ、版権は本人がもっているというので翻訳をさせてもらうことになった。

出版先を探す中、以前から防衛省の研究会などで一緒していたＰＨＰ総研の金子将史代表にコンタクトを取り同研究所の出版部にご紹介いただき、翻訳書が出版されることになった。なお、中国政府関係の専門用語や機関名などに間違いがないか、慶應義塾大学の小嶋華津子教授にチェックしていただいた。また、帯の推薦文には二十数年来の友人である、河野太郎デジタル大臣にお願いした。最後になって恐縮だが、ＰＨＰ研究所ビジネス・教養出版部の白地利成氏に編集の労をお取りいただいた。これらの方々にこの場を借りて、お礼を申し上げる。

浦佐にて

信田智人

注

表現に関して

1 See "The Principles of Newspeak" in George Orwell, *1984* (New York: Signet Classics, 1950), pp. 299–312; and George Orwell, "Politics and the English Language," *Horizon*, April 1946, available online at https://www.orwellfoundation.com/the-orwell-foundation/orwell/essays-and-other-works/politics-and-the-english-language/.

第1章

2 Winston S. Churchill, *The World Crisis: Volume II* (London: Bloomsbury Academic Press, 2015, first published 1923), p. 5.

3 "Arlington Escort Information," *Wreaths across America*, accessed March 31, 2020, at https://www.wreathsacrossamerica.org/arlington-escort-information.

4 "Our Story," *Wreaths across America*, accessed March 31, 2020, at https://www.wreathsacrossamerica.org/our-story;"Arlington Escort Information," *Wreaths across America*, accessed March 31, 2020, at https://www.wreathsacrossamerica.org/arlington-escort-information; "Remember. Honor. Teach." *Wreaths across America*, accessed March 31, 2020, at https://www.wreathsacrossamerica.org/remember-honor-teach/#remember; and Johanna S. Billings, "Truckers gather before wreath convoy departs," *The Ellsworth American*, December 11, 2019, at https://www.ellsworthamerican.com/featured/truckers-gather-before-wreaths-convoy-departs/.

5 Mona Gunn, "A Legacy of Service – A Mission of Honor," *TAPS*, June 24, 2020, at https://www.taps.org/articles/26-2/legacy-of-service.

6 この項は、著者によるサンディエゴと横須賀、蘇澳鎮における軍艦上でのインタビューによる。

7 この背景については "USS Cole (DDG-67) Determined Warrior," *Naval History and Heritage Command*, February 7, 2019 (accessed May 10, 2021), at https://web.archive.org/web/20190531150203/https://www.history.navy.mil/content/history/nhhc/browse-by-topic/ships/modern-ships/uss-cole-updated.html; Cindy C. Combs and Martin Slann, *Encyclopedia of Terrorism: Revised Edition* (New York: Facts On File, 2007), p. 353; and Raphael Perl and Ronald O'Rourke, "Terrorist Attack on USS Cole: Background and Issues for Congress," *Congressional Research Service*, January 30, 2001, at https://www.everycrsreport.com/reports/RS20721.html.

8 Steve Vogel, "Family Pride Helps Dry Tears," *Washington Post*, October 21, 2000, at https://www.washingtonpost.com/archive/local/2000/10/21/family-pride-helps-dry-tears/3e5689aa-1190-439c-9be6-c09ca749c206/; Rudi Williams, "White House Remembers Sailors Killed in USS Cole Attack," *DoD News*, October 13, 2005, at https://archive.defense.gov/

news/newsarticle.aspx?id=18084; "Wreaths Across America Announces 2019 Escort to Arlington," *PR Newswire*, November 22, 2019, at https://www.prnewswire.com/news-releases/wreaths-across-america-announces-2019-escort-to-arlington-300963926.html; "Mona Gunn, 2019–2020 National President American Gold Star Mothers, Inc.," *American Gold Star Mothers, Inc.*, accessed March 31, 2020, at https://www.goldstarmoms.com/national-president-mona-gunn.html; and Johanna S. Billings, "Truckers gather before wreath convoy departs," *The Ellsworth American*, December 11, 2019, at https://www.ellsworthamerican.com/featured/truckers-gather-before-wreaths-convoy-departs/.

9 "Our Story," *Wreaths across America*, accessed March 31, 2020, at https://www.wreathsacrossamerica.org/our-story.

10 "Hytera Provides Push-to-Talk over Cellular Radio Service to Wreaths Across America," *Hytera*, November 21, 2019, at https://www.hytera.us/news/hytera-america-donates-poc-radios-to-wreaths-across-america.

11 Hytera U.S. Website Homepage, accessed March 31, 2020, at https://www.hytera.us/.

12 "About Hytera," accessed March 31, 2020, at https://www.hytera.us/about.

13 Tony Quested, "UK approval the last barrier to Sepura takeover," *Business Weekly*, May 2, 2017, at https://www.businessweekly.co.uk/news/hi-tech/uk-approval-last-barrier-sepura-takeover; Simon Zekaria, "Hytera, Sepura deal faces UK scrutiny over risk to national security," *Mlex*, April 13, 2017, at https://mlexmarketinsight.com/insights-center/editors-picks/mergers/europe/hytera-sepura-deal-faces-uk-scrutiny-over-risk-to-national-security; and "Sepura secures Scottish Prison Service," *TCCA*, undated, accessed March 31, 2020, at https://tcca.info/sepura-secures-scottish-prison-service/. Note that Hytera products are sold to jails, prison, and correctional facilities in the United States by certified dealers such as Homeland Safety Systems, Inc. See "Correctional Center Surveillance And Access Control Systems Louisiana, Arkansas and Mississippi Jails, Prisons & Correctional Facilities," *Homeland Safety Systems Inc.*, undated, accessed March 31, 2020, at https://www.homelandsafetysystems.com/industries/jails-prisons-surveillance-systems/. See also Hytera's "Smart Prison Solutions" in its undated sales brochure tailored to the U.S. Bureau of Prisons, accessed March 31, 2020, at https://www.hytera.com/upload/enterprice/files/PMRIoT_Brochure.pdf.

14 David J. Lynch, "Chinese maker of radios for police, firefighters struggles to outlast Trump trade fight," *Washington Post*, January 30, 2019, at https://www.washingtonpost.com/business/economy/chinese-maker-of-radios-for-police-firefighters-promises-to-outlast-trump-trade-fight/2019/01/30/42a118a8-1f33-11e9-8b59-0a28f2191131_story.html; "Defense Applications," *Norsat International Inc.*, accessed March 31, 2020, at http://www.norsat.com/applications/defense/; and "Covert surveillance: Industry Solutions," *Sepura*, accessed March 31, 2020, at

https://www.sepura.com/industries/covert-surveillance.
15 "TETRA in North America," *PowerTrunk*, January 21, 2021, at https://www.powertrunk.com/pressroom/tetra-in-north-america/; "First Ten Years Of PowerTrunk in North America," *PowerTrunk*, December 2, 2019, at https://www.powertrunk.com/pressroom/first-ten-years-of-powertrunk-in-north-america/; and "New Jersey Transit Renews Its Confidence in PowerTrunk Through 3-Year Maintenance Contract," *PowerTrunk*, September 4, 2019, at https://www.powertrunk.com/pressroom/new-jersey-transit-renews-its-confidence-in-powertrunk-through-3-year-maintenance-contract/.
16 "Case Studies," *Teltronic*, undated, accessed September 29, 2021, at https://www.teltronic.es/en/case-studies/.
17 "Hytera Communications Corp., Ltd.（海能达通信股份有限公司）," *The 9th Annual Chinese Defense Informationization Equipment and Technology Exhibition 2020*, July 7, 2020, at http://www.81guofang.com/exhibition-center/exhibitors/919.html. See also "Public Safety and Homeland Security Bureau Announces Publication of the List of Equipment and Services Covered by Section 2 of the Secure Networks Act," *Federal Communications Commission*, March 12, 2021, at https://docs.fcc.gov/public/attachments/DA-21-309A1.pdf.
18 "Public Security（公共安全）," *Hytera*, undated, accessed on October 15, 2020, at https://www.hytera.com/cn/#/index/caseList/52.
19 著者によって保存2020年4月20日、リクエストに応じて提供可能。
20 Adrian Zenz, "Xinjiang's System of Militarized Vocational Training Comes to Tibet," *China Brief*, September 22, 2020, at https://jamestown.org/program/jamestown-early-warning-brief-xinjiangs-system-of-militarized-vocational-training-comes-to-tibet/; Adrian Zenz, "Xinjiang's Re-Education and Securitization Campaign: Evidence from Domestic Security Budgets," *China Brief*, November 5, 2018, at https://jamestown.org/program/xinjiangs-re-education-and-securitization-campaign-evidence-from-domestic-security-budgets/; and Adrian Zenz and James Leibold, "Chen Quanguo: The Strongman Behind Beijing's Securitization Strategy in Tibet and Xinjiang," *China Brief*, September 21, 2017, at https://jamestown.org/program/chen-quanguo-the-strongman-behind-beijings-securitization-strategy-in-tibet-and-xinjiang/.
21 "Orphaned by the State: How Xinjiang's gulag tears families apart," *The Economist*, October 17, 2020, at https://www.economist.com/china/2020/10/17/how-xinjiangs-gulag-tears-families-apart; and "Apartheid with Chinese Characteristics: China has turned Xinjiang into a police state like no other," *The Economist*, June 2, 2018, at https://www.economist.com/briefing/2018/05/31/china-has-turned-xinjiang-into-a-police-state-like-no-other.
22 "Fact Sheet: New U.S. Government Actions on Forced Labor in Xinjiang," *The White House*, June 24, 2021, at https://www.whitehouse.gov/briefing-room/statements-releases/2021/06/24/fact-sheet-new-u-s-

government-actions-on-forced-labor-in-xinjiang/; and Michael R. Pompeo, "Determination of the Secretary of State on Atrocities in Xinjiang," *U.S. Department of State*, January 19, 2021, at https://2017-2021.state.gov/determination-of-the-secretary-of-state-on-atrocities-in-xinjiang/index.html.

23 Yonah Diamond, et al, "The Uyghur Genocide: An Examination of China's Breaches of the 1948 Genocide Convention," *Newlines Institute for Strategy and Policy*, March 8, 2021, at https://newlinesinstitute.org/uyghurs/the-uyghur-genocide-an-examination-of-chinas-breaches-of-the-1948-genocide-convention/; Helen Davidson, "China is breaching every article in genocide convention, says legal report on Uighurs," *The Guardian*, March 9, 2021, at https://www.theguardian.com/world/2021/mar/09/chinas-treatment-of-uighurs-breaches-un-genocide-convention-finds-landmark-report; and Adrian Zenz, "Sterilizations, IUDs, and Mandatory Birth Control: The CCP's Campaign to Suppress Uyghur Birthrates in Xinjiang," *Jamestown Foundation*, June 2020, at https://jamestown.org/product/sterilizations-iuds-and-mandatory-birth-control-the-ccps-campaign-to-suppress-uyghur-birthrates-in-xinjiang/.

24 Ross Anderson, "When China Sees All," *The Atlantic*, September 2020, at https://www.theatlantic.com/magazine/archive/2020/09/china-ai-surveillance/614197/.

25 Ibid.

26 Scott McGregor and Ina Mitchell, "China's social credit program creeps into Canada," *Sunday Guardian Live*, April 17, 2021, at https://www.sundayguardianlive.com/news/chinas-social-credit-program-creeps-canada.

27 Ross Anderson, "When China Sees All."

28 "Additional Huawei Affiliates Added to Entity List; BIS Updates Temporary General License and Issues FAQs; DoD Prohibits Federal Agencies From Obtaining Huawei Equipment," *JDSUPRA*, September 24, 2019, at https://www.jdsupra.com/legalnews/additional-huawei-affiliates-added-to-24817/.

29 "Public Safety and Homeland Security Bureau Announces Publication of the List of Equipment and Services Covered by Section 2 of the Secure Networks Act," *Federal Communications Commission*, March 12, 2021, at https://docs.fcc.gov/public/attachments/DA-21-309A1.pdf; and "FCC Publishes List of Communications Equipment and Services That Pose a Threat to National Security," *FC News*, March 12, 2021, at https://docs.fcc.gov/public/attachments/DOC-370755A1.pdf.

30 "U.S. to open program to replace Huawei equipment in U.S. networks," Reuters, September 27, 2021, at https://www.reuters.com/business/media-telecom/us-open-program-replace-huawei-equipment-us-networks-2021-09-27/; and David Shepardson, "Five Chinese companies pose threat to U.S. national security: FCC," Reuters, March 12, 2021, at https://www.reuters.com/article/us-usa-china-tech-idUSKBN2B42DW.

31 See "H1B Salary Database," accessed December 6, 2021 at https://

h1bdata.info/index.php?year=2018&city=MIRAMAR; "H1B Data: Hytera America," accessed December 6, 2021, at https://h1bdata.com/pin/hytera-america/; and David J. Lynch, "Chinese maker of radios for police, firefighters struggles to outlast Trump trade fight," *Washington Post*, January 30, 2019, at https://www.washingtonpost.com/business/economy/chinese-maker-of-radios-for-police-firefighters-promises-to-outlast-trump-trade-fight/2019/01/30/42a118a8-1f33-11e9-8b59-0a28f2191131_story.html.

32 "Motorola Solutions Wins Trade Secret Theft and Copyright Infringement Lawsuits Against Hytera," *Motorola Solutions*, February 14, 2020, at https://newsroom.motorolasolutions.com/news/motorola-solutions-wins-trade-secret-theft-and-copyright-infringement-lawsuits-against-hytera.htm.

33 "Litigators of the Week: Kirkland Trio Send a $765 Million Message in Tech Theft Case," *Kirkland & Ellis*, February 28, 2020, at https://www.kirkland.com/news/in-the-news/2020/02/litigators-of-the-week-kirkland-motorola.

34 Ahmad Hathout, "Another Company Joins Diversified in Criticizing FCC for Hytera Blacklist," *Broadband Breakfast*, September 14, 2021, at https://broadbandbreakfast.com/2021/09/another-company-joins-diversified-in-criticizing-fcc-for-hytera-blacklist/; and Ahmad Hathout, "Hytera's Inclusion on FCC's National Security Blacklist 'Absurd,' Client Says," *Broadband Breakfast*, September 8, 2021, at https://broadbandbreakfast.com/2021/09/hyteras-inclusion-on-fccs-national-security-blacklist-absurd-client-says/. 背景については David J. Lynch, "Chinese maker of radios for police, firefighters struggles to outlast Trump trade fight," *Washington Post*, January 30, 2019, at https://www.washingtonpost.com/business/economy/chinese-maker-of-radios-for-police-firefighters-promises-to-outlast-trump-trade-fight/2019/01/30/42a118a8-1f33-11e9-8b59-0a28f2191131_story.html.

35 "Acquisition of Sepura plc by Hytera Communications Corporation Limited: revised national security undertakings," *UK Department for Business, Energy & Industrial Strategy*, September 28, 2021, at https://www.gov.uk/government/consultations/acquisition-of-sepura-plc-by-hytera-communications-corporation-limited-revised-national-security-undertakings; and Donny Jackson, "Sepura: We're not impacted by injunction to freeze Hytera assets in the UK," *Urgent Communications*, April 30, 2020, at https://urgentcomm.com/2020/04/30/sepura-were-not-impacted-by-court-order-to-freeze-hytera-assets-in-the-uk/.

36 "Covert Surveillance: Industry Solutions," *Sepura*, accessed September 29, 2021, at https://www.sepura.com/industries/covert-surveillance.

37 "Sepura CommsTech protects Brazil-Bolivia border," *Business Weekly*, March 25, 2021, at https://www.businessweekly.co.uk/export/americas/sepura-commstech-protects-brazil-bolivia-border.

38 David J. Lynch, "Chinese maker of radios."

39 Roslyn Layton, "FCC Wants to Close Loopholes That Let Huawei Sell

Smartphones on Amazon," *Forbes*, September 21, 2021, at https://www.forbes.com/sites/roslynlayton/2021/09/21/fcc-wants-to-close-loopholes-that-let-huawei-sell-smartphones-on-amazon/?sh=36b7e5ab2ad4. For details, see Roslyn Layton and Peter Wood, "Comments of China Tech Threat and Blue Path Labs Before Federal Communications Commission," *China Tech Threat*, September 20, 2021, at https://chinatechthreat.com/wp-content/uploads/2021/09/ChinaTechThreat-BluePathLabs-FCC-Equipment-Authorization-21-232-and-21-233-FINAL.pdf. For an analysis of the magnitude of the problem facing the U.S. government, see Trevor R. Jones and Treston Chandler, "Sweeping U.S. Lists Seek to Restrict Trade and Investments that Support the Chinese Military," *Wisconsin Project*, September 27, 2021, at https://www.wisconsinproject.org/sweeping-us-lists-seek-to-restrict-trade-investment-that-support-chinese-military/#appendix.

40 "Deeply Implementing Comprehensive State Security, Strongly Building a Legal Organization System for State Security（深入贯彻落实总体国家安全观 大力健全国家安全法律制度体系）," Xinhua, December 4, 2019, at http://www.xinhuanet.com/2019-12/04/c_1125304062.htm; "Counter Spy Law of the People's Republic of China（中华人民共和国反间谍法）," *PRC Ministry of National Defense*, December 7, 2017, at http://www.mod.gov.cn/regulatory/2017-12/07/content_4799261.htm; "State Security Law of the People's Republic of China（中华人民共和国国家安全法）," *PRC Ministry of National Defense*, April 7, 2017, at http://www.81.cn/2017gjaqjyr/2017-04/07/content_7553456.htm; and "Internet Security Law of the People's Republic of China（中华人民共和国网络安全法）," *Office of the CCP Central Cyberspace Affairs Commission*, November 7, 2016, at http://www.cac.gov.cn/2016-11/07/c_1119867116.htm.

41 "State Intelligence Law of the People's Republic of China（中华人民共和国国家情报法）," *PRC National People's Congress*, June 27, 2017, at http://www.npc.gov.cn/npc/c30834/201806/483221713dac4f31bda7f9d951108912.shtml.

42 For an example of how this works in practice, see "China's Collection of Genomic and Other Healthcare Data From American: Risks to Privacy and U.S. Economic and National Security," *The National Counterintelligence and Security Center*, February 2021, at https://www.dni.gov/files/NCSC/documents/SafeguardingOurFuture/NCSC_China_Genomics_Fact_Sheet_2021.pdf.

43 Stein Ringen, *The Perfect Dictatorship: China in the 21st Century* (Hong Kong: Hong Kong University Press, 2016), pp. 14–15.

44 Ibid., pp. 65–66.

45 Ibid., pp. 14–15.

46 Ibid., pp. 14–15, 60, 65–66, 138–142.

47 Christopher Wray, "The Threat Posed by the Chinese Government and the Chinese Communist Party to the Economic and National Security of the United States," *Federal Bureau of Investigation*, July 7, 2020, at

https://www.fbi.gov/news/speeches/the-threat-posed-by-the-chinese-government-and-the-chinese-communist-party-to-the-economic-and-national-security-of-the-united-states; "The United States Strategic Approach to the People's Republic of China," *The White House*, May 26, 2020, pp. 2–3, at https://www.whitehouse.gov/articles/united-states-strategic-approach-to-the-peoples-republic-of-china/; and "China: The Risk to Corporate America," *Federal Bureau of Investigation*, October 4, 2019, at https://www.fbi.gov/file-repository/china-risk-to-corporate-america-2019.pdf/view.

48 "Deeply Implementing Comprehensive State Security," Xinhua, "Counter Spy Law of the People's Republic of China," *PRC Ministry of National Defense, PRC Ministry of National Defense*, and "Internet Security Law," *Office of the CCP Central Cyberspace Affairs Commission*.

49 Jiang Luwu and Luo Yongguang (eds), *Realizing the Deep Development of Military-Civil Fusion in Our Overall Setup* [形成军民融合深度发展格局] (Beijing: National Defense University Press, 2018), pp. 75–79.

50 Hsu Szu-chien, Anne-Marie Brady, and J. Michael Cole, "Introduction," *Insidious Power: How China Undermines Global Democracy* (Manchester, UK: Camphor Press, 2020), p. XXVI.

51 Office of the Secretary of Defense, *Military and Security Developments Involving the People's Republic of China 2020* (Arlington, VA: Department of Defense, 2020), vi, at https://media.defense.gov/2020/Sep/01/2002488689/-1/-1/1/2020-DOD-CHINA-MILITARY-POWER-REPORT-FINAL.PDF.

52 Roslyn Layton, "New Pentagon report shows how restricted Chinese IT products routinely enter US military networks," *American Enterprise Institute*, August 12, 2019, at https://www.aei.org/technology-and-innovation/new-pentagon-reports-shows-how-restricted-chinese-it-products-routinely-make-their-way-into-us-military-networks/.

53 Jiang Luwu and Luo Yongguang (eds), pp. 155–158.

54 Ibid., pp. 155–158.

55 For background, see "Reference List for National Recruitment of High-level Overseas Talents（国家引进海外高层次人才参考目录）," *CCP Central Organization Department*, Document No. 60 (December 19, 2016); and "Interim Measures to Recruit Overseas High-level Talents（引进海外高层次人才暂行办法）," *Central Organization Department*, Document No. 28 (2008), p. 5. For examples of CCP recruitment offices overseas, see "Foreign Liaison Offices（驻外联络处）," *Official Website of Zhongguancun Science Park*, http://www.zgc.gov.cn/zgc/zwllc/hsdllc/index.html; "Introducing Liaison Offices (聯絡處簡介)," *Liaison Office of the Leading Small Group for Beijing Talent Work*, at http://www.hi-beijing.org/docs/hk_llc/2015-09-18/1343871667548.html; and "Overseas Fund (海外基金)," *Zhongguancun Development Group*, at http://www.zgcgroup.com.cn/business/overseas_incubator.html; "Overseas High-level Talent Recruitment List for China's Guangdong Province (中国广东省海外高层次人才引进目录),"

Frankfurt Work Office of Guangdong Province Overseas High-level Talent Recruitment, at https://www.zdwenku.com/wenku/20180913/5415074.html; and "Notice Regarding Release of 'Beijing City 2018 Overseas High-level Talent Recruitment Position Requirements List' (关于发布《2018年度北京市海外高层次人才引进岗位需求目录》的公告)," *Beijing City Overseas Scholar Work Liaison Committee Office*, April 13, 2018, at http://www.bjrbj.gov.cn/xxgk/gsgg/201804/t20180413_72254.html.

56 Christopher Wray, "The Threat Posed by the Chinese Government and the Chinese Communist Party," *Federal Bureau of Investigation*, "The United States Strategic Approach to the People's Republic of China," *The White House*, and "China: The Risk to Corporate America," *Federal Bureau of Investigation*.

57 Bonnie Girard, "The Curious Case of Jack Ma at West Point," *The Diplomat*, March 29, 2019, at https://thediplomat.com/2019/03/the-curious-case-of-jack-ma-at-west-point/.

58 Daniel Lippman and Steven Overly, "China's ZTE taps Joe Lieberman for D.C. damage control," *Politico*, December 13, 2018, at https://www.politico.com/story/2018/12/13/zte-china-joe-lieberman-1031383.

59 著者によるネットフリックス鑑賞、言い換えると「日付が特定できない視聴覚調査」。See also "Crash Landing on You: Ep 11, Product Placement," *Bitches Over Drama*, February 3, 2020, at https://bitchesoverdramas.com/2020/02/03/crash-landing-on-you-ep-11-product-placement/; and Rick Martin, "Lenovo's Transformers Marketing Campaign Has Brains," *Tech in Asia*, July 20, 2011, at https://www.techinasia.com/lenovo-brains.

60 Roslyn Layton, "FCC Wants to Close Loopholes That Let Huawei Sell Smartphones on Amazon," *Forbes*, September 21, 2021, at https://www.forbes.com/sites/roslynlayton/2021/09/21/fcc-wants-to-close-loopholes-that-let-huawei-sell-smartphones-on-amazon/?sh=36b7e5ab2ad4.

61 For background, see "Update Concerning China's Acts, Policies and Practices Related to Technology Transfer, Intellectual Property, and Innovation," *Office of the United States Trade Representative*, November 20,2018, at https://ustr.gov/about-us/policy-offices/press-office/press-releases/2018/november/ustr-updates-section-301; and "How China's Economic Aggression Threatens the Technologies and Intellectual Property of the United States and the World," *White House Office of Trade and Manufacturing Policy*, June 2018, at https://www.whitehouse.gov/briefings-statements/office-trade-manufacturing-policy-report-chinas-economic-aggression-threatens-technologies-intellectual-property-united-states-world/. See also Doug Palmer, "WTO members blast China during 20th anniversary trade policy review," *Politico*, October 21, 2021, at https://www.politico.com/news/2021/10/21/wto-china-20th-anniversary-trade-policy-516647; and Jacob M. Schlesinger, "How China Swallowed the WTO," *Wall Street Journal*, November 1, 2017, at https://www.wsj.com/articles/how-china-swallowed-the-wto-1509551308.

62 Jon Russell, "Lenovo Has Completed the $2.91 Billion Acquisition of

Motorola from Google," *TechCrunch*, October 30, 2014, at https://techcrunch.com/2014/10/30/lenovo-has-completed-the-2-91-billion-acquisition-of-motorola-from-google/. 柳傳志はレノボ社の創業者で長年CEOだった。彼は人民解放軍の電気通信研究所(現在は西安電子科技大学)の卒業生で、政府の中国科学院で働き、同院からレノボ社に助成を受けた。柳は第16、17回中国共産党全国代表大会と第9、10、11回全国人民代表大会の代表を務めた。彼は、中国共産党傘下の中華全国工商連合会の第8、9回執行委員会の副委員長も務めた。See "Management Team: Liu Chuangzhi," *Legend Holdings*, undated, at https://web.archive.org/web/20160303181420/http://www.legendholdings.com.cn/en/Leadership/FullBioLCZ.aspx and "Liu Chuangzhi, 1944–"), *Reference for Business*, undated, https://www.referenceforbusiness.com/biography/F-L/Liu-Chuanzhi-1944.html#ixzz1ByxiUC8R.

63 See *Motorola*, accessed December 6, 2021, at https://www.motorola.com/us/.

64 Tim Bajarin, "10 Years Later, Looking Back at the IBM-Lenovo PC Deal," *PC World*, May 4, 2015, at https://www.pcmag.com/opinions/10-years-later-looking-back-at-the-ibm-lenovo-pc-deal.

65 Almee Chanthadavong, "Lenovo finalises acquisition of IBM's x86 server business," *ZDNet*, September 29, 2014, https://www.zdnet.com/article/lenovo-finalises-acquisition-of-ibms-x86-server-business/; and Michael Kan, " Lenovo set to complete acquisition of IBM x86 server business," *Computer World*, September 29, 2014, at https://www.computerworld.com/article/2694749/lenovo-set-to-complete-acquisition-of-ibm-x86-server-business.html.

66 McKenzie Sadeghi, "Fact check: China's Haier purchased GE's appliance business in 2016," *USA Today*, January 7, 2021, at https://www.usatoday.com/story/news/factcheck/2021/01/07/fact-check-chinas-haier-purchased-ge-appliance-unit-2016/4119523001/; and Charles Riley, "China's Haier buys GE's appliance unit for $5.4 billion," *CNN*, January 15, 2016, at https://money.cnn.com/2016/01/15/investing/ge-haier-appliances-sale/index.html.

67 See *GE Appliances*, accessed December 6, 2021, at https://www.geappliances.com/.

68 Jiang Luwu and Luo Yongguang (eds), *Realizing the Deep Development of Military-Civil Fusion in Our Overall Setup*, p. 139.

69 米国企業が所有者のためのものであるのに対して、中国共産党関連企業は同党に仕える。Patrick Jenevein, "Capital Access, Capital Denial: Balance Sheet Battlefields," *Pointe Bello*, June 2021, at https://www.pointebello.com/insights/balance-sheet-battlefields.

第2章

70 Quoted by U.S. National Security Council, "United States Strategic Approach to the People's Republic of China," *The White House*, May 26, 2020, p. 4, at https://www.whitehouse.gov/articles/united-states-strategic-

approach-to-the-peoples-republic-of-china/. See also Matt Pottinger, "Beijing Targets American Businesses," *Wall Street Journal*, March 26, 2021, at https://www.wsj.com/articles/beijing-targets-american-business-11616783268.

71 *China Military Power: Modernizing a Force to Fight and Win* (Washington, DC: Defense Intelligence Agency, 2019), p. V.

72 For example, see "Vice President Mike Pence's Remarks on the Administration's Policy Towards China," *Hudson Institute*, October 4, 2018, at https://www.hudson.org/events/1610-vice-president-mike-pence-s-remarks-on-the-administration-s-policy-towards-china102018; "Assessment on U.S. Defense Implications of China's Expanding Global Access," *Department of Defense*, January 14, 2019, at https://media.defense.gov/2019/Jan/14/2002079292/-1/-1/1/EXPANDING-GLOBAL-ACCESS-REPORT-FINAL.PDF; Randall G. Schriver, "Assistant Secretary of Defense for Indo-Pacific Security Affairs Schriver Press Briefing on the 2019 Report on Military and Security Developments in China," *Department of Defense*, May 3, 2019, at https://www.defense.gov/Newsroom/Transcripts/Transcript/Article/1837011/assistant-secretary-of-defense-for-indo-pacific-security-affairs-schriver-press/; "China: The Risk to Corporate America," *Federal Bureau of Investigation*, October 4, 2019, at https://www.fbi.gov/file-repository/china-risk-to-corporate-america-2019.pdf/view; and Michael Pence, "Remarks by Vice President Pence at the Frederic V. Malek Memorial Lecture," *The White House*, October 24, 2019, at https://www.whitehouse.gov/briefings-statements/remarks-vice-president-pence-frederic-v-malek-memorial-lecture/.

73 Randall G. Schriver, "Assistant Secretary of Defense for Indo-Pacific Security Affairs Schriver Press Briefing on the 2019 Report on Military and Security Developments in China," *Department of Defense*, May 3, 2019, at https://www.defense.gov/News/Transcripts/Transcript/Article/1837011/assistant-secretary-of-defense-for-indo-pacific-security-affairs-schriver-press/.

74 Robert C. O'Brien, "The Chinese Communist Party's Ideology and Global Ambitions," *The White House*, June 26, 2020, at https://www.whitehouse.gov/briefings-statements/chinese-communist-partys-ideology-global-ambitions/; Christopher Wray, "The Threat Posed by the Chinese Government and the Chinese Communist Party to the Economic and National Security of the United States," *Federal Bureau of Investigation*, July 7, 2020, at https://www.fbi.gov/news/speeches/the-threat-posed-by-the-chinese-government-and-the-chinese-communist-party-to-the-economic-and-national-security-of-the-united-states; William P. Barr, "Transcript of Attorney General Barr's Remarks on China Policy at the Gerald R. Ford Presidential Museum," *Department of Justice*, July 17. 2020, at https://www.justice.gov/opa/speech/transcript-attorney-general-barr-s-remarks-china-policy-gerald-r-ford-presidential-museum; Michael R. Pompeo, "Communist China and the Free World's Future," *Department of*

State, July 23, 2020, at https://www.state.gov/communist-china-and-the-free-worlds-future/; Michael R. Pompeo, "State Legislatures and the China Challenge," *Department of State*, September 23, 2020, at https://www.state.gov/state-legislatures-and-the-china-challenge/; and Chad F. Wolf, "Homeland Security and the China Challenge," *Department of Homeland Security*, December 21, 2020, at https://www.dhs.gov/news/2020/12/21/acting-secretary-chad-f-wolf-remarks-prepared-homeland-security-and-china-challenge.

75 Matthew Pottinger, "The Importance of Being Candid: On China's Relationship with the Rest of the World," *Policy Exchange*, October 23, 2020, at https://policyexchange.org.uk/pxevents/on-chinas-relationship-with-the-rest-of-the-world/; and Matthew Pottinger, "Reflections on China's May Fourth movement: An American Perspective," *Miller Center*, May 4, 2020, at https://millercenter.org/news-events/events/us-china-relations-turbulent-time-can-rivals-cooperate.

76 For example, see Graham Allison, *Destined for War: Can America and China Escape Thucydides's Trap?* (New York: Houghton Mifflin Harcourt, 2017). See also Aaron L. Friedberg, "Competing with China," *Survival*, June/July 2018, pp. 7–16; and Kurt M. Campbell and Ely Ratner, "The China Reckoning: How Beijing Defied American Expectations," *Foreign Affairs*, March/April, 2018, pp. 60–70.

77 See "Vice President Mike Pence's Remarks on the Administration's Policy Towards China," *Hudson Institute*, October 4, 2018, at https://www.hudson.org/events/1610-vice-president-mike-pence-s-remarks-on-the-administration-s-policy-towards-china102018; and *National Security Strategy of the United States* (Washington, DC: White House, December 2017), p. 25, at https://www.whitehouse.gov/wp-content/uploads/2017/12/NSS-Final-12-18-2017-0905.pdf.

78 See Toshi Yoshihara and James R. Holmes, Red Star Over the Pacific: China's Rise and the Challenge to U.S. Maritime Strategy, Second Edition (Annapolis, MD: Naval Institute Press, 2018), p. 27.

79 For example, see "Xi Jinping gives important directive on deepening reforms of talent development systems and mechanisms（习近平就深化人才发展体系机制改革作出重要指示）," Xinhua, May 6, 2018, at http://www.xinhuanet.com//politics/2016-05/06/c_1118820251.htm; and Xi Jinping, "Absolutely Winning an All-Around Middle Class Society and Struggling for the Grand Victory of Socialism with Chinese Characteristics in a New Age（决胜全面建成小康社会夺取新时代中国特色社会主义伟大胜利）," *People's Daily*, October 18, 2017, at http://jhsjk.people.cn/article/29613660.

80 For example, see "Xi Jinping Series Database of Important Talks（习近平系列重要讲话数据库）," *People's Daily*, at http://jhsjk.people.cn/article; and browse the PRC government reports, regulations, laws, and white papers available at "Latest Policies（最新政策）," *Central People's Government of the People's Republic of China*, at http://www.gov.cn/

zhengce/index.htm.

81 Daniel Tobin, "How Xi Jinping's New Era Should Have Ended U.S. Debate on Beijing's Ambitions," *U.S.-China Economic and Security Review Commission*, March 13, 2020, available online at https://www.uscc.gov/hearings/china-model-beijings-promotion-alternative-global-norms-and-standards. See also Tanner Greer, "China's Plan to Win Control of the Global Order," *Tablet*, May 17, 2020, at https://www.tabletmag.com/sections/news/articles/china-plans-global-order.

82 David Frum, "China Is Not a Garden-Variety Dictatorship," *The Atlantic*, March 5, 2018, at https://www.theatlantic.com/international/archive/2018/03/china-xi-jinping-president/554795/; Tom Phillips, "Dictator for life' Xi Jinping's power grab condemned as step towards tyranny," *The Guardian*, February 26, 2018, at https://www.theguardian.com/world/2018/feb/26/xi-jinping-china-presidential-limit-scrap-dictator-for-life; and Jamil Anderlini, "Under Xi Jinping, China is turning back to dictatorship," *Financial Times*, October 10, 2017, at https://www.ft.com/content/cb2c8578-adb4-11e7-aab9-abaa44b1e130.

83 Sydney J. Freedberg Jr. and Colin Clark, "Threats from Russia, China Drive 2017 DoD Budget," *Breaking Defense*, February 2, 2016, at http://breakingdefense.com/2016/02/russia-china-drive-2017-budget/; Matthew Pennington, "US-China tensions persist despite progress on NKorea," Associated Press, February 23, 2016, at http://bigstory.ap.org/article/4e0a8c6d263d4aad897fb5464d4f1f72/top-diplomats-meet-fraught-time-between-us-china; and Elbridge Colby and Ely Ratner, "Roiling the Waters," *Foreign Policy*, January 21, 2014, at http://foreignpolicy.com/2014/01/21/roiling-the-waters/.

84 *National Security Strategy of the United States* (Washington, DC: White House, December 2017), p. 25, at https://www.whitehouse.gov/wp-content/uploads/2017/12/NSS-Final-12-18-2017-0905.pdf.

85 Ibid., p. 3.

86 Peter Mattis, "From Engagement to Rivalry: Tools to Compete with China," *Texas National Security Review*, August 2018, p. 81, accessible online at https://tnsr.org/2018/08/from-engagement-to-rivalry-tools-to-compete-with-china/.

87 Ibid., pp. 88–89.

88 Ibid., p. 94.

89 For example, see John King Fairbank, ed., *The Chinese World Order: Traditional China's Foreign Relations* (Cambridge, MA: Harvard University Press, 1968); Michael Oksenberg and Robert Oxnam, eds., *Dragon and Eagle: United States-China Relations Past and Future* (New York: Basic Books, 1978); John King Fairbank, *Chinabound: A Fifty Year Memoir* (New York: Harper Collins, 1982); and Kenneth Lieberthal and Michael Oksenberg, *Policy Making in China: Leaders, Structures, and Processes* (Princeton, NJ: Princeton University Press, 1988).

90 この本は、中国のエリートが1980-90年代の同国の戦略環境をいかに理解

していたかを詳細に調べている。2000年に出版されたピルズベリーの本は、科学的、理論的モデルを使って中国の国力がどこまで伸びるかを研究していた北京の研究者が内部でどのような議論を行っていたかを分析している。同書は、中国の戦略家が包括的な国力をどう計算し、どのように防衛に対する資源配分を行おうとしていたかを調べた画期的なものだった。See Michael Pillsbury, *China Debates the Future Security Environment* (Washington, DC: National Defense University Press, 2000).

91 当時の観点について代表的なのは、see David Shambaugh, ed., *Power Shift: China and Asia's New Dynamics* (Berkeley, CA: University of California Press: 2005). See also Kenneth Lieberthal, "How Domestic Forces Shape the PRC's Grand Strategy and International Impact," in Ashley J. Tellis and Michael Wills, eds., *Strategic Asia 2007-08: Domestic Political Change and Grand Strategy* (Washington, DC: National Bureau of Asian Research, 2007), pp. 29–66.

92 David M. Lampton, *Same Bed Different Dreams: Managing U.S.-China Relations 1989–2000* (Berkeley, CA: University of California Press, 2001), p. 110.

93 James Steinberg and Michael E. O'hanlon, *Strategic Reassurance and Resolve: U.S.-China Relations in the Twenty-First Century* (Princeton, NJ: Princeton University Press, 2014), p. 4.

94 中国が競争戦略をもっていると考えた米国人研究者もいたが、彼らも中国との協力を支持していた。マイケル・スウェインとアッシュレー・テリスは、「中国の戦略が完全に成功した場合、米中間の競争は避けられないだろう。しかし、中国が超大国化し影響力を拡大するとは考えにくい……米国が先制手段として中国を封じ込めようとしたら、かえって中国の台頭を招くかもしれない。中国の戦略に対する現実的な政策は、中国と協力し、より深いレベルの理解と強い相互信頼関係、中国の国際システムへの統合を目的にすべきである」と書いている。See Michael D. Swaine and Ashley J. Tellis, *Interpreting China's Grand Strategy: Past, Present, Future* (Washington, DC: RAND Corporation, 2000), at https://www.rand.org/pubs/research_briefs/RB61/index1.html. See also James Lilley and David Shambaugh, eds., *China's Military Faces the Future* (New York: Routledge, 1999); and David Shambaugh, *Modernizing China's Military: Progress, Problems, and Prospects* (Berkeley, CA: University of California Press, 2002).

95 Mark A. Stokes, *China's Strategic Modernization: Implications for the United States* (Carlisle, PA: Strategic Studies Institute, 1999), pp. 1.

96 Ibid., pp. 144–145.

97 ピルズベリーは鄧小平が総合的国力を議論した最初の中国の指導者だと発見した。鄧は、「国力を測るには包括的にあらゆる側面を見る必要がある」と述べている。マルクス・レーニン理論から、国力は単に軍事力だけを見るのではなく、経済や科学技術、領土、国際的影響力、国内統治、天然資源、社会条件なども含めて計算すべきだと、鄧は考えた。Michael Pillsbury, *China Debates the Future Security Environment*, p. 204.

98 Michael Pillsbury, *China Debates the Future Security Environment*, pp. 203–205.

99 Robert D. Kaplan, "How We Would Fight China," *The Atlantic*, June 2005, pp. 49–64, at https://www.theatlantic.com/magazine/archive/2005/06/how-we-would-fight-china/303959/.

100 James Mann, *The China Fantasy: Why Capitalism Will Not Bring Democracy to China* (New York: Penguin Books, 2007), pp. 25–26.(邦題『危険な幻想』PHP研究所、2007年)。

101 Ibid., pp. 10–11.

102 Aaron L. Friedberg, *A Contest for Supremacy: China, America, and the Struggle for Mastery in Asia* (New York: W.W. Norton & Company, 2011), p. 264.(邦題『支配への競争』日本評論社、2013年)。

103 Ibid., p. 265.

104 See Dan Blumenthal, *The China Nightmare: The Grand Ambitions of a Decaying State* (Washington, DC: American Enterprise Institute Press, 2020); and Michael Pillsbury, *The Hundred-Year Marathon: China's Secret Strategy to Replace America as the Global Superpower* (New York: Henry Holt and Company, 2015).(邦題『China 2049』日経BP、2015年)。Another important example is Graham Allison, *Destined for War*.

105 議会証言については, see J. Ray Bowen II, "Beijing's Promotion of PRC Technical Standards," *U.S.-China Economic and Security Review Commission*, March 6, 2020, at https://www.uscc.gov/hearings/china-model-beijings-promotion-alternative-global-norms-and-standards; Greg Levesque, "Testimony on What Keeps Xi Up at Night: Beijing's Internal and External Challenges," *U.S.-China Economic and Security Review Commission*, February 7, 2019, at https://www.uscc.gov/hearings/what-keeps-xi-night-beijings-internal-and-external-challenges; and Patrick Jenevein, "Chinese Investment in the United States: Impacts and Issues for Policymakers," *U.S.-China Economic and Security Review Commission*, January 26, 2017, at https://www.uscc.gov/hearings/hearing-chinese-investment-united-states-impacts-and-issues-policymakers. 多くの注目すべきレポートは, see "The Digital Silk Road Initiative: Wiring Global IT and Telecommunications to Advance Beijing's Global Ambitions," *Pointe Bello*, January 2019, at https://www.pointebello.com/insights/digital-silk-road.

106 For example, see John Garnaut, "Engineers of the Soul: Ideology in Xi Jinping's China," *Sinocism*, January 16, 2019, at https://sinocism.com/p/engineers-of-the-soul-ideology-in; Larry Diamond and Orville Schell, eds., "China's Influence and American Interests: Promoting Constructive Vigilance," Hoover Institution, November 29, 2018, at https://www.hoover.org/research/chinas-influence-american-interests-promoting-constructive-vigilance; Alex Joske, "Picking Flowers, Making Honey: The Chinese military's collaboration with foreign universities," *Australian Strategic Policy Institute*, October 30, 2018, at https://www.aspi.org.au/report/picking-flowers-making-honey; Clive Hamilton, *Silent Invasion: China's Influence in Australia* (London: Hardie Grant Books, 2018); and Anne-Marie Brady, "Magic Weapons: China's political influence activities

under Xi Jinping," *Wilson Center*, September 18, 2017, at https://www.wilsoncenter.org/article/magic-weapons-chinas-political-influence-activities-under-xi-jinping. See also Mark Stokes and Russell Hsiao, "The People's Liberation Army General Political Department: Political Warfare with Chinese Characteristics," *Project 2049 Institute*, October 14, 2013, at https://project2049.net/2013/10/14/the-peoples-liberation-army-general-political-department-political-warfare-with-chinese-characteristics/. For research on the critical role of ideology in U.S.-China strategic competition, see Aaron L. Friedberg, "Competing with China," *Survival*, June–July 2018, pp. 7–64.

107 See Nadege Rolland, China's Eurasian Century?: Political and Strategic Implications of the Belt and Road Initiative (Washington, DC: National Bureau of Asian Research, 2017); John Hemmings, ed., "Infrastructure, Ideas, and Strategy in the Indo-Pacific," *Henry Jackson Society*, March 2019, at https://henryjacksonsociety.org/publications/infrastructure-ideas-and-strategy-in-the-indo-pacific/; and Devin Thorne and Ben Spevack, "Harbored Ambitions: How China's Port Investments Are Strategically Reshaping the Indo-Pacific," *C4ADS*, 2017, available online at https://static1.squarespace.com/static/566ef8b4d8af107232d5358a/t/5ad5e20ef950b777a94b55c3/1523966489456/Harbored+Ambitions.pdf.

108 Elsa B. Kania and John Costello, "Quantum Hegemony? China's Ambitions and the Challenge to U.S. Innovation Leadership," *Center for New American Security*, September 12, 2018, at https://www.cnas.org/publications/reports/quantum-hegemony; Michael Horowitz, Elsa B. Kania, and Gregory C. Allen, "Strategic Competition in an Era of Artificial Intelligence," *Center for New American Security*, July 25, 2018, at https://www.cnas.org/publications/reports/strategic-competition-in-an-era-of-artificial-intelligence; Elsa B. Kania, "Battlefield Singularity: Artificial Intelligence, Military Revolution, and China's Future Military Power," *Center for New American Security*, November 28, 2017, at https://www.cnas.org/publications/reports/battlefield-singularity-artificial-intelligence-military-revolution-and-chinas-future-military-power; Greg Levesque and Mark Stokes, "Blurred Lines: Military-Civil Fusion and the 'Going Out' of China's Military," *Pointe Bello*, December 2016, at https://pointebello.com/researchandinsights; and Mark A. Stokes, "The PLA General Staff Department Third Department Second Bureau: An Organizational Overview of Unit 61398," *Project 2049 Institute*, July 27, 2015, at https://project2049.net/2015/07/27/the-pla-general-staff-department-third-department-second-bureau-an-organizational-overview-of-unit-61398/.

109 For notable examples, see Andrew S. Erickson and Ryan D. Martinson, eds., *China's Maritime Gray Zone Operations* (Annapolis, MD: Naval Institute Press, 2019); Toshi Yoshihara and James R. Holmes, *Red Star over the Pacific: China's Rise and the Challenge to U.S. Maritime Strategy, Second Edition* (Annapolis, MD: Naval Institute Press, 2018); M. Taylor Fravel, *Active Defense: China's Military Strategy since 1949* (Princeton,

New Jersey: Princeton University Press, 2019); Joe McReynolds, ed., *China's Evolving Military Strategy* (Washington, DC: Jamestown Foundation, 2017); and Roger Cliff, *China's Military Power: Assessing Current and Future Capabilities* (New York: Cambridge University Press, 2015). See also *Annual Report to Congress: Military and Security Developments Involving the People's Republic of China 2019* (Arlington, VA: Department of Defense, May 2019), at https://media.defense.gov/2019/May/02/2002127082/-1/-1/1/2019_CHINA_MILITARY_POWER_REPORT.pdf; *China Military Power: Modernizing a Force to Fight and Win* (Washington, DC: Defense Intelligence Agency, January 2019), at https://www.dia.mil/Portals/27/Documents/News/Military%20Power%20Publications/China_Military_Power_FINAL_5MB_20190103.pdf; and "Assessment on U.S. Defense Implications of China's Expanding Global Access," *Department of Defense*, December 2018, at https://media.defense.gov/2019/Jan/14/2002079292/-1/-1/1/EXPANDING-GLOBAL-ACCESS-REPORT-FINAL.PDF.

110 Michael Pillsbury, *The Hundred-Year Marathon.*

111 For background on the long-standing scholarly debate, see Tanner Greer, "China's Plan to Win Control of the Global Order," *Tablet*, May 17, 2020, at https://www.tabletmag.com/sections/news/articles/china-plans-global-order; "China and the Rules-Based Order: Seven experts debate China's approach to the rules-based international order," *Lowy Institute*, undated, at https://interactives.lowyinstitute.org/features/china-rules-based-order/articles/counting-on-historical-forces/; Oriana Skylar Mastro, "The Stealth Superpower: How China Hid Its Global Ambitions," *Foreign Affairs*, January/February 2019, pp. 31–39; and Alastair Iain Johnston, "How New and Assertive is China's New Assertiveness," *International Security*, Spring 2013, pp. 7–48.

112 Rush Doshi, *The Long Game: China's Grand Strategy to Displace American Order* (New York: Oxford University Press, 2021).

113 See "Xi Jinping Series Database of Important Talks（习近平系列重要讲话数据库）," *People's Daily*, at http://jhsjk.people.cn/article.

114 2019年5月6日時点で同データベースには393の習近平のスピーチ、1094の会議レポート、446の検査訪問、1474の会談、1656の出張が含まれている。加えて、彼の日程や23の著作からの引用で習近平の思想を伝えている。Ibid.

115 Ibid.

116 "Latest Policies（最新政策）," *Central People's Government of the People's Republic of China*, at http://www.gov.cn/zhengce/index.htm. "Standardization Law of the People's Republic of China（中华人民共和国标准化法）," *Standardization Administration of the People's Republic of China*, November 8, 2017, at http://www.sac.gov.cn/sbgs/flfg/fl/bzhf/201711/t20171108_318652.htm; and "National Planning Doctrine for Mid-to-Long Term Talent Development, 2010–2020（国家中长期人才发展规划纲要(2010－2020年)发布)," Xinhua, June 6, 2010, at http://www.gov.cn/jrzg/2010-06/06/content_1621777.htm.

117 For example, see "Standardization Law of the People's Republic of China（中华人民共和国标准化法）," *Standardization Administration of the People's Republic of China*, November 8, 2017, at http://www.sac.gov.cn/sbgs/flfg/fl/bzhf/201711/t20171108_318652.htm; "National Planning Doctrine for Mid-to-Long Term Talent Development, 2010–2020（国家中长期人才发展规划纲要(2010－2020年)发布）," Xinhua, June 6, 2010, at http://www.gov.cn/jrzg/2010-06/06/content_1621777.htm.; and "Master Plan to Develop and Build Zhongguancun into a National Indigenous Innovation Demonstration Zone (2016–2020) [中关村国家自主创新示范区发展建设规划(2016–2020)]," *Leading Small Group of Zhongguancun National Indigenous Innovation Demonstration Zone*, August 18, 2016, at http://zfxxgk.beijing.gov.cn/110081/zzqgh33/2017-08/02/content_fd85c3f6888543a0858ee51117d1e4fe.shtml.

118 For example, see "Interim Law for Managing Program Resources and Budgets of Culture and Famous Talents Project and 'Four-in-One Group Talent Program（文化名家暨"四个一批"人才工程项目资助及经费管理暂行办法）," *CCP Propaganda Department's Document Number 17*, 2014. This is a guiding document for lower-echelon Chinese government plans and laws. For example, see "Beijing City's Interim Law for Managing Program Resources and Budgets of High-level Propaganda and Culture Talent Cultivation（北京市宣传文化高层次人才培养资助管理暂行办法）," *Beijing City CCP Committee Propaganda Department*, September 10, 2015, at http://www.bjrcgz.gov.cn/swordCMS/office/tzgg/3aed73e077c34c0a80cbe0e263f53922/3aed73e077c34c0a80cbe0e263f53922.html.

第3章

119 *Xi Jinping Thought on Chinese Socialism in a New Era: A Study Guide* [习近平新时代中国特色社会主义思想学习问答] (Beijing: CCP Central Propaganda Department, 2021), pp. 1-2.

120 Kerry Brown, *CEO, China: The Rise of Xi Jinping* (New York: I.B. Tauris & Co., 2016), p. 5.

121 The description of the event draws from the video broadcast imbedded in Xi Jinping, "Speech at the General Assembly to Commemorate the 200th Anniversary of Karl's Marx's Birth（在纪念马克思诞辰200周年大会上的讲话）," Xinhua, May 4, 2018, at http://www.xinhuanet.com/politics/2018-05/04/c_1122783997.htm. Images can also be seen at "China marks 200 years of Karl Marx's birth as Xi leads in new era," Xinhua, May 4, 2018, at http://www.xinhuanet.com/english/2018-05/04/c_137156583_3.htm.

122 Ibid.

123 Kerry Brown, *CEO, China: The Rise of Xi Jinping* (New York: I.B. Tauris & Co., 2016), pp. 51–53.

124 Xi Jinping, *The Governance of China* (Beijing: Foreign Language Press, 2014), p. 494.（邦題『習近平 国政運営を語る』外文出版社、2017年）。

125 Kerry Brown, *CEO, China*, pp. 51–53.

126 Chris Buckley and Didi Kirsten Tatlow, "Cultural Revolution Shaped Xi Jinping, From Schoolboy to Survivor," *New York Times*, September 24, 2015, at https://www.nytimes.com/2015/09/25/world/asia/xi-jinping-china-cultural-revolution.html.
127 Kerry Brown, *CEO, China*, p. 53.
128 Barbara Demick and David Pierson, "China political star Xi Jinping a study in contrasts," *Los Angeles Times*, February 11, 2012, at https://www.latimes.com/world/la-xpm-2012-feb-11-la-fg-china-xi-20120212-story.html.
129 Ibid.
130 Chris Buckley and Didi Kirsten Tatlow, "Cultural Revolution Shaped Xi Jinping, From Schoolboy to Survivor,"
131 Ibid.
132 Matt Rivers, "This entire Chinese village is a shrine to Xi Jinping," *CNN*, March 19, 2018, at https://www.cnn.com/2018/03/19/asia/china-xi-jinping-village-intl/index.html.
133 Xi Jinping, *The Governance of China*, p. 480. See also, Matt Rivers, "This entire Chinese village is a shrine to Xi Jinping,"
134 Barbara Demick and David Pierson, "China political star Xi Jinping."
135 Xi Jinping, *The Governance of China*, p. 479.
136 Kerry Brown, *CEO, China*, p. 56.
137 Barbara Demick and David Pierson, "China political star Xi Jinping."
138 Kerry Brown, *CEO, China*, p. 56.
139 Barbara Demick and David Pierson, "China political star Xi Jinping."
140 Kerry Brown, *CEO, China*, p. 64.
141 Ibid., p. 65. See also Cheng Li, "Xi Jinping (习近平)," *Brookings Institution*, March 18, 2018, at https://www.brookings.edu/wp-content/uploads/2018/03/china_20180318_xi_jinping_profile.pdf.
142 Kerry Brown, *CEO, China*, p. 65. See also Cheng Li, "Xi Jinping."
143 Kerry Brown, *CEO, Chin*, pp. 66–67.
144 Xi Jinping, *The Governance of China*, p. 481.
145 Kerry Brown, *CEO, China*, p. 67.
146 Xi Jinping, *The Governance of China*, pp. 494–496.
147 Ibid., p. 496.
148 Karen Yuan, "The Impossibility of the Chinese First Lady," *The Atlantic*, April 1, 2019, at https://www.theatlantic.com/membership/archive/2019/04/impossibility-chinese-first-lady/586246/; Xi Jinping, *The Governance of China*, pp. 494–496; and Anne Henochowicz, "Empire Illustrated: Peng Liyuan At Tiananmen, 1989," *China Digital Times*, March 26, 2013, at https://chinadigitaltimes.net/2013/03/empire-illustrated-peng-liyuan-at-tiananmen-1989/.
149 "Xi Jinping and Peng Liyuan mark 30th Anniversary, Ever Like Cowboy and Weaver Girl (习近平彭丽媛结婚30周年 多年如牛郎织女), *Duowei News*, September 1, 2017, at https://www.dwnews.com/%E4%B8%AD%E5%9B%BD/60010224/%E4%B9%A0%E8%BF%91%E5%B9%B3%E5%BD%

AD%E4%B8%BD%E5%AA%9B%E7%BB%93%E5%A9%9A30%E5%91%A8%E5%B9%B4%E5%A4%9A%E5%B9%B4%E5%A6%82%E7%89%9B%E9%83%8E%E7%BB%87%E5%A5%B3.

150 Xi Jinping, The Governance of China, p. 496.

151 Kerry Brown, *CEO, China*, p. 67.

152 See James Mulvenon, "Xi Jinping and the Central Military Commission: Bridesmaid or Bride?" *China Leadership Monitor*, February 22, 2011, at https://media.hoover.org/sites/default/files/documents/CLM34JM.pdf.

153 "Top Chinese officials 'plotted to overthrow Xi Jinping,'" *BBC News*, October 20, 2017, at https://www.bbc.com/news/world-asia-china-41691917.

154 Katsuji Nakazawa, "Power struggle has Xi leery of coup, assassination attempts," *Nikkei Asia*, May 23, 2015, at https://asia.nikkei.com/Politics/Power-struggle-has-Xi-leery-of-coup-assassination-attempts.

155 Xi Jinping, "Speech at the General Assembly to Commemorate the 200th Anniversary of Karl's Marx's Birth (在纪念马克思诞辰200周年大会上的讲话)."

156 Chen Peiyong, "And just like that, he lit up the world: Marxism's vast influence, current value, and the development of this age (就这样在世界闪耀——马克思主义的深远影响、当代价值与时代发展)," *Central Discipline Inspection Committee News*, May 3, 2018, at http://www.ccdi.gov.cn/yaowen/201805/t20180503_171124.html.

157 Yang Sheng, "China cherishes Karl Marx," *Global Times*, May 4, 2018, at https://www.globaltimes.cn/content/1100666.shtml.

158 Ibid.

159 "World Congress on Marxism begins in China," *China Daily*, May 6, 2018, at https://www.chinadaily.com.cn/a/201805/06/WS5aee4bfba3105cdcf651c314.html.

160 Luo Yunzhou, "China commemorates 200th birthday of Karl Marx," *Global Times*, May 8, 2018, at https://www.globaltimes.cn/content/1101250.shtml.

161 Bai Tiantian, "Xi inspires students with insight into education, Marxism," *Global Times*, May 3, 2018, at https://www.globaltimes.cn/content/1100617.shtml.

162 Ibid.

163 Ibid.

164 "World Congress on Marxism begins in China," *China Daily*, May 6, 2018, at https://www.chinadaily.com.cn/a/201805/06/WS5aee4bfba3105cdcf651c314.html.

165 "World Congress on Marxism Launches Official Website," *Peking University News*, April 9, 2018, at http://newsen.pku.edu.cn/news_events/news/global/6957.htm.

166 Ibid.

167 Griff Witte and Luisa Beck, "Karl Marx's German home town celebrates his 200th birthday with a Chinese statute – and a struggle," *Washington*

Post, May 5, 2018, at https://www.washingtonpost.com/world/europe/marxs-german-hometown-celebrates-his-200th-birthday-with-a-chinese-statue--and-a-struggle/2018/05/04/592711b4-4d69-11e8-85c1-9326c4511033_story.html.

168 "Karl Marx's 200th birthday bash will feature a gift from the Chinese government," *National Post*, May 4, 2018, at https://nationalpost.com/news/world/xi-praises-marxism-as-a-tool-for-china-to-win-the-future; and Griff Witte and Luisa Beck, "Karl Marx's German home town celebrates his 200th birthday with a Chinese statute – and a struggle," *Washington Post*, May 5, 2018, at https://www.washingtonpost.com/world/europe/marxs-german-hometown-celebrates-his-200th-birthday-with-a-chinese-statue--and-a-struggle/2018/05/04/592711b4-4d69-11e8-85c1-9326c4511033_story.html.

169 "Karl Marx's 200th birthday bash will feature a gift from the Chinese government."

170 Ibid.

171 For example, see "World Congress on Marxism begins in China," *China Daily*, May 6, 2018, at https://www.chinadaily.com.cn/a/201805/06/WS5aee4bfba3105cdcf651c314.html; "Abstracts of papers by forum participants（参会论文摘要）," *World Congress on Marxism*, undated, at http://wcm.pku.edu.cn/sklwzy/index.htm; and Xinhua Editorial Board, "Why Marxism is capable of staying young forever（马克思主义为什么能永葆青春）," Xinhua, May 4, 2018, at http://www.xinhuanet.com/2018-05/04/c_1122783965.htm.

172 Luo Yunzhou, "China commemorates 200th birthday of Karl Marx."

173 Xi Jinping, "Speech at the General Assembly to Commemorate the 200th Anniversary of Karl's Marx's Birth."

174 Karl Marx and Frederick Engels, *The Communist Manifesto* (New York: International Publishers, first printed 1848, this printing 2020), pp. 26–30.

175 1億人という推計はこの本から。Stephane Courtois, "Introduction: The Crimes of Communism," in Stephane Courtois et al., *The Black Book of Communism: Crimes, Terror, Repression* (Cambridge, MA: Harvard University Press, 1999), p. 4.

176 Xi Jinping, "Speech at the General Assembly to Commemorate the 200th Anniversary of Karl's Marx's Birth（在纪念马克思诞辰200周年大会上的讲话）."

177 Ibid.

178 Ibid.

179 Ibid.

180 Ibid.

181 Ibid.

182 Ibid.

183 Ibid.

184 Ibid.; "China marks 200 years of Karl Marx's birth as Xi leads in new era," Xinhua, May 4, 2018, at http://www.xinhuanet.com/

english/2018-05/04/c_137156583.htm; and "The International (国际歌)," *Baidu Baike*, undated, at https://baike.baidu.com/item/%E5%9B%BD%E9%99%85%E6%AD%8C.

185 "China marks 200 years of Karl Marx's birth as Xi leads in new era," Xinhua, May 4, 2018, at http://www.xinhuanet.com/english/2018-05/04/c_137156583.htm. For the official CCP-approved lyrics, see "The Classic Ode: 'The Internationale must be realized' – the story of 'The Internationale' (经典传颂:"英特纳雄耐尔就一定要实现"--《国际歌》的故事)," *China Executive Leadership Academy, Yan'an, School of Marxism*, July 4, 2018, at https://marx.nwpu.edu.cn/info/1028/2120.htm.

186 Karl Marx and Frederick Engels, *The Communist Manifesto*, p. 44.

第4章

187 "The Decision of the CCP Central Committee on Several Major Issues Regarding Insisting on and Improving the System of Socialism with Chinese Characteristics and Advancing the Modernization of the State Governance System and Its Governance Capabilities (中共中央关于坚持和完善中国特色社会主义制度推进国家治理体系和治理能力现代化若干重大问题的决定), *CCP News*, November 6, 2019, at http://cpc.people.com.cn/n1/2019/1106/c64094-31439558.html.

188 Xi Jinping, "Insist on and Improve the System of Socialism with Chinese Characteristics and Advance the Modernization of the State Governance System and Its Governance Capabilities (坚持和完善中国特色社会主义制度推进国家治理体系和治理能力现代化)," *Qiushi*, January 1, 2020, at http://www.qstheory.cn/dukan/qs/2020-01/01/c_1125402833.htm.

189 Ibid.

190 Ibid.

191 Xi Jinping, "Unity and Cooperation are the Most Powerful Weapons for the International Community's Victory in the War Against the Pandemic (团结合作是国际社会战胜疫情最有力武器)," *Qiushi*, April 15, 2020, at http://www.qstheory.cn/dukan/qs/2020-04/15/c_1125857091.htm; and "Wang Yi: Guided by Xi Jinping Thought on Foreign Affairs, Push Forward the Construction of a Community of Common Destiny for all Mankind Amid Global Cooperation to Fight the Pandemic (王毅:以习近平外交思想为指引 在全球抗疫合作中推动构建人类命运共同体)," *Qiushi*, April 15, 2020, at http://www.gov.cn/guowuyuan/2020-04/15/content_5502818.htm.

192 Xi Jinping, "Unity and Cooperation."

193 "Xi Jinping, Bring Forth Powerful Technologies for Winning the Guerilla War against the Pandemic (习近平:为打赢疫情防控阻击战提供强大科技支撑)," *Qiushi*, March 15, 2020, at http://jhsjk.people.cn/article/31632573.

194 米国だけは例外だった。3月27日の習近平のドナルド・トランプ大統領との電話では人類運命共同体についての発言はなかったと伝えられている。Xi Jinping, "Unity and Cooperation."

195 Xi Jinping, "Working Together."

196 Xi Jinping, "Unite and Cooperate."
197 "China's Actions to Fight the COVID-19 Pandemic (抗击新冠肺炎疫情的中国行动)," *PRC State Council Information Office*, June 7, 2020, at http://www.gov.cn/zhengce/2020-06/07/content_5517737.htm.
198 Ibid.
199 "Xi's world vision: a community of common destiny, a shared home for humanity," *CCTV*, January 15, 2017, at https://english.cctv.com/2017/01/15/ARTIjfECMGRxn4TrlI0UqAcl170115.shtml.
200 For example, see Xi Jinping, "Working Together."
201 "Wang Yi: Guided by Xi Jinping Thought on Foreign Affairs, Push Forward the Construction of a Community of Common Destiny for all Mankind Amid Global Cooperation to Fight the Pandemic."
202 Ma Xiaowei, "Deepen International Cooperation in the Pandemic Fight, Jointly Build a Community of Common Health for all Humankind (深化抗击疫情国际合作,共筑人类卫生健康共同体)," *Qiushi*, April 16, 2020, at http://www.qstheory.cn/dukan/qs/2020-04/16/c_1125857952.htm.
203 "Written Interview with Zhuang Rongwen, Director of the State Network Information Office and Chairman of the World Internet Conference, on his Concept Document 'Working Hand in Hand to Construct a Community of Common Destiny Online' (国家互联网信息办公室主任、世界互联网大会组委会主席庄荣文就发布《携手构建网络空间命运共同体》概念文件接受书面采访)," *Office of Central Cyberspace Affairs Commission*, October 17, 2019, at http://www.cac.gov.cn/2019-10/17/c_1572842708223057.htm. See also Zhuang Rongwen, "Building an Internet Superpower, A Thought Weapon and Guidebook for Action (网络强国建设的思想武器和行动指南)," Xinhua, February 1, 2021, at http://www.xinhuanet.com/politics/2021-02/01/c_1127050845.htm.
204 Bai Jie, "Ceaselessly Insisting on and Perfecting an Independent, Sovereign and Peaceful Foreign Policy to Realize the Great Rejuvenation of the Chinese Race and to Create a Beautiful Future for Humankind: Exclusive Interview with Deputy Foreign Minister Le Yucheng (坚持和完善独立自主的和平外交政策,为实现中华民族伟大复兴、开创人类美好未来不懈努力——专访外交部副部长乐玉成)," Xinhua, January 6, 2020, at http://www.xinhuanet.com/politics/2020-01/06/c_1125428301.htm.
205 Zhao Ziyu and Xian Fengli, eds., *Great Power Diplomacy with Chinese Characteristics* [中国特色大国外交] (Beijing: National Defense University Press, 2018), p. 1.
206 Ibid., p. 21.
207 For background, see Daniel Tobin, "How Xi Jinping's 'New Era' Should Have Ended U.S. Debate on Beijing's Ambitions," *U.S.-China Economic and Security Review Commission*, March 13, 2020, at https://www.uscc.gov/hearings/china-model-beijings-promotion-alternative-global-norms-and-standards; J. Ray Bowen II, "Beijing's Promotion of PRC Technical Standards," *U.S.-China Economic and Security Review Commission*, March 13, 2020, at https://www.uscc.gov/hearings/china-model-beijings-

promotion-alternative-global-norms-and-standards; Adam Segal, "China's Alternative Cyber Governance Regime," *U.S.-China Economic and Security Review Commission*, March 13, 2020, at https://www.uscc.gov/hearings/china-model-beijings-promotion-alternative-global-norms-and-standards; Elizabeth C. Economy, "Exporting the China Model," *U.S.-China Economic and Security Review Commission*, March 13, 2020, at https://www.uscc.gov/hearings/china-model-beijings-promotion-alternative-global-norms-and-standards; Melanie Hart, "Beijing's Promotion of Alternative Global Norms and Standards in the U.N. System," *U.S.-China Economic and Security Review Commission*, March 13, 2020, at https://www.uscc.gov/hearings/china-model-beijings-promotion-alternative-global-norms-and-standards; Nadege Rolland, *China's Vision for a New World Order* (Washington, DC: National Bureau of Asian Research, January 2020), at https://www.nbr.org/publication/chinas-vision-for-a-new-world-order/; Robert Spalding, *Stealth War: How China Took Over While America's Elite Slept* (New York: Portfolio/Penguin Press, 2019); Kristine Lee and Alexander Sullivan, "People's Republic of the United Nations: China's Emerging Revisionism in International Organizations," *Center for New American Security*, May 2019, at https://www.cnas.org/publications/reports/peoples-republic-of-the-united-nations; Jonathan D.T. Ward, *China's Vision of Victory* (Washington, DC: Atlas Publishing, 2019); Liza Tobin, "Xi's Vision for Transforming Global Governance: A Strategic Challenge for Washington and Its Allies," *Texas National Security Review*, November 2018, at https://tnsr.org/2018/11/xis-vision-for-transforming-global-governance-a-strategic-challenge-for-washington-and-its-allies/; Peter Mattis, "From Engagement to Rivalry: Tools to Compete with China," *Texas National Security Review*, August 2018, at https://tnsr.org/2018/08/from-engagement-to-rivalry-tools-to-compete-with-china/; Aaron L. Friedberg, "Competing with China," *Survival*, June 2018, pp. 7–64, available online at https://www.tandfonline.com/doi/full/10.1080/00396338.2018.1470755; Timothy R. Heath, "China's Endgame: The Path Towards Global Leadership," *Lawfare*, January 5, 2018, at https://www.lawfareblog.com/chinas-endgame-path-towards-global-leadership; and Yanzhong Huang, "China's involvement in global health governance: Progress and challenges," in Scott Kennedy, ed., *Global Governance and China: The Dragon's Learning Curve* (New York: Routledge, 2018), pp. 158–180.

208 Zhao Ziyu and Xian Fengli, eds., *Great Power Diplomacy with Chinese Characteristics*, pp. 39–43.

209 Ibid., pp. 39–43.

210 Ibid., p. 39.

211 Ibid., pp. 39–43.

212 Ibid., p. 40.

213 Ibid., p. 42.

214 Ibid., p. 44.

215 Ibid., p. 41.
216 Ibid., p. 43.
217 Xi Jinping, "Insist on and Improve the System of Socialism with Chinese Characteristics and Advance the Modernization of the State Governance System and Its Governance Capabilities（坚持和完善中国特色社会主义制度推进国家治理体系和治理能力现代化）."
218 Xi Jinping, *The Governance of China.*
219 Xi Jinping, *The Governance of China, Volume Two* [谈治国理政，第二卷] (Beijing: Foreign Language Press, October 2017); and Xi Jinping, *The Governance of China, Volume Three* [谈治国理政，第三卷] (Beijing: Foreign Language Press, April 2020).
220 Gerry Shih, "Inside China's top 'party schools': Plenty of Communist doctrine on tap," *Washington Post*, July 16, 2019, at https://www.washingtonpost.com/world/asia_pacific/inside-chinas-top-party-schools-plenty-of-communist-doctrine-on-tap/2019/07/15/17261a78-9f55-11e9-b27f-ed2942f73d70_story.html.
221 Ibid.
222 "Curriculum vitae of the chairman of the PRC State and PRC Central Military Commission（中华人民共和国主席、中华人民共和国中央军事委员会主席简历）," Xinhua, March 17, 2018, at http://www.xinhuanet.com/politics/2018lh/2018-03/17/c_1122551729.htm; and Barbara Demick and David Pierson, "China political star Xi Jinping a study in contrasts," *Los Angeles Times*, February 11, 2012, at https://www.latimes.com/world/la-xpm-2012-feb-11-la-fg-china-xi-20120212-story.html.
223 Gerry Shih, "Inside China's top 'party schools.'
224 *The Fundamentals of Xi Jinping Thought on Chinese Socialism in a New Era* [习近平新时代中国特色社会主义思想基本问题] (Beijing: CCP Central Committee Central Party School Press, 2020), p. 1.
225 Ibid., p. 359.
226 Ibid., p. 359.
227 Ibid., p. 361.
228 Ibid., p. 361.
229 Ibid., p. 364.
230 Ibid., p. 365.
231 Ibid., p. 386.
232 Ibid., p. 397.

第5章

233 "Interview: Building community of common destiny the only future for mankind: UN General Assembly president," Xinhua, January 30, 2017, at http://www.xinhuanet.com//english/2017-01/30/c_136020956.htm.
234 This description of the New World Order conspiracy theory draws from Annie Jacobsen, *Area 51: An Uncensored History of America's Top Secret Military Base* (New York: Back Bay Books, 2012), p. 332.
235 Of many examples, see Ren Tianyou and Zhao Zhouxian (eds), *Strategic*

Support for Achieving the Great Chinese Resurgence [实现中华民族伟大复兴的战略支援] (Beijing: National Defense University Press: 2018), pp. 98–99.

236 Zhao Ziyu and Xian Fengli, eds., *Great Power Diplomacy with Chinese Characteristics*, pp. 44–45.

237 Ibid., p. 5.

238 Ibid., p. 46.

239 Ren Tianyou and Zhao Zhouxian (eds), *Strategic Support for Achieving the Great Chinese Resurgence* [实现中华民族伟大复兴的战略支援] (Beijing: National Defense University Press: 2018), pp. 98–99.

240 Loren Balhorn, "The World Revolution That Wasn't," *Jacobin*, March 2, 2019, at https://www.jacobinmag.com/2019/03/comintern-lenin-german-revolution-ussr-revolution.

241 Nikolai Bukharin, "The World Revolution and the U.S.S.R.," *The Labor Monthly*, November 1927, available at https://www.marxists.org/archive/bukharin/works/1927/worldrev.htm.

242 マルクスの著作がアドルフ・ヒトラーに与えた影響については、George Watson, "Hitler and the socialist dream," *The Independent*, November 22, 1998, at https://www.independent.co.uk/arts-entertainment/hitler-and-the-socialist-dream-1186455.html. For a comparative legal analysis of Nazism and Marxism, see Heath Harley-Bellemore, "National Socialism and Marxism: A Comparative Legal Analysis," *The Western Australian Jurist*, 2017, pp. 399–424, at http://classic.austlii.edu.au/au/journals/WAJurist/2017/10.html.

243 For a masterful account of this period, see Winston Churchill, *The Gathering Storm* (Boston, MA: Houghton Mifflin Company, 1948).

244 See Winston Churchill, *The Grand Alliance* (Boston, MA: Houghton Mifflin Company, 1950), pp. 433-444.

245 Loren Balhorn, "The World Revolution That Wasn't,"

246 For an excellent overview, see Julia Lovell, *Maoism: A Global History* (New York: Vintage Books, 2020).

247 Suisheng Zhao, "China's Foreign Policy Making Process: Players and Institutions," in David Shambaugh, ed., *China & the World* (New York: Oxford University Press, 2020), p. 87.

248 David Shambaugh, "China's Long March to Global Power," in David Shambaugh, ed., *China & the World* (New York: Oxford University Press, 2020), pp. 10–12.

249 Chas W. Freeman Jr., "China's National Experience and the Evolution of PRC Grand Strategy," in David Shambaugh, ed., *China & the World*, p. 44.

250 Dan Blumenthal, *The China Nightmar*, pp. 45–52.

251 Jude D. Blanchette, *China's New Red Guards: The Return of Radicalism and the Rebirth of Mao Zedong* (New York: Oxford University Press, 2019), p. 33.

252 Zhao Ziyu and Xian Fengli, eds., *Great Power Diplomacy with Chinese*

Characteristics, p. 7.

253 “September 21, 1988: Deng Xiaoping Proposes Establishing a New International Political Order（1988年9月21日 邓小平提议建立国际政治新秩序）,” *The Central People’s Government of the People’s Republic of China*, September 6, 2007, at http://www.gov.cn/ztzl/17da/content_739255.htm.

254 Ibid.

255 Ibid.

256 Dan Blumenthal, *The China Nightmar*, p. 52.

257 Zhao Ziyu and Xian Fengli, eds., *Great Power Diplomacy with Chinese Characteristics*, p. 7.

258 For an excellent overview, see John Lewis Gaddis, *The Cold War: A New History* (New York: Penguin, 2005).

259 Loren Balhorn, “The World Revolution.”

260 次の項については以下の著作を参考にしている。Robert Service, *Comrades! A History of World Communism* (Cambridge, MA: Harvard University Press, 2007), pp. 437–447, 459–482.

261 Isaac Stone Fish, *America Second: How America’s Elites Are Making China Stronger* (New York: Alfred A. Knopf, 2022), pp. 91–97.

262 Ibid., pp. 136–163.

263 Zhao Ziyu and Xian Fengli, eds., *Great Power Diplomacy with Chinese Characteristics*, p. 1.

264 *The Fundamentals of Xi Jinping Thought*, p. 365.

265 Zhao Ziyu and Xian Fengli, eds., *Great Power Diplomacy with Chinese Characteristics*, pp. 122–123.

266 Ibid., p. 123.

267 *The Fundamentals of Xi Jinping Thought*, p. 365.

268 Zhao Ziyu and Xian Fengli, eds., *Great Power Diplomacy with Chinese Characteristics*, p. 119.

269 Ibid., p. 127.

270 Ibid., p. 129.

271 Ibid., p. 131.

272 Ibid., p. 131.

273 Ibid., p. 127.

274 “Interview: Building community of common destiny the only future for mankind: UN General Assembly president,” Xinhua, January 30, 2017, at http://www.xinhuanet.com//english/2017-01/30/c_136020956.htm.

第6章

275 John Ratcliffe, “China Is National Security Threat No. 1,” *Wall Street Journal*, December 3, 2020, at https://www.wsj.com/articles/china-is-national-security-threat-no-1-11607019599.

276 “Margaret Chan Appointed to High Ranking Tsinghua Cadre Position, Tedros Congratulates and also Thanks Chairman Xi’s Leadership（陳馮富珍任職清華高幹,譚德塞道賀也謝習主席領導）, *Radio Free Asia*, April 3, 2020, at http://www.rfi.fr/tw/%E4%B8%AD%E5%9C%8B/20200403-

%E9%99%B3%E9%A6%AE%E5%AF%8C%E7%8F%8D%E4%BB%BB%E8%81%B7%E6%B8%85%E8%8F%AF%E9%AB%98%E5%B9%B9-%E8%AD%9A%E5%BE%B7%E5%A1%9E%E9%81%93%E8%B3%80%E4%B9%9F%E8%AC%9D%E7%BF%92%E4%B8%BB%E5%B8%AD%E9%A0%98%E5%B0%8E.

277 Josh Rogin, *Chaos Under Heaven: Trump, Xi, and the Battle For the 21st Century* (New York: HMH Books, 2021), pp. 265–267.

278 Ibid., pp. 265–267.

279 Ibid., p. 266.

280 Ibid., pp. 266–267. See also "China and the N95 Mask Shortage," *Pointe Bello*, March 2020, at https://www.pointebello.com/insights/china-n95-mask-shortage.

281 Ibid., pp. 267 & 275.

282 "Interview with Bill Gates on Fighting the Coronavirus Pandemic," *Fareed Zakaria GPS*, April 26, 2020, see transcript at http://transcripts.cnn.com/TRANSCRIPTS/2004/26/fzgps.01.html.

283 "Targeting COVID-19: GHDDI Info Sharing Portal," *The Global Health Drug Discovery Institute*, May 6, 2020, at https://ghddi-ailab.github.io/Targeting2019-nCoV/.

284 See "Chinese President Xi Jinping Remarks at World Economic Forum," *C-SPAN*, January 25, 2021, remarks beginning 30:01, at https://www.c-span.org/video/?508281-1/chinese-president-xi-jinping-remarks-world-economic-forum.

285 "China's Actions to Fight the COVID-19 Pandemic (抗击新冠肺炎疫情的中国行动)," *PRC State Council Information Office*, June 7, 2020, at http://www.gov.cn/zhengce/2020-06/07/content_5517737.htm.

286 Zhao Ziyu and Xian Fengli, eds., *Great Power Diplomacy with Chinese Characteristics*, pp. 87–88.

287 "China's Actions to Fight the COVID-19 Pandemic."

288 Ibid.

289 Ibid. See also Xi Jinping, "Unite and Cooperate"; and Xi Jinping, "Working Together."

290 Kath Sullivan, "China's list of sanctions and tarrifs on Australian trade is growing. Here's what has been hit so far," *ABC News*, December 16, 2020, at https://www.abc.net.au/news/2020-12-17/australian-trade-tension-sanctions-china-growing-commodities/12984218; and "Australia 'deeply disappointed' after China imposes 80% tariff on barley imports," *The Guardian*, May 18, 2020, at https://www.theguardian.com/australia-news/2020/may/19/australia-deeply-disappointed-after-china-imposes-80-tariff-on-barley-imports.

291 Selam Gebrekidan, et al., "In Hunt for Virus Source, W.H.O. Let China Take Charge," *New York Times*, February 9, 2021, at https://www.nytimes.com/2020/11/02/world/who-china-coronavirus.html; and "What influence does China have over the WHO?" *DW News*, April 17, 2020, at https://www.dw.com/en/what-influence-does-china-have-over-the-who/

a-53161220.

292 Ibid.

293 Ibid. and "What influence does China have over the WHO?" *DW News*, April 17, 2020, at https://www.dw.com/en/what-influence-does-china-have-over-the-who/a-53161220. See also "Build Up a Strong Public Health System and Provide Powerful Support for Protecting the People's Health（构建起强大的公共卫生体系为维护人民健康提供有力保障）," *People's Daily*, June 3, 2020, at http://politics.people.com.cn/n1/2020/0603/c1024-31733032.html.

294 "Today the One Belt, One Road Health Cooperation and 'Health Silk Road' Beijing Communique Was Released（一带一路"卫生合作暨"健康丝绸之路"北京公报今日发布）," *People's Daily*, August 18, 2017, at http://health.people.com.cn/n1/2017/0818/c14739-29480314.html.

295 "Tsinghua University Establishes School of Public Health（清華大學成立公共衛生與健康學院）," *People's Daily*, April 9, 2020, at http://gd.people.com.cn/BIG5/n2/2020/0409/c123932-33937072.html; and "Touched by the Fatherland's Love for Hong Kong: An Exclusive Interview with CCPCC's Margaret Chan（心系祖国情牵香港——专访全国政协常委陈冯富珍）, *CCPCC News*, July 12, 2019, at http://www.cppcc.gov.cn/zxww/2019/07/12/ARTI1562890969527259.shtml; and "Margaret Chan Appointed as High Ranking Tsinghua Cadre Position, Tedros Congratulates and also Thanks Chairman Xi's Leadership（陳馮富珍任職清華高幹,譚德塞道賀也謝習主席領導）, *Radio Free Asia*, April 3, 2020, at http://www.rfi.fr/tw/%E4%B8%AD%E5%9C%8B/20200403-%E9%99%B3%E9%A6%AE%E5%AF%8C%E7%8F%8D%E4%BB%BB%E8%81%B7%E6%B8%85%E8%8F%AF%E9%AB%98%E5%B9%B9-%E8%AD%9A%E5%BE%B7%E5%A1%9E%E9%81%93%E8%B3%80%E4%B9%9F%E8%AC%9D%E7%BF%92%E4%B8%BB%E5%B8%AD%E9%A0%98%E5%B0%8E. See also "Council of Advisors," *Boao Forum for Asia*, undated, at http://english.boaoforum.org/gyltqrlsen/index.jhtml; and "Dr. Margaret Chan: The Only Ways to Prevail the Pandemic is to Learn from the Past and Strengthen Cooperation," *Boao Forum for Asia*, June 8, 2020, at http://english.boaoforum.org/mtzxxwzxen/49436.jhtml.

296 "Goodwill Ambassadors," *World Health Organization*, accessed April 24, 2020, at https://www.who.int/about/who-we-are/structure/goodwill-ambassadors. See also "Peng Liyuan（彭丽媛）," *Baidu Baike*, undated, accessed April 24, 2020, at https://baike.baidu.com/item/%E5%BD%AD%E4%B8%BD%E5%AA%9B.

297 "China's Actions to Fight the COVID-19 Pandemic（抗击新冠肺炎疫情的中国行动）." See also Xi Jinping, "Unite and Cooperate to Fight the Pandemic: Work together to Build a Community of Common Health for all Humankind（团结合作战胜疫情共同构建人类卫生健康共同体）," Xinhua, May 18, 2020, at http://www.xinhuanet.com/politics/2020-05/18/c_1126001593.htm; and Xi Jinping, "Working Together."

298 Ibid.

299 Zhao Ziyu and Xian Fengli, eds., *Great Power Diplomacy with Chinese Characteristics*, p. 15.
300 Ibid.
301 Ibid.
302 Ibid.
303 Ibid., p. 16.
304 Ibid.
305 Ibid., p. 17.
306 Ibid., p. 18.
307 Ibid.
308 Ibid.
309 Ibid.
310 Ibid., pp. 18–19.
311 Ibid., p. 19.
312 Ibid.
313 Jiang Luwu and Luo Yongguang, eds., *Realizing the Deep Development of Military-Civil Fusion in Our Overall Setup*, p. 131.
314 Ibid., p. 131.
315 Zhao Ziyu and Xian Fengli, eds., *Great Power Diplomacy with Chinese Characteristics*, p. 19.
316 Ibid., p. 44. Quote from Xi's 2016 New Year's Address.
317 Ibid., pp. 59–67.
318 Ibid., pp. 71–87.
319 Ibid., p. 76.
320 Ibid., pp. 78–80.
321 Ibid., p. 42.
322 Ren Tianyou and Zhao Zhouxian, eds., *Strategic Support*, p. 99.
323 Ibid., p. 99.
324 Ibid., p. 99.
325 Ibid., p. 99.
326 Ibid., p. 99.
327 From Clive Hamilton and Maeike Ohlberg, *Hidden Hand: Exposing How the Chinese Communist Party is Reshaping the World* (Toronto, Canada: Optimum Publishing International, 2020).
328 Zhao Ziyu And Xian Fengli, eds., *Great Power Diplomacy with Chinese Characteristics* [中国特色大国外交], p. 85.
329 Ren Tianyou and Zhao Zhouxian (eds), *Strategic Support*, p. 224.
330 "Secretary of State Antony Blinken on Three Hot International Issues," *Wall Street Journal*, December 12, 2021, at https://www.wsj.com/articles/sec-of-state-antony-blinken-on-three-international-issues-11639165528.
331 Ibid.
332 Zhao Ziyu and Xian Fengli, eds., *Great Power Diplomacy with Chinese Characteristics*, pp. 3–4.

第7章

333 Quoted in Josh Rogin, *Chaos Under Heaven: Trump, Xi, and the Battle for the Twenty-First Century* (New York: Houghton Mifflin Harcourt, 2021), p. 171.

334 "Curriculum Vitae of the Chairman of the PRC State and PRC Central Military Commission（中华人民共和国主席、中华人民共和国中央军事委员会主席简历）," Xinhua, March 17, 2018, at http://www.xinhuanet.com/politics/2018lh/2018-03/17/c_1122551729.htm.

335 An Baijie, "Mystery post divulges details on first couple," *China Daily*, September 1, 2017, at https://www.chinadaily.com.cn/china/2017-09/01/content_31433136.htm.

336 "New hit "Xi Dada loves Peng Mama" goes viral online," *People's Daily*, November 24, 2014, at http://en.people.cn/n/2014/1124/c90782-8813187.html.

337 An Baijie, "Mystery post divulges details on first couple," and Viola Zhou, "China's power couple Xi Jinping and Peng Liyuan celebrate 30th wedding anniversary," *South China Morning Post*, September 1, 2017, at https://www.scmp.com/news/china/society/article/2109411/chinas-power-couple-xi-jinping-and-peng-liyuan-celebrate-30th.

338 "Xi Jinping and Peng Liyuan mark 30th Anniversary, Ever Like Cowboy and Weaver Girl（习近平彭丽媛结婚30周年 多年如牛郎织女）," *Duowei News*, September 1, 2017, at https://www.dwnews.com/%E4%B8%AD%E5%9B%BD/60010224/%E4%B9%A0%E8%BF%91%E5%B9%B3%E5%BD%AD%E4%B8%BD%E5%AA%9B%E7%BB%93%E5%A9%9A30%E5%91%A8%E5%B9%B4%E5%A4%9A%E5%B9%B4%E5%A6%82%E7%89%9B%E9%83%8E%E7%BB%87%E5%A5%B3.

339 "Sweet moments of Xi Jinping and his wife," *People's Daily*, August 7, 2019, at https://peoplesdaily.pdnews.cn/2019/08/07/china/sweet-moments-of-xi-jinping-and-his-wife-81279.html.

340 "Xi hails BRICS consensus on global governance at Xiamen summit," Xinhua, September 5, 2017, at http://chinaplus.cri.cn/news/politics/11/20170905/23701.html; and Zhang Wan, "Xi's book becomes best seller at media center of BRICS Xiamen summit," *China Plus*, September 3, 2017, at http://chinaplus.cri.cn/photo/china/18/20170903/22896.html.a

341 Xu Fei, "First ever BRICS co-production to hit cinemas in Sept," *China Plus*, June 30, 2017, at http://chinaplus.cri.cn/video/culture/169/20170630/7505.html.

342 Fu Yu, China runner-up in U-20 volleyball at BRICS Games," *China Plus*, June 22, 2017, at http://chinaplus.cri.cn/news/sports/13/20170622/6786.html; Fu Yu, "China runner-up in basketball at BRICS Games," *China Plus*, June 21, 2017, at http://chinaplus.cri.cn/news/sports/13/20170621/6725.html.

343 Zhao Ziyu and Xian Fengli, eds., *Great Power Diplomacy with Chinese Characteristics* [中国特色大国外交], p. 110. For his remarks, see Xi

Jinping, "Working Together to Usher in the Second "Golden Decade" of BRICS Cooperation," *Ministry of Foreign Affairs of the People's Republic of China*, September 3, 2017, at https://www.fmprc.gov.cn/mfa_eng/topics_665678/XJPZCJZGJLDRDJCHWHXXSCGJYFZZGJDHH/t1489623.shtml.

344 Zhao Ziyu and Xian Fengli, eds., *Great Power Diplomacy with Chinese Characteristics*, p. 110.

345 Ibid., p. 112.

346 Ibid., p. 110; and "China Focus: Xi chairs summit to set course for next golden decade of BRICS," Xinhua, September 4, 2017, at http://www.xinhuanet.com//english/2017-09/04/c_136583077.htm.

347 Ibid., p. 94.

348 Ibid., p. 43.

349 Ibid., p. 95–96.

350 Ibid., p. 113.

351 Ibid., p. 113.

352 Ibid., pp. 108–109.

353 Guo Fenghai and Li Haitao, eds., *The Main Contradictions Facing Our Nation's Society in This New Era* [新时代我国社会主要矛盾] (Beijing: National Defense University Press, 2018), p. 9.

354 Ibid., p. 9.

355 Ren Tianyou and Zhao Zhouxian (eds), *Strategic Support*, p. 213.

356 Zhao Ziyu and Xian Fengli, eds., *Great Power Diplomacy with Chinese Characteristics*, p. 109.

357 Ren Tianyou and Zhao Zhouxian (eds), *Strategic Support*, p. 217.

358 Ibid., p. 217.

359 Ibid., p. 217.

360 For background, see Rosemary Gibson and Janardan Prasad Singh, *China Rx: Exposing the Risks of America's Dependence on China for Medicine* (Amherst, New York: Prometheus Books, 2018).

361 "China and the N95 Mask Shortage," *Pointe Bello*, March 2020, at https://www.pointebello.com/insights/china-n95-mask-shortage.

362 Ibid.

363 Josh Rogin, *Chaos Under Heaven: Trump, Xi, and the Battle For the 21st Century* (New York: HMH Books, 2021), pp. 265–267.

364 Chad F. Wolf, "Homeland Security and the China Challenge."

365 Andrew Jacob, "A Glut of Chinese Masks Is Driving U.S. Companies Out of Business," *New York Times*, May 29, 2021, at https://www.nytimes.com/2021/05/29/health/us-china-mask-production.html.

366 Timothy Aeppel, "America's mask makers face post-pandemic meltdown," Reuters, May 11, 2021, at https://www.reuters.com/business/healthcare-pharmaceuticals/americas-mask-makers-face-post-pandemic-meltdown-2021-05-11/.

367 次の項については拙著、"What Rare Earths Tell Us about China's Competitive Strategy," *National Interest*, July 17, 2019, at https://

nationalinterest.org/feature/what-rare-earths-tell-us-about-chinas-competitive-strategy-67507.

368 Valerie Bailey Grasso, "Rare Earth Elements in National Defense: Background, Oversight Issues, and Options for Congress," *Congressional Research Service*, December 23, 2013, at https://fas.org/sgp/crs/natsec/R41744.pdf.

369 Emily de La Bruyere and Nathan Picarsic, "Beijing's Bid for a Maritime 'God View': Military-Civil Fusion Power Projection and Threats to Supply Chain Integrity," *Real Clear Defense*, October 13, 2020, at https://www.realcleardefense.com/articles/2020/10/13/beijings_bid_for_a_maritime_god_view_military-civil_fusion_power_projection_and_threats_to_supply_chain_integrity_580515.html.

370 "How did we achieve this rare earths Trump card? (是什么成就了稀土这张王牌)" Xinhua, June 6, 2019, at http://www.xinhuanet.com/tech/2019-06/06/c_1124588710.htm.

371 Ibid.

372 "Today, how should we protect the 'lifeblood of national defense'? (今天,我们该如何保护'国防血液?)," *Guofang Bao*, January 22, 2015, at http://www.gfdy.gov.cn/edu/2015-01/22/content_6318028.htm.

373 Ibid.

374 "Made in China 2025 (中国制造2025)," *PRC State Council*, May 8, 2015, at http://www.gov.cn/zhengce/content/2015-05/19/content_9784.htm. Note that parts of this document have been deleted since it was originally released.

375 Larry Wortzel and Kate Selley, "Breaking China's Stranglehold on the Rare Earth Elements Supply Chain," *Japan Forward*, April 28, 2021, at https://japan-forward.com/breaking-chinas-stranglehold-on-the-rare-earth-elements-supply-chain/; and "13th Five-Year National Plan for Science and Technology Innovation ('十三五'国家科技创新规划)," *PRC State Council*, July 28, 2016, at http://www.gov.cn/zhengce/content/2016-08/08/content_5098072.htm.

376 "Insights from Baotou's first military-civil fusion exhibit (包头首届军民融合成果展)," *Baotou Daily*, August 7, 2018, at http://www.baotounews.com.cn/p/614369.html.

377 "Fujian builds platform matching dual-use military-civil technology programs (福建构建军民两用技术项目成果对接平台)," *Guofang Bao*, July 6, 2018, at http://www.gfdy.gov.cn/economy/2018-07/06/content_8081591.htm.

378 Matt Korda and Hans Kristensen, "China Is Building A Second Nuclear Missile Silo Field," *Federation of American Scientists*, July 26, 2021, at https://fas.org/blogs/security/2021/07/china-is-building-a-second-nuclear-missile-silo-field/; and William J. Broad and David E. Sanger, "A 2nd New Nuclear Missile Base for China, and Many Questions About Strategy," *New York Times*, July 26, 2021, at https://www.nytimes.com/2021/07/26/us/politics/china-nuclear-weapons.html.

379 Demetri Sevastopulo and Kathrin Hille, "China tests new space capability with hypersonic missile," *Financial Times*, October 16, 2021, at https://www.ft.com/content/ba0a3cde-719b-4040-93cb-a486e1f843fb.

第8章

380 Xi Jinping, "Absolutely Winning an All-Around Middle Class Society and Struggling for the Grand Victory of Socialism with Chinese Characteristics in a New Age（决胜全面建成小康社会夺取新时代中国特色社会主义伟大胜利）," *People's Daily*, October 18, 2017, at http://jhsjk.people.cn/article/29613660.

381 Zhao Ziyu and Xian Fengli, eds., *Great Power Diplomacy with Chinese Characteristics*, p. 105.

382 "Xi Jinping gives important directive on deepening reforms of talent development systems and mechanisms（习近平就深化人才发展体系机制改革作出重要指示）," Xinhua, May 6, 2018, at http://www.xinhuanet.com//politics/2016-05/06/c_1118820251.htm.

383 Zhao Ziyu and Xian Fengli, eds., *Great Power Diplomacy with Chinese Characteristics*, p. 105.

384 Xi Jinping, "Absolutely Winning an All-Around Middle Class Society,"

385 Echo Shan, "Chen Ning Yang, 82, to marry a 28-year-old woman," *China Daily*, December 16, 2004, at https://www.chinadaily.com.cn/english/doc/2004-12/16/content_400791.htm.

386 "Chen Ning Yang: American physicist," *Britannica*, September 18, 2021, at https://www.britannica.com/biography/Chen-Ning-Yang; and "Chen Ning Yang Biographical," *The Nobel Prize Organization*, undated, at https://www.nobelprize.org/prizes/physics/1957/yang/biographical/.

387 "85-year-old Nobel laureate Yang: 'Young wife makes me younger,'" *China Daily*, September 25, 2007, at http://www.chinadaily.com.cn/china/2007-09/25/content_6133691.htm.

388 Kathleen Mclaughlin, "Two top Chinese-American scientists have dropped their U.S. citizenship," *Science*, February 24, 2017, at https://www.science.org/content/article/two-top-chinese-american-scientists-have-dropped-their-us-citizenship.

389 "85-year-old Nobel laureate Yang."

390 満99歳だったが、数えで100歳だった。See "Xi sends birthday greetings to Nobel laureate Chen Ning Yang," *Global Times*, September 22, 2021, at https://www.globaltimes.cn/page/202109/1234863.shtml.

391 See "High-level Overseas Talent Innovation Bases（海外高层次人才创新基地）," *Thousand Talents Plan Net*, at http://www.1000plan.org/qrjh/section/2?m=more; and "Baotou National Rare Earth High-tech Industrial Development Zone（包头国家稀土高新技术产业开发区）," *Thousand Talents Net*, at http://www.1000plan.org.cn/qrjh/channel/346; and "China National Nuclear Corporation Participation in Baotou City's First Annual Military-Civil Exhibition Captures Attention（中核北方参加包头市首届军民融合成果展受关注）," *China National Nuclear Corporation*,

August 2, 2018, at http://www.cnnc.com.cn/cnnc/300555/300559/511454/index.html. For details on the importance of Baotou to China's nuclear weapons program, see "Baotou Nuclear Fuel Component Plant," *Center for Nonproliferation Studies*, September 29, 2011, at https://www.nti.org/learn/facilities/698/.

392 Jiang Luwu and Luo Yongguang, eds., *Realizing the Deep Development of Military-Civil Fusion in Our Overall Setup* [形成军民融合深度发展格局], p. 130.

393 "Chinese Communist Party Center Releases: 'Opinion on Deepening Talent Development Reform System and Mechanisms' [中共中央印发:'关于深化人才发展体制机制改革的意见']," *Ministry of Science and Technology*, January 17, 2017, at http://www.most.gov.cn/kjzc/gjkjzc/kjrc/201701/t20170117_130534.htm.

394 See "Chinese Communist Party Center Releases: 'Opinion on Deepening Talent Development Reform System and Mechanisms' [中共中央印发:'关于深化人才发展体制机制改革的意见']," *Ministry of Science and Technology*, January 17, 2017, at http://www.most.gov.cn/kjzc/gjkjzc/kjrc/201701/t20170117_130534.htm; "How to read the long-term planning doctrine for developing military talent before 2020 (解读:2020年前军队人才发展规划纲要)," *Liberation Army Daily*, August 13, 2014, at http://military.people.com.cn/n/2014/0813/c1011-25456735.html; and "High-level Overseas Talent Innovation Bases (海外高层次人才创新基地)," *Thousand Talents Plan Net*, undated, at http://www.1000plan.org/qrjh/section/2?m=more.

395 "CCP Politburo Office Releases Notification of 'Central Talent Work Coordination Small Group View Regarding Implementation of Plan to Recruit High-level Overseas Talents' (中共中央办公厅转发 '中央人才工作协调小组关于实施海外高层次人才引进计划的意见'的通知)," *CCP News Net*, June 20, 2012, at http://cpc.people.com.cn/GB/244800/244856/18246001.html.

396 Bruce Kapron, "Andrew Chi-Chih Yao: China – 2000," *A.M. Turing Award*, undated, at https://amturing.acm.org/award_winners/yao_1611524.cfm.

397 Alan Cowell, "Overlooked No More: Alan Turing, Condemned Code Breaker and Computer Visionary," *New York Times*, June 5, 2019, at https://www.nytimes.com/2019/06/05/obituaries/alan-turing-overlooked.html; and B.J. Copeland, "Alan Turing: British mathematician and logician," *Britannica*, undated, at https://www.britannica.com/biography/Alan-Turing.

398 Bruce Kapron, "Andrew Chi-Chih Yao: China – 2000."

399 Kathleen Mclaughlin, "Two top Chinese-American scientists,"

400 Arthur Herman, "A Death in Silicon Valley 'With Chinese Characteristics,'" *Forbes*, December 13, 2018, at https://www.forbes.com/sites/arthurherman/2018/12/13/a-death-in-silicon-valley-with-chinese-characteristics/?sh=2355d90b4768.

401 Berber Jin, "Following Stanford physics professor's passing, rumors of

ties to Chinese government emerge," *The Stanford Daily*, December 30, 2018, at https://www.stanforddaily.com/2018/12/30/following-stanford-physics-professors-passing-rumors-of-ties-to-chinese-government-emerge/.

402 Ibid.

403 Executive Office of the President of the United States, "Updating Concerning China's Acts, Policies and Practices Related to Technology Transfer, Intellectual Property, and Innovation," *The United States Trade Representative*, November 20, 2018, pp. 46–47, at https://ustr.gov/sites/default/files/enforcement/301Investigations/301%20Report%20Update.pdf.

404 Ibid., p. 47.

405 Arthur Herman, "A Death in Silicon Valley 'With Chinese Characteristics,'" *Forbes*, December 13, 2018, at https://www.forbes.com/sites/arthurherman/2018/12/13/a-death-in-silicon-valley-with-chinese-characteristics/?sh=2355d90b4768.

406 Ibid.

407 Shen Lu, "Death of a Quantum Man," *The Wire China*, May 3, 2020, at https://www.thewirechina.com/2020/05/03/the-quantum-man/.

408 "FBI Director Christopher Wray's Remarks at Press Conference Regarding China's Operation Fox Hunt," *FBI National Press Office*, October 28, 2020, at https://www.fbi.gov/news/pressrel/press-releases/fbi-director-christopher-wrays-remarks-at-press-conference-regarding-chinas-operation-fox-hunt.

409 "Interim Measures to Recruit Overseas High-level Talents（引进海外高层次人才暂行办法）," *Central Organization Department*, Document No. 28 (2008), p. 4.

410 Sun Rui, "China's Overseas Talent Draw-in Work Has Made Important Progress Since the 18th Party Congress（十八大以来我国海外人才引进工作取得重要进展）," *Thousand Talents Plan Net*, June 27, 2018, at http://www.1000plan.org/qrjh/article/76678; and "High-level Overseas Talent Innovation Bases（海外高层次人才创新基地）," *Thousand Talents Plan Net*, at http://www.1000plan.org/qrjh/section/2.

411 *Chinese Influence and American Interests: Promoting Constructive Vigilance* (Stanford, CA: Hoover Institution Press, 2018), p. 123, at https://asiasociety.org/sites/default/files/inline-files/ChineseInfluenceAndAmericaninterests_Report_11.29.2018.pdf.

412 "National Planning Doctrine for Mid-to-Long Term Talent Development, 2010–2020（国家中长期人才发展规划纲要 (2010－2020年)发布）," Xinhua, June 6, 2010, at http://www.gov.cn/jrzg/2010-06/06/content_1621777.htm.

413 Ibid.

414 Jenni Marsh, "The rise and fall of a Belt and Road billionaire," *CNN*, December 2018, at https://www.cnn.com/interactive/2018/12/asia/patrick-ho-ye-jianming-cefc-trial-intl/.

415 Zhao Ziyu and Xian Fengli, eds., *Great Power Diplomacy with Chinese Characteristics*, pp. 107–108.

416 “FBI Director Christopher Wray's Remarks at Press Conference Regarding China's Operation Fox Hunt,” *FBI National Press Office*, October 28, 2020, at https://www.fbi.gov/news/pressrel/press-releases/fbi-director-christopher-wrays-remarks-at-press-conference-regarding-chinas-operation-fox-hunt.
417 “How did we achieve this rare earths Trump card?,” Xinhua.
418 “Rare Earth Elements in National Defense: Background, Oversight Issues, and Options for Congress,” *Congressional Research Service*, December 23, 2013, at https://fas.org/sgp/crs/natsec/R41744.pdf.
419 “How did we achieve this rare earths Trump card?,” Xinhua.
420 Larry Wortzel and Kate Selley, “Breaking China's Stranglehold on the Rare Earth Elements Supply Chain,” *Japan Forward*, April 28, 2021, at https://japan-forward.com/breaking-chinas-stranglehold-on-the-rare-earth-elements-supply-chain/.
421 See Office of the Secretary of Defense, “Military and Security Developments Involving the People's Republic of China 2019,” *Department of Defense*, at https://media.defense.gov/2019/May/02/2002127082/-1/-1/1/2019_CHINA_MILITARY_POWER_REPORT.pdf. For further discussion on the CCP's adversarial views the United States, see the author's “How the PLA Really Sees America,” *Project 2049 Institute*, April 9, 2018, at https://project2049.net/2018/04/09/how-the-pla-really-sees-america/.
422 “Fact Sheet: U.S. Investors Are Funding Malign PRC Companies on Major Indices,” *U.S. Department of State*, December 8, 2020, at https://2017-2021.state.gov/u-s-investors-are-funding-malign-prc-companies-on-major-indices/index.html.
423 Derek Scissors, “American funding of China is becoming dangerous,” *American Enterprise Institute*, December 2, 2020, at https://www.aei.org/research-products/report/american-funding-of-china-is-becoming-dangerous/.
424 Ibid.
425 “Fact Sheet: U.S. Investors Are Funding Malign PRC Companies on Major Indices,” *U.S. Department of State*.
426 Ibid.
427 For one such example, see Jing Yang, Dawn Lim, and Gordon Lubold, “Americans Won't Be Banned From Investing in Alibaba, Tencent, and Baidu,” *Wall Street Journal*, January 13, 2021, at https://www.wsj.com/articles/americans-wont-be-banned-from-investing-in-alibaba-tencent-and-baidu-11610563890. For background, see Isaac Stone Fish, *America Second: How America's Elites Are Making China Stronger* (New York: Alfred A. Knopf, 2022).
428 “Fact Sheet: U.S. Investors Are Funding Malign PRC Companies on Major Indices.”
429 Kate O'Keeffe, Heather Somerville, and Yang Jie, “U.S. Investments Aid China In Its Bid for Chip Dominance,” *Wall Street Journal*, November

13-14, 2021, A4.

430 Ibid.

431 Jing Yang, Dawn Lim, and Gordon Lubold, "Americans Won't Be Banned From Investing in Alibaba, Tencent, and Baidu," *Wall Street Journal*, January 13, 2021, at https://www.wsj.com/articles/americans-wont-be-banned-from-investing-in-alibaba-tencent-and-baidu-11610563890.

第9章

432 "Technology can help realize communism: JD.com CEO," *Global Times*, August 20, 2017, at https://www.globaltimes.cn/content/1062242.shtml.

433 Chad F. Wolf, "Homeland Security and the China Challenge."

434 A notable exception includes Paul F. Roberts, "This Christmas: Beware Of Chinese Conglomerates Bearing Gifts," *Forbes*, December 23, 2020, at https://www.forbes.com/sites/paulfroberts/2020/12/23/this-christmas-beware-of-chinese-conglomerates-bearing-gifts/?sh=1208ae6494bb.

435 Paul Roberts, "TV Maker TCL Denies Back Door, Promises Better Process," *The Security Ledger*, November 20, 2020, at https://securityledger.com/2020/11/tv-maker-tcl-denies-back-door-promises-better-process/.

436 "Our Story," *TCL*, accessed January 15, 2021, at https://www.tcl.com/us/en/about-us/our-story.

437 "TCL Chinese Theater," *TCL*, accessed January 15, 2021, at https://www.tcl.com/us/en/partnerships/tcl-chinese-theatre.

438 "Our Story," *TCL*, accessed January 15, 2021, at https://www.tcl.com/us/en/about-us/our-story.

439 "BlackBerry Secures Global Smart Phone Software and Brand Licensing Agreement with TCL Communication," *Globe Newswire*, December 15, 2016, at https://www.globenewswire.com/news-release/2016/12/15/1297239/0/en/BlackBerry-Secures-Global-Smart-Phone-Software-and-Brand-Licensing-Agreement-with-TCL-Communication.html.

440 Chad F. Wolf, "Homeland Security and the China Challenge."; Paul Roberts, "TV Maker TCL Denies Back Door, Promises Better Process," and Paul F. Roberts, "This Christmas: Beware Of Chinese Conglomerates Bearing Gifts."

441 Paul Roberts, "Security Holes Opened Back Door To TCL Android Smart TVs," *The Security Ledger*, November 12, 2020, at https://securityledger.com/2020/11/security-holes-opened-back-door-to-tcl-android-smart-tvs/.

442 Paul Roberts, "TV Maker TCL Denies Back Door, Promises Better Process."

443 Paul Roberts, "Security Holes Opened Back Door To TCL Android Smart TVs."

444 Paul Roberts, "TV Maker TCL Denies Back Door, Promises Better Process."; and Paul F. Roberts, "This Christmas: Beware Of Chinese

Conglomerates Bearing Gifts."

445 "Alert: Vulnerabilities found in TCL Android TVs," *TCL*, undated, accessed September 14, 2021, at https://support.tcl.com/vulnerabilities-found-in-tcl-android-tvs.

446 Of numerous examples, see "Deeply Implementing Comprehensive State Security, Strongly Building a Legal Organization System for State Security," Xinhua; "Counter Spy Law of the People's Republic of China," *Ministry of National Defense;* "State Security Law of the People's Republic of China," *Ministry of National Defense;* Security Law of the People's Republic of China," *Office of the CCP Central Cyberspace Affairs Commission.*

447 Chad F. Wolf, "Homeland Security and the China Challenge."

448 Ibid.

449 Zack Whittaker, "Now even the FBI is warning about your smart TV's security," *Tech Crunch*, December 1, 2019, at https://techcrunch.com/2019/12/01/fbi-smart-tv-security/.

450 Beth Anne Steele, "Tech Tuesday: Internet of Things (IoT), *FBI Portland*, December 3, 2019, at https://www.fbi.gov/contact-us/field-offices/portland/news/press-releases/tech-tuesday-internet-of-things-iot.

451 Roslyn Layton, "China Telecom Rebuke Is Latest In DOJ Crackdown on China," *Forbes*, April 10, 2020, at https://www.forbes.com/sites/roslynlayton/2020/04/10/china-telecom-rebuke-is-latest-in-doj-crackdown/?sh=2e18337842df.

452 "Special Report: State Contracts with Banned Chinese Tech Manufacturers," *China Tech Threat*, accessed November 8, 2021, at https://chinatechthreat.com/special-report-state-contracts-with-banned-chinese-tech-manufacturers/.

453 Paul F. Roberts, "This Christmas: Beware Of Chinese Conglomerates Bearing Gifts."

454 Beth Anne Steele, "Tech Tuesday: Internet of Things (IoT)."

455 Roslyn Layton, "New Pentagon report shows how restricted Chinese IT products routinely enter US military networks," *American Enterprise Institute*, August 12, 2019, at https://www.aei.org/technology-and-innovation/new-pentagon-reports-shows-how-restricted-chinese-it-products-routinely-make-their-way-into-us-military-networks/.

456 Dan Tobin, "How Xi Jinping's 'New Era'.

457 Ibid.

458 その日は2013年9月30日だった。

459 "Top leaders study at China's Silicon Valley," *The National People's Congress of the People's Republic of China*, October 8, 2013, at http://www.npc.gov.cn/englishnpc/c2762/201310/d9c33325a6f24ec5acc584f16037e6c3.shtml.

460 See Alice L. Miller, "Politburo Processes under Xi Jinping," *China Leadership Monitor*, July 14, 2015, at https://www.hoover.org/research/politburo-processes-under-xi-jinping.

461 Wency Chen, "How Zhongguancun became the innovation hub powering China's tech aspirations," *KrAsia*, December 16, 2020, at https://kr-asia.com/chinas-internet-giants-are-losing-their-allure-for-fresh-computer-science-grads; Meng Jing, "Zhongguancun: Beijing's innovation hub is at the centre of China's aim to become tech powerhouse," *South China Morning Post*, November 13, 2018, at https://www.scmp.com/tech/start-ups/article/2172713/zhongguancun-beijings-innovation-hub-centre-chinas-aim-become-tech.

462 See Wang Sujuan, "Zhongguancun a key hub in global innovation network," *China Daily*, March 5, 2016, at http://www.chinadaily.com.cn/m/beijing/zhongguancun/2016-03/05/content_23797031.htm. See also "Overview," *Microsoft Research Lab—Asia*, accessed November 4, 2021, at https://www.microsoft.com/en-us/research/lab/microsoft-research-asia/; "Intel Announces $50 Million China Research Center," *Intel News Release*, May 5, 1998, at https://www.intel.com/pressroom/archive/releases/1998/AW50598B.HTM; "IBM Research-China," *IBM*, accessed November 4, 2021, at https://www.ibm.com/blogs/research/category/ibmres-china/.

463 For example, see "Master Plan to Develop and Build Zhongguancun into a National Indigenous Innovation Demonstration Zone (2016–2020) [中关村国家自主创新示范区发展建设规划(2016–2020)]," *Leading Small Group of Zhongguancun National Indigenous Innovation Demonstration Zone*, August 18, 2016, at http://zgcgw.beijing.gov.cn/zgc/zwgk/ghjh/158069/index.html; and "Zhongguancun National Indigenous Innovation Demonstration Zone: Action Plan (2017–2020) for Cultivating Artificial Intelligence Industry (中关村国家自主创新示范区人工智能产业培育行动计划2017–2020年)," *Zhongguancun Science Park*, September 30, 2017, at http://zgcgw.beijing.gov.cn/zgc/zwgk/ghjh/157610/index.html.

464 Meng Jing, "Zhongguancun: Beijing's innovation hub is at the centre of China's aim to become tech powerhouse," *South China Morning Post*, November 13, 2018, at https://www.scmp.com/tech/start-ups/article/2172713/zhongguancun-beijings-innovation-hub-centre-chinas-aim-become-tech.

465 Li Zhengfen, "Zhongguancun Core Area: Exploring Military-Civil Fusion 'the Haidian Way' (中关村核心区:探索军民融合'海淀模式')," *China High Tech*, December 11, 2017, at http://www.chinahightech.com/html/paper/2017/1211/443866.html.

466 Ibid.

467 Ibid.

468 "Top leaders study at China's Silicon Valley," *The National People's Congress of the People's Republic of China*, October 8, 2013, at http://www.npc.gov.cn/englishnpc/c2762/201310/d9c33325a6f24ec5acc584f16037e6c3.shtml.

469 このグループには制服を着た3人の将軍と、明るい青色のジャケットを着た民間人がいた。See "Top leaders study at China's Silicon Valley," *The National People's Congress of the People's Republic of China*, October 8,

2013, at http://www.npc.gov.cn/englishnpc/c2762/201310/d9c33325a6f24ec5acc584f16037e6c3.shtml.

470 "Top CPC members start to study in more diverse ways," *Global Times*, January 3, 2016, at https://www.globaltimes.cn/content/961557.shtml.

471 "Top leaders study at China's Silicon Valley," *The National People's Congress of the People's Republic of China*, October 8, 2013, at http://www.npc.gov.cn/englishnpc/c2762/201310/d9c33325a6f24ec5acc584f16037e6c3.shtml.

472 "Top CPC members start to study in more diverse ways."

473 "Top leaders study at China's Silicon Valley."

474 Brian Hart, "The CCP's Shifting Priorities: An Analysis of Politburo Group Study Sessions," *China Brief*, July 2, 2021, at https://jamestown.org/program/the-ccps-shifting-priorities-an-analysis-of-politburo-group-study-sessions/.

475 Evan Osnos, *Age of Ambition: Chasing Fortune, Truth, and Faith in the New China* (New York: Farrar, Straus and Giroux, 2014), pp. 260–261.

476 Ibid., p. 261.

477 See Alice L. Miller, "Politburo Processes under Xi Jinping," *China Leadership Monitor*, July 14, 2015, at https://www.hoover.org/research/politburo-processes-under-xi-jinping.

478 "Top Chinese leaders' class: 30 collective studies of the 18th CPC Politburo," *People's Daily*, February 4, 2016, at http://en.people.cn/n3/2016/0204/c98649-9014098.html.

479 Ibid.

480 Zhao Ziyu and Xian Fengli, eds., *Great Power Diplomacy with Chinese Characteristics* [中国特色大国外交], p. 98.

481 Ibid., p. 98.

482 Ibid., p. 99–100.

483 Ibid., p. 100.

484 Ibid., p. 100–101.

485 Jiang Luwu and Luo Yongguang (eds), *Realizing the Deep Development of Military-Civil Fusion in Our Overall Setup* [形成军民融合深度发展格局], p. 189.

486 Ibid., p. 189.

487 Ibid., p. 191.

488 Ibid., p. 191.

489 Evan Osnos, *Age of Ambition*, p. 30.

490 Ibid., pp. 30–31, 346.

491 For two notable examples, see Masood Farivar, "FBI Arrests Five People in China's 'Operation Fox Hunt,'" *Voice of America*, October 28, 2020, at https://www.voanews.com/a/usa_fbi-arrests-five-people-chinas-operation-fox-hunt/6197702.html; and Isaiah Mitchell, "Midland Pastor, Billionaire Trade Accusations of Communist Loyalties," *The Texan*, October 13, 2020, at https://thetexan.news/midland-pastor-billionaire-trade-accusations-of-communist-loyalties/.

492 Evan Osnos, *Age of Ambition*, p. 31.
493 Ibid., p. 211.
494 Ibid., p. 274.
495 Kai-Fu Lee, *AI Superpowers: China, Silicon Valley and the New World Order* (New York: Houghton Mifflin Harcourt, 2018), p. 109.
496 Ibid.; and Kishalaya Kundu, "Musical.ly App To Be Shut Down, Users Will Be Migrated to TikTok," *Beebom*, August 2, 2018, at https://beebom.com/musical-ly-app-to-be-shut-down-users-will-be-migrated-to-tiktok/.
497 Anna Fifield, "TikTok's owner is helping China's campaign of repression in Xinjiang, report finds," *Washington Post*, November 28, 2019, at https://www.washingtonpost.com/world/tiktoks-owner-is-helping-chinas-campaign-of-repression-in-xinjiang-report-finds/2019/11/28/98e8d9e4-119f-11ea-bf62-eadd5d11f559_story.html. For further details, see Danielle Cave, Fergus Ryan, and Vicky Xiuzhong Xu, "Mapping more of China's tech giants: AI and surveillance," *Australian Strategic Policy Institute*, November 28, 2019, at https://www.aspi.org.au/report/mapping-more-chinas-tech-giants.
498 Alex Hern, "Revealed: how TikTok censors videos that do not please Beijing," *The Guardian*, September 25, 2019, at https://www.theguardian.com/technology/2019/sep/25/revealed-how-tiktok-censors-videos-that-do-not-please-beijing.
499 Samantha Hoffman, "The U.S.-China Data Fight Is Only Getting Started," *Australian Strategic Policy Institute*, July 22, 2021, at https://www.aspi.org.au/opinion/us-china-data-fight-only-getting-started.
500 Ibid.
501 Rachel Lerman and Cristiano Lima, "TikTok, Snap, YouTube defend how they protect kids online in congressional hearing," *Washington Post*, October 26, 2021, at https://www.washingtonpost.com/technology/2021/10/26/tiktok-snapchat-youtube-congress-hearing/.
502 Salvador Rodriguez, "TikTok usage surpassed Instagram this year among kids aged 12 to 17, Forrester survey says," *CNBC*, November 18, 2021, at https://www.cnbc.com/2021/11/18/tiktok-usage-topped-instagram-in-2021-among-kids-12-to-17-forrester-.html; and Brian Dean, "TikTok User Statistics (2021)," *Backlinko*, October 11, 2021, at https://backlinko.com/tiktok-users.
503 Salvador Rodriguez, "TikTok usage surpassed Instagram this year among kids aged 12 to 17, Forrester survey says," *CNBC*, November 18, 2021, at https://www.cnbc.com/2021/11/18/tiktok-usage-topped-instagram-in-2021-among-kids-12-to-17-forrester-.html; and Brian Dean, "TikTok User Statistics (2021)," *Backlinko*, October 11, 2021, at https://backlinko.com/tiktok-users.
504 Kai-Fu Lee, *AI Superpowers*, p. 93.
505 Ibid.
506 Todd Bishop, "Chinese tech powerhouse Baidu opens Seattle-area office, expanding its reach in AI and the cloud," *Geek Wire*, October 9, 2017, at

https://www.geekwire.com/2017/chinese-tech-powerhouse-baidu-opens-seattle-area-office-expanding-reach-ai-cloud/; and Luke Stangel, "Baidu expands opens second self-driving car lab in Silicon Valley, ramps up hiring," *Silicon Valley Business Journal*, October 4, 2017, at https://www.bizjournals.com/sanjose/news/2017/10/04/baidu-expands-its-footprint-in-silicon-valley-with.html.

507 Saheli Roy Choudhury, "Alibaba says it will invest more than $15 billion over three years in global research program," *CNBC*, October 11, 2017, at https://www.cnbc.com/2017/10/11/alibaba-says-will-pour-15-billion-into-global-research-program.html.

508 Ibid.

509 Kai-Fu Lee, *AI Superpowers*, p. 87.

510 Ibid.

第10章

511 John Garnaut, "Engineers of the Soul."

512 Josh Horwitz, "Chinese tech execs support 'common prosperity', helping SMEs at internet summit," Reuters, September 26, 2021, at https://www.reuters.com/technology/chinese-tech-execs-support-common-prosperity-helping-smes-internet-summit-2021-09-26/.

513 See "Xi sends congratulatory letter to 2021 World Internet Conference Wuzhen Summit," *People's Daily*, September 26, 2021, at http://en.people.cn/n3/2021/0926/c90000-9900968.html; "Xi Focus: Xi sends congratulatory letter to World Internet Conference – Internet Development Forum," Xinhua, November 23, 2020, at http://www.xinhuanet.com/english/2020-11/23/c_139536811.htm; "6th World Internet Conference opens in China's Zhejiang," Xinhua, October 20, 2019, http://www.xinhuanet.com/english/2019-10/20/c_138487994.htm; "Xi congratulates opening of fifth World Internet Conference," *China Daily*, November 7, 2018, at http://www.chinadaily.com.cn/a/201811/07/WS5be24e62a310eff3032871a3.html; "Global delegates laud Xi's messages to World Internet Conference," Xinhua, December 4, 2017, at http://www.xinhuanet.com//english/2017-12/04/c_136797784.htm; "Xi's speech on cyberspace applauded," *China Daily*, November 16, 2016, at http://www.chinadaily.com.cn/bizchina/3rdWuzhenWorldInternetConference/2016-11/16/content_27398982.htm; and "Highlights of Xi's Internet Speech," *World Internet Conference*, December 16, 2015, at http://www.wuzhenwic.org/2015-12/16/c_47742.htm.

514 Jiang Luwu and Luo Yongguang, eds., *Realizing the Deep Development of Military-Civil Fusion in Our Overall Setup*, p. 194.

515 "World IT Leaders Show Confidence in China," *Science and Technology Daily*, October 14, 2021, at http://www.stdaily.com/English/ChinaNews/2021-10/14/content_1225483.shtml.

516 Rick Gladstone, "Despite Covid Risks, Many Leaders Plan to Attend U.N. General Assembly," *New York Times*, September 12, 2021, at https://

www.nytimes.com/2021/09/12/world/covid-united-nations-general-assembly.html.

517 For background, see Nathan Attrill and Audrey Fritz, China's cyber vision: How the Cyberspace Administration of China is building a new consensus on global internet governance," *Australian Strategic Policy Institute*, November 24, 2021, at https://www.aspi.org.au/report/chinas-cyber-vision-how-cyberspace-administration-china-building-new-consensus-global; and Elles Houweling, "Gelsinger, Musk and China tech CEOs all bow down to Xi's vision," *Verdict*, September 27, 2021, at https://www.verdict.co.uk/gelsinger-musk-and-china-tech-ceos-all-bow-down-to-xis-vision/.

518 Cheryl Fu, "Speech by Tesla CEO Elon Musk at the 2021 World Internet Conference Wuzhen Summit," *Firmknow*, September 27, 2021, at https://firmknow.com/speech-by-tesla-ceo-elon-musk-at-the-2021-world-internet-conference-wuzhen-summit/; and Sarah Lee-Jones, "Watch: Tesla CEO Elon Musk's Speech at 2021 World Internet Conference in China [Video]," *Tesla North*, September 25, 2021, at https://teslanorth.com/2021/09/25/watch-tesla-ceo-elon-musks-speech-at-2021-world-internet-conference-in-china-video/.

519 Cheryl Fu, "Speech by Tesla CEO Elon Musk"; and Sarah Lee-Jones, "Watch: Tesla CEO Elon Musk's Speech at 2021 World Internet Conference in China [Video]," *Tesla North*, September 25, 2021, at https://teslanorth.com/2021/09/25/watch-tesla-ceo-elon-musks-speech-at-2021-world-internet-conference-in-china-video/.

520 "Message from Chuck Robbins". *WIC Voices and Opinions*.

521 Ibid.

522 メディアによると、ロビンスは「全員の利益になるように、サイバースペースを共有するビジョンに賛同する」ことを強調していた。See "World IT Leaders Show Confidence in China," *Science and Technology Daily*, October 14, 2021, at http://www.stdaily.com/English/ChinaNews/2021-10/14/content_1225483.shtml.

523 Elles Houweling, "Gelsinger, Musk and China tech CEOs all bow down to Xi's vision," *Verdict*, September 27, 2021, at https://www.verdict.co.uk/gelsinger-musk-and-china-tech-ceos-all-bow-down-to-xis-vision/.

524 Coco Feng, "Xi Jinping calls for international tech cooperation to tackle global challenges, amid simmering US tensions," *South China Morning Post*, September 24, 2021, at https://www.scmp.com/tech/tech-war/article/3150042/president-xi-calls-international-tech-cooperation-tackle-global.

525 "CCTV+: Xi calls for global sci-tech innovation cooperation at opening of 2021 Zhongguancun (ZGC) Forum," *PR Newswire*, September 25, 2021, at https://www.prnewswire.com/news-releases/cctv-xi-calls-for-global-sci-tech-innovation-cooperation-at-opening-of-2021-zhongguancun-zgc-forum-301385078.html. See also Du Juan, "Zhongguancun Forum broadens its influence," *China Daily*, September 16, 2021, at https://www.

chinadaily.com.cn/a/202109/16/WS6142a170a310e0e3a6821ecf.html.
526 Pete Sweeney, "Apple's ugly China deal mostly bought time," Reuters, December 8, 2021, at https://www.reuters.com/breakingviews/apples-ugly-china-deal-mostly-bought-time-2021-12-08/; and "Apple's Tim Cook Signed $275 Billion Deal to Placate China – the Information," *U.S. News and World Report*, December 7, 2021, at https://money.usnews.com/investing/news/articles/2021-12-07/apples-tim-cook-signed-275-billion-deal-with-chinese-officials-to-placate-china-the-information.
527 Jiang Luwu and Luo Yongguang (eds), *Realizing the Deep Development of Military-Civil Fusion in Our Overall Setup*, pp. 191–192.
528 Ibid., p. 192.
529 Ibid., p. 192.
530 Ibid., p. 193.
531 Zhao Ziyu and Xian Fengli, eds., *Great Power Diplomacy with Chinese Characteristics*, p. 103.
532 Ibid.
533 Ibid., p. 103.
534 Ibid., p. 103.
535 Ibid., p. 103.
536 Ibid., p. 103.
537 Ibid., p. 107.
538 Emily de La Bruyère and Nathan Picarsic, "A 'techlash' with Chinese characteristics," *Tech Crunch*, November 21, 2021, at https://techcrunch.com/2021/11/21/a-techlash-with-chinese-characteristics/.
539 See Roslyn Layton and Peter Wood, "Comments of China Tech Threat and Blue Path Labs: Before the Federal Communications Commission," *China Tech Threat*, September 21, 2021, at https://chinatechthreat.com/china-tech-threat-blue-path-labs-file-fcc-comment-on-chinese-tech-loophole/; and Jeff Hill, "New Report Highlights the Unsettling State of IoT Device Security," *Dark Cubed*, March 31, 2021, at https://darkcubed.com/press/2021/3/30/new-report-highlights-the-unsettling-state-of-iot-device-security.
540 Trevor R. Jones and Treston Chandler, "Sweeping U.S. Lists Seek to Restrict Trade and Investment that Support the Chinese Military," *Wisconsin Project*, September 27, 2021, at https://www.wisconsinproject.org/sweeping-us-lists-seek-to-restrict-trade-investment-that-support-chinese-military/; Alexandra Alper, David Shepardson, and Humeyra Pamuk, "U.S. blacklists dozens of Chinese firms including SMIC, DJI," Reuters, December 18, 2020, at https://www.reuters.com/article/us-usa-china-sanctions/u-s-blacklists-dozens-of-chinese-firms-including-smic-dji-idUSKBN28S0HL; and Humeyra Pamuk, Alexandra Alper, Idrees Ali, "Trump bans U.S. investments in companies linked to Chinese military," Reuters, November 13, 2020, at https://www.reuters.com/article/usa-china-securities/trump-bans-u-s-investments-in-companies-linked-to-chinese-military-idUSKBN27T1MD.

541 Adam Xu, "Cybersecurity Experts Worried by Chinese Firm's Control of Smart Devices," *Voice of America*, August 21, 2021, at https://www.voanews.com/a/east-asia-pacific_voa-news-china_cybersecurity-experts-worried-chinese-firms-control-smart-devices/6209815.html; Hal Brands and Klon Kitchen, "Tuya may be the China threat that beats Russia's ransomware attacks," *The Hill*, July 30, 2021, at https://thehill.com/opinion/cybersecurity/564962-tuya-may-be-the-china-threat-that-beats-russias-ransomware-attacks. See also "Products Empowered by Tuya Smart Design Win iF DESIGN AWARD 2021 and Red Dot Design Award 202," *PR Newswire*, August 2, 2021, at https://www.prnewswire.com/news-releases/products-empowered-by-tuya-smart-design-win-if-design-award-2021-and-red-dot-design-award-2021-301346047.html.

542 See "Smart Appliances," *GE Appliances*, accessed November 15, 2021, at https://www.geappliances.com/ge/connected-appliances/.

543 See "Smart Products & Electronics," *Motorola*, accessed November 15, 2021, at https://www.motorola.com/us/all-smart-products.

544 See "Smart TV: Powerful Performance," *TCL*, accessed November 15, 2021, at https://www.tcl.com/us/en/products/home-theater.

545 See "Smart Devices," *Lenovo*, accessed November 15, 2021, at https://www.lenovo.com/us/en/devices/; and "Data Center," *Lenovo*, accessed November 15, 2021, at https://www.lenovo.com/us/en/data-center.

546 See "Official Website," *DJI*, accessed November 15, 2021, at https://www.dji.com/; and "Industries: Special Operations," *DJI Enterprise*, accessed November 15, 2021, at https://enterprise.dji.com/electricity/special-operations?site=enterprise&from=nav.

547 See "Home," *Hikvision*, accessed November 15, 2021, at https://us.hikvision.com/en; and "Products," *Hikvision*, accessed November 15, 2021, at https://us.hikvision.com/en/products/more-products.

第11章

548 Central Military Commission Political Work Department, *Xi Jinping on a Strong and Resurgent Military* [习近平论强军兴军] (Beijing: Liberation Army Press: 2017), p. 386. Note this book is marked "For use of regimental-leader cadres and above [团以上领导干部使用]." Cited in Fang Yugang and Liu Jizhong, eds., *The Basis for Building the People's Military: The Strong Military Spirit* [人民军队建军之本强军之魂] (Beijing: National Defense University, 2018), p. 225.

549 Peter Mattis and Matthew Brazil, *Chinese Communist Espionage: An Intelligence Primer* (Annapolis MD: Naval Institute Press, 2019), p. 25.

550 Ibid., p. 4.

551 Ibid., pp. 4–5, 27, 103–106.

552 ネットワークは "Three Heroes of the Dragon's Liar"と呼ばれたQian Zhuangfei, Li Kenong, and Hu Diが参加していた。See Ibid., pp. 4–5.

553 Ibid., p. 5.

554 Ibid., p. 6.

555 Ibid., p. 28.
556 将軍の名前は莫雄、その上司は項與年。Ibid., pp. 126–127.
557 潘漢年が広東の軍閥、陳済棠と取引した。Ibid., pp. 28, 130.
558 Ibid. p. 247.
559 Toshi Yoshihara, "Evaluating the Logic and Methods of China's United Front Work," *Orbis*, February 2020, p. 237.
560 For background, see Kerry K. Gershaneck, *Media Warfare: Taiwan's Battle for the Cognitive Domain* (Washington, DC, Center for Security Policy, 2021); Kerry K. Gershaneck, *Political Warfare: Strategies for Combating China's Plan to "Win without Fighting"* (Quantico, VA: Marine Corps University Press, 2020); and Mark Stokes and Russell Hsiao, *The People's Liberation Army General Political Department: Political Warfare with Chinese Characteristics* (Arlington, VA: Project 2049 Institute, October 2013), at http://www.project2049.net/documents/PLA_General_Political_Department_Liaison_Stokes_Hsiao.pdf.
561 Fang Yugang and Liu Jizhong, eds., *The Basis for Building the People's Military*, pp. 222–224.
562 Ibid., pp. 226–227.
563 Ibid., pp. 227–229.
564 PLA General Political Department, *Selection of Chairman Xi's Important Ideas Regarding Military Political Work* [习主席关于军队政治工作重要论述摘编] (Beijing: Liberation Army Press, 2014), p. 67. Cited in Fang Yugang and Liu Jizhong, eds., *The Basis for Building the People's Military*, p. 222.
565 Fang Yugang and Liu Jizhong, eds., *The Basis for Building the People's Military*, p. 222.
566 Central Military Commission Political Work Department, *Xi Jinping on a Strong and Resurgent Military* [习近平论强军兴军], p. 386. Note this book is marked "For use of regimental-leader cadres and above [团以上领导干部使用]." Cited in Fang Yugang and Liu Jizhong, eds., *The Basis for Building the People's Military: The Strong Military Spirit* [人民军队建军之本强军之魂] , p. 225.
567 Fang Yugang and Liu Jizhong, eds., *The Basis for Building the People's Military*, pp. 227–228.
568 Ibid., p. 229.
569 Ren Tianyou and Zhao Zhouxian (eds), *Strategic Support*, p. 100.
570 Ibid., p. 100.
571 Zhao Ziyu And Xian Fengli, eds., *Great Power Diplomacy with Chinese Characteristics*, p. 47.
572 Ibid., p. 47.
573 Ren Tianyou and Zhao Zhouxian (eds), *Strategic Support*, p. 214.
574 Ibid., p. 215.
575 For background, see Ross Anderson, "When China Sees All," *The Atlantic*, September 2020, at https://www.theatlantic.com/magazine/archive/2020/09/china-ai-surveillance/614197/; and Kai-Fu Lee, *AI*

Superpowers: China, Silicon Valley and the New World Order (New York: Houghton Mifflin Harcourt, 2018), p. 54.

576 Jiang Luwu and Luo Yongguang (eds), *Realizing the Deep Development of Military-Civil Fusion in Our Overall Setup*, pp. 187–188.

577 For background, see "Human Intelligence in the Digital Age – Speech by Richard Moore, Chief of the UK's Secret Intelligence Service," *IISS*, November 30, 2021, at https://www.iiss.org/events/2021/11/human-intelligence-digital-age; and Kerry K. Gershaneck, *Media Warfare*.

578 それぞれの事例の詳細については, see Clive Hamilton and Maeike Ohlberg, *Hidden Hand: Exposing How the Chinese Communist Party is Reshaping the World* (Toronto, Canada: Optimum Publishing International, 2020).

579 Peggy Hollinger, "Goliath crane for sale at knockdown price," *Financial Times*, March 28, 2016, at https://www.ft.com/content/8cb5d0c6-f201-11e5-9f20-c3a047354386; and "Port News: Rosyth Dockyard's Goliath crane arrives," *Ships Monthly*, April 28, 2011, at https://shipsmonthly.com/news/port-news-rosyth-dockyards-goliath-crane-arrives/. For background on ZPMC, see Kate O'Keeffe and Chun Han Wong, "U.S. Sanctions Chinese Firms and Executives Active in Contested South China Sea," *Wall Street Journal*, August 26, 2020, at https://www.wsj.com/articles/u-s-imposes-visa-export-restrictions-on-chinese-firms-and-executives-active-in-contested-south-china-sea-11598446551.

580 Jeanne Whalen, "U.S. slaps trade sanctions on more Chinese entities, this time for South China Sea island building," *Washington Post*, August 26, 2020, at https://www.washingtonpost.com/business/2020/08/26/china-entity-list-islands/. See "DOD Releases List of Additional Companies, in Accordance with Section 1237 of FY99 NDAA," *U.S. Department of Defense*, August 28, 2020, at https://www.defense.gov/Newsroom/Releases/Release/Article/2328894/dod-releases-list-of-additional-companies-in-accordance-with-section-1237-of-fy/; and "Qualifying Entities Prepared in Response to Section 1237 of the National Defense Authorization Act for Fiscal Year 1999 (PUBLIC LAW 105–261)," *U.S. Department of Defense*, August 28, 2020, at https://media.defense.gov/2020/Aug/28/2002486689/-1/-1/1/LINK_1_1237_TRANCHE-23_QUALIFYING_ENTITIES.PDF.

581 Conor Kennedy, "Ramping the Strait: Quick and Dirty Solutions to Boost Amphibious Lift," *China Brief*, July 16, 2021, at https://jamestown.org/program/ramping-the-strait-quick-and-dirty-solutions-to-boost-amphibious-lift/; and Andrew Tate, "Exercise demonstrates PLA Army Aviation ability to use commercial ships as temporary flight decks," *Janes*, August 21, 2020, at https://www.janes.com/defence-news/news-detail/exercise-demonstrates-pla-army-aviation-ability-to-use-commercial-ships-as-temporary-flight-decks.

582 "Beijing-controlled Enterprises Little Hindered by U.S. Sanctions Aimed at Specific Subsidiaries," *Pointe Bello*, November 2020, at https://www.

pointebello.com/insights/beijing-controlled-enterprises-little-hindered-by-us-sanctions.

583 著者はポインテ・ベロのセシリア・ジョイ・ペレスにZPMCと米国でのプレゼンスについて教示に対して謝辞を表したい。See "NWSA welcomes four ZPMC Super-Post Panamax cranes as part of terminal modernization," *Port Technology*, June 15, 2021, at https://www.porttechnology.org/news/nwsa-welcomes-four-zpmc-super-post-panamax-cranes-as-part-of-terminal-modernisation/; "Cranes for LBCT wharf, Long Beach, the U.S. were shipped," *ZPMC*, February 24, 2021, at https://www.zpmc.com/news/cont.aspx?id=233; "Port of Oakland's largest terminal gets three giant cranes in fall," *Port of Oakland*, June 18, 2020, at https://www.portofoakland.com/seaport/port-of-oaklands-largest-terminal-gets-three-giant-cranes-in-fall/; "ZPMC USA Expands Coast-to-coast," *Maritime Logistics Professional*, July 11, 2018, at https://www.maritimeprofessional.com/news/zpmc-expands-coast-coast-319480; and "ZPMC boosts cranes to work big ships at Port of Los Angeles," *Freight Waves*, November 18, 2016, at https://www.freightwaves.com/news/zpmc-boosts-cranes-to-work-big-ships-at-port-of-los-angeles.

584 "ZPMC USA Expands Coast-to-coast," *Maritime Logistics Professional*, July 11, 2018, at https://www.maritimeprofessional.com/news/zpmc-expands-coast-coast-319480; and "ZPMC boosts cranes to work big ships at Port of Los Angeles," *Freight Waves*, November 18, 2016, at https://www.freightwaves.com/news/zpmc-boosts-cranes-to-work-big-ships-at-port-of-los-angeles.

585 "Beijing-controlled Enterprises Little Hindered by U.S. Sanctions Aimed at Specific Subsidiaries," *Pointe Bello*, November 2020, at https://www.pointebello.com/insights/beijing-controlled-enterprises-little-hindered-by-us-sanctions.

586 Cecilia Joy Perez, @ceci_joy, *Twitter*, 3:41 PM, August 26, 2020, at https://twitter.com/ceci_joy/status/1298707049346404354.

587 John Adams, "John Holland's Chisholm Road Prison Security Tender Closed," *Security, Electronics, and Networks*," July 28, 2020, at https://sen.news/2020/07/28/john-hollands-chisholm-road-prison-project-seeks-security/; "Chisholm Road Prison," *John Holland*, undated, accessed December 20, 2021, at https://www.johnholland.com.au/our-projects/chisholm-road-prison/; and "John Holland wins bid for Australian project with contract value of AUD 700 million," *CCCC International*, March 23, 2017, at http://en.ccccltd.cn/newscentre/businessupdate/201704/t20170414_52133.html.

588 See "Our Projects," *John Holland*, undated, accessed December 20, 2021, at https://www.johnholland.com.au/our-projects/.

589 See "Construction of Hutchison's container terminal, container yard and housing project at the port of Veracruz has been completed," *CCCC*, May 27, 2021, at http://en.ccccltd.cn/newscentre/CompanyNews2020/202105/t20210527_66391.html; Sam Chambers, "Mexico's president seeks to

take back control of Veracruz port," *Splash*, August 19, 2020, at https://splash247.com/mexicos-president-seeks-to-take-back-control-of-veracruz-port/; "China harbor concludes first caisson," *Asipona Ensenada*, January 6, 2015, at https://www.puertoensenada.com.mx/engs/0000514/china-harbor-concludes-first-caisson; "ZPMC bags Lázaro Cárdenas deal," *World Cargo News*, March 27, 2013, at https://www.worldcargonews.com/news/zpmc-bags-laacutezaro-caacuterdenas-deal-27455; "Mexico: CHEC Wins Bid for Phase 1 of Manzanillo Container Terminal," *Dredging Today*, September 16, 2011, at https://www.dredgingtoday.com/2011/09/16/mexico-chec-wins-bid-for-phase-1-of-manzanillo-container-terminal/; and "Hutchison Port Holdings acquires overseas assets of International Container Terminal Services, Inc.," *Hutchison Whampoa Limited*, May 28, 2001, at http://www.hutchison-whampoa.com/en/media/press_each.php?id=585. For background on Mexico's ports, see "Additional capacity added in maritime corridor Asia-China to Mexico is still not enough," *Mexico Daily Post*, August 22, 2021, at https://mexicodailypost.com/2021/08/22/additional-capacity-added-in-maritime-corridor-asia-china-to-mexico-is-still-not-enough/. For background on the Panama Canal, see Evan Ellis, "China's advance in Panama: An update," *Global Americans*, April 14, 2021, at https://theglobalamericans.org/2021/04/chinas-advance-in-panama-an-update/; and "Milestones: 1997," *CK Hutchinson Holdings Limited*, undated, accessed December 21, 2021, at https://www.ckh.com.hk/en/about/milestones/?year=1997.

590 Leticia Casado and Manuela Andreoni, "CCCC expands its Latin America portfolio," *Dialogo Chino*, June 12, 2020, at https://dialogochino.net/en/infrastructure/35869-cccc-expands-in-latin-america/.

591 For example, see Daniel Michaels, "China's Growing Access to Global Shipping Data Worries U.S.," *Wall Street Journal*, December 20, 2021, at https://www.wsj.com/articles/chinas-growing-access-to-global-shipping-data-worries-u-s-11640001601.

592 Jiang Luwu and Luo Yongguang, eds., *Realizing the Deep Development of Military-Civil Fusion in Our Overall Setup*, p. 37.

593 Linda Hardesty, "Telefónica Selects Huawei for Virtual EPC Network in 13 Countries," SDX Central, January 30, 2017, at https://www.sdxcentral.com/articles/news/telefonica-selects-huawei-virtual-epc-network-13-countries/2017/01/; and "Telefónica selects Huawei to build large scale virtual EPC network in 13 countries as part of its UNICA program," *Telefónica*, January 30, 2017, at https://www.telefonica.com/en/communication-room/telefonica-selects-huawei-to-build-large-scale-virtual-epc-network-in-13-countries-as-part-of-its-unica-program/.

594 "Telefonica, ZTE deploy vIMS in LatAm ahead of VoLTE rollout," *Comms Update*, December 20, 2016, at https://www.commsupdate.com/articles/2016/12/20/telefonica-zte-deploy-vims-in-latam-ahead-of-volte-rollout/ .

595 For example, see Evan Ellis, "Testimony before the US-China Economic

and Security Review Commission: China's Diplomatic and Political Approach in Latin America and the Caribbean," *U.S. China Economic and Security Review Commission*, May 20, 2021, at https://www.uscc.gov/hearings/china-latin-america-and-caribbean.

596 Juan Pedro Tomas, "ZTE to deploy vIMS network for Telefónica in Latin America," *RCR Wireless*, December 20, 2016, at https://www.rcrwireless.com/20161220/americas/zte-telefonica-latin-america-tag23.

597 "Who wields power? China's co-ownership of NGCP brought with it serious national security concerns," *Daily Tribune*, June 21, 2021, at https://tribune.net.ph/index.php/2021/06/21/who-wields-power/; and Patricia Lourdes Viray, "China 'in charge of nuts and bolts' of Philippine power grid, Hontiveros claims," *Philstar*, December 9, 2019, at https://www.philstar.com/headlines/2019/12/09/1975666/china-in-charge-nuts-and-bolts-philippine-power-grid-hontiveros-claims.

598 Patricia Lourdes Viray, "China 'in charge of nuts and bolts' of Philippine power grid, Hontiveros claims," *Philstar*, December 9, 2019, at https://www.philstar.com/headlines/2019/12/09/1975666/china-in-charge-nuts-and-bolts-philippine-power-grid-hontiveros-claims.

599 James Griffiths, "China can shut off the Philippines' power grid at any time, leaked report warns," *CNN*, November 26, 2019, at https://www.cnn.com/2019/11/25/asia/philippines-china-power-grid-intl-hnk/index.html.

600 "The Board of Directors," *NGCP*, undated, accessed December 21, 2021, at https://www.ngcp.ph/profile#management.

601 "Eskom and State Grid Corporation of China to co-operate on strategies," *People's Daily*, July 6, 2016, at http://en.people.cn/n3/2016/0706/c90000-9082214.html; and "The Board of Directors," *NGCP*, undated, accessed December 21, 2021, at https://www.ngcp.ph/profile#management.

602 Geoffrey Wade, "The State Grid Corporation of China: Its Australian engagement and military links," *The Interpreter*, December 17, 2015, at https://www.lowyinstitute.org/the-interpreter/state-grid-corporation-china-its-australian-engagement-and-military-links.

603 For illustrative examples, Leticia Casado and Manuela Andreoni, "CCCC expands its Latin America portfolio," *Dialogo Chino*, June 12, 2020, at https://dialogochino.net/en/infrastructure/35869-cccc-expands-in-latin-america/; and James Griffiths, "China can shut off the Philippines' power grid at any time, leaked report warns," *CNN*, November 26, 2019, at https://www.cnn.com/2019/11/25/asia/philippines-china-power-grid-intl-hnk/index.html. See also "Eskom and State Grid Corporation of China to co-operate on strategies," *People's Daily*, July 6, 2016, at http://en.people.cn/n3/2016/0706/c90000-9082214.html.

604 "Beijing's *backdoors* into infrastructure and technology have a name ... and a far-reaching purpose," *Pointe Bello*, February 2020, at https://www.pointebello.com/insights/reserved-interfaces.

605 Ibid.

606 Aaron L. Friedberg, "An Answer to Aggression: How to Push Back Against Beijing," *Foreign Affairs*, September/October 2020, at https://www.foreignaffairs.com/articles/china/2020-08-11/ccp-answer-aggression; and Aaron L. Friedberg, "Competing with China," *Survival*, June–July 2018, pp. 7–64.

607 中国共産党が米国の安全保障を脅かすのにビッグデータを使っているという議論については、see Matt Pottinger and David Feith, "The Most Powerful Data Broker in the World Is Winning the War Against the U.S.," *New York Times*, November 30, 2021, at https://www.nytimes.com/2021/11/30/opinion/xi-jinping-china-us-data-war.html.

608 John Garnaut, "Engineers of the Soul."

609 Ibid.

610 Ren Tianyou and Zhao Zhouxian, eds., *Strategic Support for Achieving the Great Chinese Resurgence* [实现中华民族伟大复兴的战略支援], pp. 118–119.この本の引用は次の文書からきている。PLA General Political Department, *A Selection of Xi Jinping's Important Observations on National Defense and Military Buildup* [习近平关于国防和军队建设重要论述选编] (Beijing: Liberation Army Press, 2014), p. 51.

611 Ren Tianyou and Zhao Zhouxian, eds., *Strategic Support*, p. 211.

第12章

612 From "The Theory and Practice of Oligarchical Collectivism," in George Orwell, *1984* (New York: Signet Classics, 1950), p. 193.

613 Victoria Vogrincic, "China's Heightened Space Presence in the Heart of Argentina's Patagonian Desert," *China Focus*, November 19, 2020, at https://chinafocus.ucsd.edu/2020/11/19/chinas-heightened-space-presence-in-the-heart-of-argentinas-patagonian-desert/; and Cassandra Garrison, "China's military-run space station in Argentina is a 'black box'," Reuters, January 31, 2019, at https://www.reuters.com/article/us-space-argentina-china-insight/chinas-military-run-space-station-in-argentina-is-a-black-box-idUSKCN1PP0I2.

614 Jean-Pierre Cabestan, "China's Djibouti naval base increasing its power," *East Asia Forum*, May 16, 2020, at https://www.eastasiaforum.org/2020/05/16/chinas-djibouti-naval-base-increasing-its-power/; and Joshua Berlinger, "Satellite photos reveal underground construction at Chinese military base," *CNN*, August 1, 2017, at https://www.cnn.com/2017/07/26/asia/china-military-base-djibouti-photos/index.html.

615 Ryan Browne, "Chinese lasers injure US military pilots in Africa, Pentagon says," *CNN*, May 4, 2018, at https://www.cnn.com/2018/05/03/politics/chinese-lasers-us-military-pilots-africa/index.html.

616 Sam LaGrone, "AFRICOM: Chinese Naval Base in Africa Set to Support Aircraft Carriers," *USNI News*, April 20, 2021, at https://news.usni.org/2021/04/20/africom-chinese-naval-base-in-africa-set-to-support-aircraft-carriers.

617 Michael Rubin, "Beware China's Inroads into the Atlantic," *National*

Interest, June 26, 2019, at https://nationalinterest.org/feature/beware-chinas-inroads-atlantic-64391; and Aaron Mehta, "How a potential China-built airport in Greenland could be risky for a vital US Air Force base," *Defense News*, September 7, 2018, at https://www.defensenews.com/global/europe/2018/09/07/how-a-potential-chinese-built-airport-in-greenland-could-be-risky-for-a-vital-us-air-force-base/.

618 Warren P. Strobel, "U.A.E. Shut Down China Facility Under U.S. Pressure, Emirates Says," *Wall Street Journal*, December 9, 2021, at https://www.wsj.com/articles/u-a-e-confirms-it-halted-work-on-secret-chinese-port-project-after-pressure-from-u-s-11639070894; and Michael M. Phillips, "China Seeks First Military Base on Africa's Atlantic Coast, U.S. Intelligence Finds," *Wall Street Journal*, December 5, 2021, at https://www.wsj.com/articles/china-seeks-first-military-base-on-africas-atlantic-coast-u-s-intelligence-finds-11638726327.

619 Michael Rubin, "Beware China's Inroads into the Atlantic."; and Aaron Mehta, "How a potential China-built airport in Greenland could be risky for a vital US Air Force base," *Defense News*, September 7, 2018, at https://www.defensenews.com/global/europe/2018/09/07/how-a-potential-chinese-built-airport-in-greenland-could-be-risky-for-a-vital-us-air-force-base/.

620 Office of the Secretary of Defense, "2021 Report on Military and Security Developments Involving the People's Republic of China," *Department of Defense*, November 3, 2021, pp. 130–131, accessible online at https://www.defense.gov/News/Releases/Release/Article/2831819/dod-releases-2021-report-on-military-and-security-developments-involving-the-pe/

621 Bill Gertz, "Ports, bases to strengthen China's power: Beijing aims for global dominance with commerce, military network," *Washington Times*, January 5, 2022, A9.

622 *Study Doctrine on Xi Jinping Thought on Chinese Socialism in a New Age* [习近平新时代中国特色社会主义思想学习纲要] (Beijing: CCP Propaganda Department, 2019), p. 210.

623 Song Zhongping, "With nearly 600 overseas military bases, US falsely claims China is 'building a new string of pearls'," *Global Times*, January 4, 2022, at https://www.globaltimes.cn/page/202201/1245047.shtml.

624 Ren Tianyou and Zhao Zhouxian, eds., *Strategic Support*, p. 215.

625 Ibid., p. 215.

626 Ibid., p. 216.

627 Ibid., p. 216.

628 Ibid., p. 100.

629 Jiang Luwu and Luo Yongguang, eds., *Realizing the Deep Development of Military-Civil Fusion in Our Overall Setup*.この本は習近平の強軍思想に関するシリーズ(习近平强军思想系列教材)の一つで、「内部教材、保管注意(内部教材注意保管)」と書かれている。

630 Ibid., pp. 205–208.

631 Ibid. p. 57.

632 Ibid.
633 Ibid., p. 14.
634 Ibid.
635 Ibid., p. 187.
636 Ibid.
637 Ibid., p. 188.
638 Ibid., p. 198.
639 Ibid.
640 Ibid., p. 129.
641 Ibid., p. 130.
642 Ibid.
643 Jacqueline Deal, "China could soon outgun the U.S.," *Politico*, May 27, 2021, at https://www.politico.com/newsletters/politico-china-watcher/2021/05/27/china-could-soon-outgun-the-us-493014.
644 Ibid.
645 James E. Fanell, "China's Global Naval Strategy and Expanding Force Structure: Pathway to Hegemony," *Testimony before the Permanent Select Committee on Intelligence*, May 17, 2018, accessible online at https://docs.house.gov/Committee/Calendar/ByEvent.aspx?EventID=108298.
646 Ibid.
647 For background, see Rosemary Gibson and Janardan Prasad Singh, *China Rx: Exposing the Risks of America's Dependence on China for Medicine* (Amherst, NY: Prometheus Books, 2018). See also Rosemary Gibson, "China has cornered the market on antibiotics, so the U.S. must rebuild its manufacturing capacity," *Market Watch*, April 28, 2021, at https://www.marketwatch.com/story/china-has-cornered-the-market-on-antibiotics-so-the-u-s-must-rebuild-its-manufacturing-capacity-11619640612; and Chuin-Wei Yap, " Pandemic Lays Bare U.S. Reliance on China for Drugs," *Wall Street Journal*, August 5, 2020, at https://www.wsj.com/articles/how-the-u-s-ceded-control-of-drug-supplies-to-china-11596634936.
648 Ralph Jennings, "Zoom Gets More Popular Despite Worries About Links to China," *Voice of America*, October 24, 2021, at https://www.voanews.com/a/zoom-gets-more-popular-despite-worries-about-links-to-china/6282120.html; and Eduard Kovacs, "Keys Used to Encrypt Zoom Meetings Sent to China: Researchers," *Security Week*, April 3, 2020, at https://www.securityweek.com/keys-used-encrypt-zoom-meetings-sent-china-researchers.
649 Nardy Baeza Bickel, "In this season of giving, watch out for harmful chemicals in plastic toys," *Michigan News*, December 13, 2021, at https://news.umich.edu/in-this-season-of-giving-watch-out-for-harmful-chemicals-in-plastic-toys/.
650 Eva Dou, "China's Xinjiang cotton is banned in the U.S. but still making it to store shelves, report says," *Washington Post*, November 17, 2021, at https://www.washingtonpost.com/world/asia_pacific/china-xinjiang-cotton/2021/11/17/fcfe320e-37a3-11ec-9662-399cfa75efee_story.html.

651 "Publishers push back titles as shipping delays cause 'unprecedented' challenge," *The Bookseller*, December 9, 2021, at https://www.thebookseller.com/news/shipping-delays-continuing-impact-publication-dates-1292302;Michael Seidlinger, "Looking for Answers to Supply Chain Challenges," *Publisher Weekly*, October 7, 2021, at https://www.publishersweekly.com/pw/by-topic/industry-news/manufacturing/article/87567-looking-for-answers-to-supply-chain-challenges.html; and "In China's publishing business, you have to duck and dive," *The Economist*, July 17, 2021, at https://www.economist.com/china/2021/07/15/in-chinas-publishing-business-you-have-to-duck-and-dive.

652 Jim Milliot, "Publishers Continue the Battle Against Book Tariffs," *Publisher's Weekly*, November 22, 2019, at https://www.publishersweekly.com/pw/by-topic/industry-news/bookselling/article/81829-publishers-continue-the-battle-against-book-tariffs.html.

653 Oliver Telling, "British publishers censor books for western readers to appease China," *Financial Times*, March 15, 2022, at https://www.ft.com/content/63cbf209-656f-4f99-9ee3-722755c228ed.

654 "How China Is Secretly Changing Everyone's Maps," *China Uncensored*, January 29, 2020, at https://www.youtube.com/watch?v=yBE7I8QIpw4. See also "China issues new set of regulations on maps," *The State Council of The People's Republic of China*, December 14, 2015, at http://english.www.gov.cn/policies/latest_releases/2015/12/14/content_281475253904932.htm.

655 "Taiwan: Lion Dance," *Super Wings*, October 25, 2015, Season 1, Episode 41/42 (Television Show). The author watched this show sometime around 2018. As of March 15, 2022, it had been removed from Amazon. Other episodes were renumbered accordingly. For original episode list, see https://en.wikipedia.org/wiki/List_of_Super_Wings_episodes. Ji Yuqiao, "Cartoon 'Super Wings' originally produced in South Korea has been suspended in China for using wrong maps," *Global Times*, March 2, 2021, at https://www.globaltimes.cn/page/202103/1217103.shtml.

656 "The U.S. Business," *WH Group*, undated, accessed December 15, 2021, at http://www.wh-group.com/html/bp_usa.php.

657 "Corporate Profile," *WH Group*, undated, accessed December 15, 2021, at http://www.wh-group.com/html/about.php.

658 Isaac Stone Fish, *America Second: How America's Elites Are Making China Stronger* (New York: Alfred A. Knopf, 2022), pp. 101–174.

659 German Lopez, "American Self-censorship: U.S. institutions are increasingly silencing themselves to win access to China," *New York Times*, February 20, 2022, at https://www.nytimes.com/2022/02/20/briefing/china-us-censorship.html.

660 Marc Edelman, "Kanter Freedom's NBA Ouster Has Parallels To NFL's Apparent Kaepernick Boycott," *Forbes*, February 22, 2022, at https://www.forbes.com/sites/marcedelman/2022/02/22/kanter-freedoms-nba-ouster-feels-eerily-similar-to-nfls-kaepernick-boycott/?sh=46b259eb2962.

661 Drake Bennett, "The Metaverse Gives China a New Digital Playground to Censor," *Bloomberg*, December 10, 2021, at https://www.bloomberg.com/news/newsletters/2021-12-10/china-metaverse-offers-new-digital-playground-for-censorship.
662 Clive Hamilton and Maeike Ohlberg, *Hidden Hand*, pp. 119–138, 226–248.
663 Ross Anderson, "When China Sees All," *The Atlantic*, September 2020, at https://www.theatlantic.com/magazine/archive/2020/09/china-ai-surveillance/614197/.
664 Ibid.
665 Jonathan Hoffman, "Why do some Muslim-majority countries support China's crackdown on Muslims?" *Washington Post*, May 4, 2021, at https://www.washingtonpost.com/politics/2021/05/04/why-do-some-muslim-majority-countries-support-chinas-crackdown-muslims/; and Tamara Qiblawi, "Muslim nations are defending China as it cracks down on Muslims, shattering any myths of Islamic solidarity," *CNN*, July 17, 2019, at https://www.cnn.com/2019/07/17/asia/uyghurs-muslim-countries-china-intl/index.html.
666 Doug Jones, "Pope Francis' Silence on China," *The Jesuit Post*, April 19, 2021, at https://thejesuitpost.org/2021/04/pope-francis-silence-on-china/; "Cardinal Zen says Pope Francis being 'manipulated' on China," *CRUX*, March 2, 2020, at https://cruxnow.com/church-in-asia/2020/03/cardinal-zen-says-pope-francis-being-manipulated-on-china.
667 Isaac Stone Fish, *America Second*, pp. 53–59.
668 Clive Hamilton and Maeike Ohlberg, *Hidden Hand*, pp. 249–265; Sophie Richardson, "China's Influence on the Global Human Rights System," *Human Rights Watch*, September 14, 2020, at https://www.hrw.org/news/2020/09/14/chinas-influence-global-human-rights-system#; and Tung Cheng-Chia and Alan H. Yang, "How China Is Remaking the UN In Its Own Image," *The Diplomat*, April 9, 2020, at https://thediplomat.com/2020/04/how-china-is-remaking-the-un-in-its-own-image/.
669 Erin Hale, "Taiwan Ranks Among Top 10 Democracies in Annual Index," *Voice of America*, February 11, 2022, at https://www.voanews.com/a/taiwan-ranks-among-top-10-democracies-in-annual-index-/6438806.html.
670 "China's Hidden Capital Flight Surges to Record High," *Bloomberg News*, October 11, 2019, at https://www.bloomberg.com/news/articles/2019-10-11/china-hidden-capital-flight-at-a-record-in-2019-iif-says.
671 See Chad F. Wolf, "Homeland Security and the China Challenge.
672 Christopher Wray, "Countering Threats Posed by the Chinese Government Inside the U.S.," *FBI News*, January 31, 2022, at https://www.fbi.gov/news/speeches/countering-threats-posed-by-the-chinese-government-inside-the-us-wray-013122; Kristina Davis, "San Diego civilian defense contractor accused of being compromised by Chinese spy," *San Diego Union-Tribune*, October 5, 2021, at https://www.sandiegouniontribune.com/news/courts/story/2021-10-05/san-diego-

contractor-chinese-spy; and Susanna Kim, "Convictions for Trade Secret Sales a 'Shot Heard Around the World', *ABC News*, March 7, 2014, at https://abcnews.go.com/Business/convictions-trade-secret-sales-shot-heard-world/story?id=22816693.

673 Pete Williams, "FBI Director Wray says scale of Chinese spying in the U.S. 'blew me away'," *NBC News*, February 1, 2022, at https://www.nbcnews.com/politics/politics-news/fbi-director-wray-says-scale-chinese-spying-us-blew-away-rcna14369.

674 Derek Scissors, "A Stagnant China in 2040, Briefly," *American Enterprise Institute*, March 2020, at https://www.aei.org/research-products/report/a-stagnant-china-in-2040-briefly/.

第13章

675 Yuval Noah Harari, *Sapiens: A Brief History of Humankind* (New York: Harper Perennial, 2015), p. 292.

676 国家と世代の強さに関する優れた議論は、see Dan Carlin, *The End Is Always Near: Apocalyptic Moments from the Bronze Age Collapse to Nuclear Near Misses* (New York: Harper Collins, 2019), pp. 1–14.

677 5000億ドルという推計は簡略で控えめな数字であり、実際の支出額を下回っていると思われる。ストックホルム国際平和研究所が2019年に出した推計に基づくと、中国は公式発表より４割多く軍事費を使っている。購買力平価を考量して、さらに1500億ドル上増ししている。ワシントンの戦略国際問題研究所によると、「購買力平価で調整すると、中国の2019年度の軍事費は軽く1000億ドル跳ね上がる」という。For background, see John Grady, "Mystery Shrouds Chinese Defense Spending," *USNI News*, October 26, 2021, at https://news.usni.org/2021/10/26/mystery-shrouds-chinese-defense-spending; and Matthew P. Funaiole and Brian Hart, "Understanding China's 2021 Defense Budget," *CSIS*, March 5, 2021, at https://www.csis.org/analysis/understanding-chinas-2021-defense-budget. Because aggregate numbers are probably grossly inaccurate and misleading in terms of actual fighting capability, some analysts have examined procurements, a metric that sheds light on which side has the most advanced combat force in total inventory value, see Jacqueline Deal, "China could soon outgun the U.S.," *Politico*, May 27, 2021, at https://www.politico.com/newsletters/politico-china-watcher/2021/05/27/china-could-soon-outgun-the-us-493014.

678 This expression draws from John Garnaut, "Engineers of the Soul."

679 "Human Development Report 2020: The next frontier, Human Development and the Anthropocene," *United Nations Development Program*, December 15, 2020, at http://hdr.undp.org/en/2020-report.

680 "2021 World Press Freedom Index: Journalism, the vaccine against disinformation, blocked in more than 130 countries," *Reporters Without Borders*, undated, accessed January 17, 2022, at https://rsf.org/en/2021-world-press-freedom-index-journalism-vaccine-against-disinformation-blocked-more-130-countries.

681 Ibid.
682 "2021 Round-Up," *Reporters Without Borders*, undated, accessed January 20, 2022, at https://rsf.org/en.
683 "Countries and Territories: Global Freedom Scores," *Freedom House*, undated, accessed January 17, 2022, at https://freedomhouse.org/countries/freedom-world/scores.
684 Ibid.
685 "Promoting U.S. Leadership," *Freedom House*, undated, accessed January 17, 2022, at https://freedomhouse.org/issues/promoting-us-leadership.
686 "2020 Country Reports on Human Rights Practices: China (Includes Hong Kong, Macau, and Tibet)," *U.S. Department of State Bureau of Democracy, Human Rights, and Labor*, undated, accessed January 17, 2022, at https://www.state.gov/reports/2020-country-reports-on-human-rights-practices/china/.
687 Ibid.
688 Ibid.
689 *World Report 2022* (New York: Human Rights Watch, 2022), p. 159, accessible online at https://www.hrw.org/world-report/2022.
690 Peng yin, et al., "The effect of air pollution on deaths, disease burden, and life expectancy across China and its provinces, 1990–2017: an analysis for the Global Burden of Disease Study 2017," *The Lancet*, September 1, 2020, at https://www.thelancet.com/article/S2542-5196(20)30161-3/fulltext.
691 Donna Lu, "Air pollution in China may have caused millions of deaths since 2000," *New Scientist*, September 21, 2020, at https://www.newscientist.com/article/2254967-air-pollution-in-china-may-have-caused-millions-of-deaths-since-2000/#ixzz7IFfZS9ox.
692 "China's air pollution harms its citizens and the world," *U.S. Embassy Georgia*, November 24, 2020, at https://ge.usembassy.gov/chinas-air-pollution-harms-its-citizens-and-the-world/.
693 Ibid.
694 Gabriel Collins and Andrew S. Erickson, "China's Climate Cooperation Smokescreen: A Roadmap for Seeing Through the Trap and Countering with Competition," *Rice University's Baker Institute for Public Policy*, September 21, 2021, p. 10, accessible online at https://www.bakerinstitute.org/research/chinas-climate-cooperation-smokescreen/.
695 Hal Brands, "China is running out of water and that's scary for Asia," *Bloomberg Opinion*, December 29, 2021, accessible online at https://www.aei.org/op-eds/china-is-running-out-of-water-and-thats-scary-for-asia/. See also Chris Buckley and Vanessa Piao, "Rural Water, Not City Smog, May Be China's Pollution Nightmare," *New York Times*, April 11, 2016, at https://www.nytimes.com/2016/04/12/world/asia/china-underground-water-pollution.html.
696 Dan Blumenthal, *The China Nightmare*, p. 100.
697 Gabriele Collins and Andrew S. Erickson, "U.S.-China Competition Enters the Decade of Maximum Danger: Policy Ideas to Avoid Losing the 2020s,"

Rice University's Baker Institute for Public Policy, December 2021, p. 8, accessible online at https://www.andrewerickson.com/2021/12/u-s-china-competition-enters-the-decade-of-maximum-danger-policy-ideas-to-avoid-losing-the-2020s/.

698 Michael Beckley and Hal Brands, "What Will Drive China to War?" *The Atlantic*, November 1, 2021, at https://www.theatlantic.com/ideas/archive/2021/11/us-china-war/620571/.

699 Ibid.

700 Ren Tianyou and Zhao Zhouxian (eds), *Strategic Support for the Great Chinese Resurgence* [实现中华民族伟大复兴的战略支援], p. 213.

701 See John Garnaut, "Engineers of the Soul."

702 For background, see Robert Service, *Comrades! A History of World Communism* (Cambridge, MA: Harvard University Press, 2007).

703 *The Fundamentals of Xi Jinping Thought on Chinese Socialism in a New Era*. pp. 359–397. See also *Study Guide on Xi Jinping Thought; Study Doctrine on Xi Jinping Thought on Chinese Socialism in a New Age* [习近平新时代中国特色社会主义思想学习纲要] (Beijing: CCP Propaganda Department, 2019); CCP Central History and Literature Research Academy, eds., *Selected Works of Xi Jinping on Great Power Diplomacy with Chinese Characteristics* [习近平关于中国特色大国外交论述摘编] (Beijing: Central Publishing House, 2019); and Zhao Ziyu and Xian Fengli, eds., *Great Power Diplomacy with Chinese Characteristics*, pp. 21–43.

第14章

704 Karl Marx and Frederick Engels, *The Communist Manifesto*, p. 29.

705 Thomas P. Ehrhard, "Treating the Pathologies of Victory: Hardening the Nation for Strategic Competition," *Heritage Foundation*, October 30, 2019, at https://www.heritage.org/military-strength-topical-essays/2020-essays/treating-the-pathologies-victory-hardening-the-nation-strategic.

706 ヨーロッパの状況について先駆的な研究は, see Toshi Yoshihara and Jack Bianchi, "Uncovering China's Influence in Europe: How Friendship Groups Coopt European Elites," *Center for Strategic and Budgetary Assessments*, July 1, 2020, at https://csbaonline.org/research/publications/uncovering-chinas-influence-in-europe-how-friendship-groups-coopt-european-elites; Gerry Groot, "The CCP's Grand United Front abroad," *Sinopsis*, September 24, 2019, available at https://sinopsis.cz/en/the-ccps-grand-united-front-abroad/; Didi Kirsten Tatlow, "Mapping China-in-Germany," *Sinopsis*, October 2, 2019, available at https://sinopsis.cz/en/mapping-china-in-germany/; and Jichang Lulu, "Repurposing Democracy: The European Parliament China Friendship Cluster," *Sinopsis*, November 26, 2019, available at https://sinopsis.cz/wp-content/uploads/2019/11/ep.pdf.

707 事項は少し古い拙論文に基づいている。See Ian Easton, "Wither American Strategy? The Future of U.S. Policy toward the Indo-Pacific," *Japan Institute of International Affairs*, October 25, 2017, available online

at https://www.jiia.or.jp/column/column-295.html. It has been lightly modified.

708 John Garnaut, "Engineers of the Soul."

709 Robert D. Kaplan, *Hog Pilots, Blue Water Grunts: The American Military in the Air, at Sea, and on the Ground* (New York: Random House, 2007), p. 384.

710 See Mark Stokes, "Chinese Authoritarian Influence in the United States," in Hsu Szu-chien and J. Michael Cole, eds., *Insidious Power: How China Undermines Global Democracy* (Manchester, UK: Camphor Press, 2020), pp. 43–81; Clive Hamilton and Maeike Ohlberg, *Hidden Hand: Exposing How the Chinese Communist Party is Reshaping the World* (Toronto, Canada: Optimum Publishing International, 2020); Larry Diamond and Orville Schell, eds., "China's Influence and American Interests: Promoting Constructive Vigilance," *Hoover Institution*, November 29, 2018, at https://www.hoover.org/research/chinas-influence-american-interests-promoting-constructive-vigilance; and J. Michael Cole, "Chinese Propaganda: Coming Soon to a Conference Near You," *The Diplomat*, September 23, 2015, at http://thediplomat.com/2015/09/chinese-propaganda-coming-soon-to-a-conference-near-you/. この点については、ボストンやプリンストン、サンディエゴ、ワシントンDCにおける著者とシンクタンク研究者や大学院生、大学教授との議論に基づいている。

711 See Kerry K. Gershaneck, *Media Warfare;* Kerry K. Gershaneck, *Political Warfare;* Alex Joske, "Picking Flowers, Making Honey*;* Clive Hamilton, *Silent Invasion;* and Anne-Marie Brady, "Magic Weapons: China's political influence activities under Xi Jinping," *Wilson Center*, September 18, 2017, at https://www.wilsoncenter.org/article/magic-weapons-chinas-political-influence-activities-under-xi-jinping; and Mark Stokes and Russell Hsiao, *The People's Liberation Army General Political Department: Political Warfare with Chinese Characteristics* (Arlington, VA: Project 2049 Institute, October 2013), at http://www.project2049.net/documents/PLA_General_Political_Department_Liaison_Stokes_Hsiao.pdf.

712 See Mark Stokes, "Chinese Authoritarian Influence in the United States"; Clive Hamilton and Maeike Ohlberg, *Hidden Hand: Exposing How the Chinese Communist Party is Reshaping the World* (Toronto, Canada: Optimum Publishing International, 2020); Larry Diamond and Orville Schell, eds., "China's Influence and American Interests: Promoting Constructive Vigilance," *Hoover Institution*, November 29, 2018, at https://www.hoover.org/research/chinas-influence-american-interests-promoting-constructive-vigilance; and J. Michael Cole, "Chinese Propaganda: Coming Soon to a Conference Near You," *The Diplomat*, September 23, 2015, at http://thediplomat.com/2015/09/chinese-propaganda-coming-soon-to-a-conference-near-you/.

713 See Isaac Stone Fish, *America Second.*

714 Peter Mattis, "The Center of Chinese Influence: The Chinese People's Political Consultative Conference," in Hsu Szu-chien and J. Michael

Cole, eds., *Insidious Power: How China Undermines Global Democracy* (Manchester, England: Camphor Press, 2020), p. 38.

715 Bethany Allen-Ebrahimian, "China Built an Army of Influence Agents in the U.S.," *Daily Beast*, July 18, 2018, at https://www.thedailybeast.com/how-china-built-an-army-of-influence-agents-in-the-us. See also Bethany Allen-Ebrahimian, "Why U.S. giants keep caving to China," *Axios China*, December 21, 2021, at https://www.axios.com/why-us-giants-keep-caving-to-china-d2768f92-02bf-42e9-86d7-1430d7f3a700.html; Bethany Allen-Ebrahimian and Zach Dorfman, "Suspected Chinese spy targeted California politicians," *Axios China*, December 8, 2020, at https://www.axios.com/china-spy-california-politicians-9d2dfb99-f839-4e00-8bd8-59dec0daf589.html; Bethany Allen-Ebrahimian, "China tried to get World Bank to fund surveillance in Xinjiang," *Axios China*, December 11, 2019, at https://www.axios.com/china-world-bank-xinjiang-ai-huawei-surveillance-263c5753-1cb8-4366-aad3-c9be9b285fa5.html; and Bethany Allen-Ebrahimian, "This Beijing-Linked Billionaire Is Funding Policy Research at Washington's Most Influential Institutions," *Foreign Policy*, November 28, 2017, at https://foreignpolicy.com/2017/11/28/this-beijing-linked-billionaire-is-funding-policy-research-at-washingtons-most-influential-institutions-china-dc/.

716 Steven Pinker, *Enlightenment Now: The Case for Reason, Science, Humanism, and Progress* (New York: Penguin Books, 2018).

717 Zhao Ziyu and Xian Fengli, eds., "Great Power Diplomacy with Chinese Characteristics, p. 118.

718 John Garnaut, "Engineers of the Soul."

719 この現象とその影響に関する素晴らしい議論については、see Anders Corr, *The Concentration of Power: Institutionalization, Hierarchy, and Hegemony* (Ottawa, Canada: Optimum Publishing, 2021).

720 "Human Intelligence in the Digital Age – Speech by Richard Moore, Chief of the UK's Secret Intelligence Service," *IISS*, November 30, 2021, at https://www.iiss.org/events/2021/11/human-intelligence-digital-age.

721 Gabriel Scheinmann, "The U.S. Should Want a Cold War With China," *Wall Street Journal*, February 10, 2022, at https://www.wsj.com/articles/the-us-should-want-a-cold-war-with-china-xi-jinping-taiwan-geopolitics-military-confrontation-competition-biden-democracy-11644510051.

第15章

722 Quote drawn from Steven Pinker, *Enlightenment Now: The Case For Reason, Science, Humanism, and Progress* (New York: Penguin Books, 2018), p. 347.

723 Miles Yu, "The meaning of Taiwan," *Taipei Times*, January 10, 2022, at https://www.taipeitimes.com/News/editorials/archives/2022/01/10/2003771062.

724 John Garnaut, "Engineers of the Soul."

725 Ibid.

726 Thomas G. Mahnken, "Cost-Imposing Strategies: A Brief Primer," *Center for New American Security*, November 2014, pp. 7–8.

727 Peter Mattis, "From Engagement to Rivalry: Tools to Compete with China," *Texas National Security Review*, August 2018, p. 88, accessible online at https://tnsr.org/2018/08/from-engagement-to-rivalry-tools-to-compete-with-china/.

728 Liza Tobin, "Xi's Vision for Transforming Global Governance: A Strategic Challenge for Washington and Its Allies," *Texas National Security Review*, November 2018, p. 163.

729 Ibid.

730 Toshi Yoshihara and Jack Bianchi, *Seizing on Weakness: Allied Strategy for Competing With China's Globalizing Military* (Washington, DC: Center for Strategic and Budgetary Assessments, 2021), p. 103, available online at https://csbaonline.org/research/publications/seizing-on-weakness-allied-strategy-for-competing-with-chinas-globalizing-military.

731 Ibid., p.104.

〈著者略歴〉

イアン・イーストン（Ian Easton）

プロジェクト2049研究所上級研究員。中国の防衛と安全保障の研究を行っている。イアンは日本の国際問題研究所の客員研究員や、海軍分析センターの中国分析家、アジア防衛ニュース局の研究員などを歴任した。彼は米中経済・安全保障調査委員会で証言したり、米国海軍大学校や陸軍法学校、日本の防衛大学校、台湾の国防大学、ドイツの指揮幕僚大学で講演した。イリノイ大学アーバナ・シャンペーン校で国際関係学士、台湾国立政治大学で中国研究修士を取得。中国語は上海の復旦大学と台北の国立台湾師範大学で学習した。

プロジェクト2049研究所について

プロジェクト2049研究所はノンプロフィット（非営利）の研究所で、インド太平洋地域における米国の価値観や安全保障に焦点を当てている。主に中国語で書かれた公開情報を調査し、政策議論や国民教育を促進している。重要な使命は、地域を平和で繁栄したものにするための知識を創出し、広めることである。バージニア州アーリントンに所在し、2008年にランドール・シュライバー元国防次官補と、マーク・ストークス元空軍中佐によって共同設立された。寄付免税の対象となる団体であり、独立で無党派であり、人権や安全保障の増強に焦点を当てている。

〈訳者略歴〉

信田智人（しのだ・ともひと）

国際大学教授。1960年、京都府生まれ。94年、ジョンズ・ホプキンス大学高等国際問題研究大学院（ＳＡＩＳ）で博士号取得（国際関係学）。ＳＡＩＳライシャワーセンター東京代表、木村太郎ワシントン事務所代表、防衛省参与などを経て現在、国際大学大学院国際関係学研究科教授。著書に『アメリカの外交政策』（ミネルヴァ書房）、『政治主導VS.官僚支配』（朝日新聞出版）、『政権交代と戦後日本外交』（千倉書房）など多数がある。

習近平の覇権戦略

中国共産党がめざす「人類運命共同体」計画

2023年4月7日　第1版第1刷発行

著　者　イアン・イーストン
訳　者　信田智人
発行者　永田貴之
発行所　株式会社ＰＨＰ研究所
東京本部　〒135-8137　江東区豊洲5-6-52
ビジネス・教養出版部　☎03-3520-9615(編集)
普及部　☎03-3520-9630(販売)
京都本部　〒601-8411　京都市南区西九条北ノ内町11
PHP INTERFACE　https://www.php.co.jp/

制作協力
組　版　有限会社メディアネット

印刷所
製本所　図書印刷株式会社

ISBN978-4-569-85464-9

PHPの本

ウイグル人に何が起きているのか

民族迫害の起源と現在

福島香織 著

収容者数100万人といわれ、米国務省がいま世界的な人権問題として警鐘を鳴らすウイグル人の強制収容。中国はなぜ彼らを恐れるのか？

〈PHP新書〉定価 本体八八〇円（税別）

日本の新時代ビジョン

「せめぎあいの時代」を生き抜く楕円型社会へ

鹿島平和研究所／ＰＨＰ総研 編

30年、変われなかった日本をいかに自己変革できるようにするか？　国家の研究・提言を続ける２つのシンクタンクが世に問う。

〈ＰＨＰ新書〉定価　本体一、一〇〇円（税別）